流通の基礎講座

†

曾我信孝　著

五絃舎

はじめに

　デフレ不況に続いて少子高齢化社会が流通環境をジリジリ変化させ，様々な局面で社会問題化している。2015年の今年になって，大手総合スーパーが多くの店舗閉鎖を発表している。その背景には，消費者行動の変化によって店舗規模や業態がニーズに対応できなくなっていることがあげられている。しかし，多くは出店当初の頃と消費者構造に大きな変化が生じ，採算性が取れなくなったことが大きな理由である。つまり，その店舗の商圏で育った子供たちが巣立ち，老夫婦や老人の単身者の割合が多くなっていることで，売り上げが低迷しているためである。かつて，関西でいち早くおしゃれなニュータウンが開発された場所で，「わが町からスーパーが消えた」といって社会問題になったことがある。つまり，そのニュータウンが出来た頃は，子育て世代が集まり活気のある町であったが，子供たちが巣立って行くと一気に人口の減少と残った親たちの高齢化で，購買力も急速に低下した。活気のある頃の販売体制で臨んでいた大規模な総合スーパーなどは，販売量の減少と利益率の低下で急速に経営不振に陥った。そうしたことから，それまで出店していたスーパーなどの商業施設が一斉に撤退し，残された住民は，いわゆる買い物難民といわれる状態に追い込まれた。こうしたニュータウンの高齢化に伴うゴーストタウン化は，東京の多摩地区でも一時的ではあるが大きな問題になったことがある。

　大都市のベッドタウンからの商業施設の撤退は，規模が大きいだけに大きく取れあげられるが，そこに住む住民にとっては，買い物

がこれまでと比較して不便にはなるが，買い物難民とまで言うほどではない。確かに，バスや電車に乗って重たい荷物を持って帰るのは大変である。とりわけ，高齢者の遠距離への買い物は，体力的にも大きな負担になる。しかし，もっと深刻なのが地方の過疎地や山間部の高齢者集落である。場所によっては，バスなどの公共交通機関に頼ることはほとんど不可能であるため，自力での買い物ができない人たちも多く出現している。こういう場所には，まさに買い物難民と呼ばれる人たちが存在し，そのような地域がさらに拡大する傾向にある。

半面で都市部近郊の新しい街では，小売業の様々な業態が存在し，激しい競争を展開している。わが家のある横浜市のニュータウンも20年を経過して，子育てを終えた世代が多くなり，高齢者が目立つようになった。しかし，都市計画のせいか，若い人たちの流入も多く，ベビーカーを押した若い家族によく遭遇する。そして，遅い出勤時には，1歳から3歳ぐらいの子どもたちが5, 6人乗りのベビーカー3台ほどで散歩しているところに出くわす。また時には，2, 3歳の子ども達が保育士さんの引っ張る縄を7, 8人が持って元気よく散歩している。少子化で日本の将来が心配されている今日では，心が温かくなる光景である。

そして，わが家にもこの同じニュータウン内にひなちゃんとあいちゃんという4歳と1歳になる小さい家族がいる。この子たちのための買い物に行く家内についていくと，幼児用の小売店がひしめいており，小売業間競争の凄まじさを肌で感じる。たとえば，半径1キロ圏内に，トイザラス，ベビザラス，赤ちゃん本舗，西松屋，ギャップ，さらには百貨店の子供服売り場，ショッピングセンター内の子供用品の専門店などがひしめいている。こうした消費者としては恵まれた小売環境にいるにもかかわらず，しばしばおもちゃをネット

はじめに

通販で買うこともある。

　しかし，日本全体でみると少子化は依然として続いている。そして，人口の絶対量の減少は確実に社会的な消費量を減少させることになる。したがって，これまで日本経済の発達と並行して発達してきた流通も，縮小傾向にある。そして，とりわけ小売商業の縮小傾向は，生き残りをかけた商業間競争の激化が利便性を高くしている地域もあるが，多くの地域で買い物が不便になっている。つまり，大規模小売商業の経営不振による撤退がその原因であり，とりわけ大規模企業の経営縮小政策であることが多い。こうした大規模小売商業の経営悪化に伴う縮小傾向は，その過程で商業労働者のアルバイトやパートの非正規雇用者を増加させ，さらには労働者自体を縮小することになっている。それは，産業としての商業の規模が縮小することにもなっている。

　今後，こうした厳しい環境におかれている流通の学習をし，研究する優秀な人材が多く現れることを期待している。もちろん，現在では流通研究も高い水準になっており，その結果著しく細分化されていると感じられる。しかし，あまりにも細分化されすぎているので，その細分化された一部分だけを学ぶと本質を見失う危険性がないでもない。一旦流通や商業やその歴史的変化の概略を理解したうえで，さらに興味ある深い分野の学習や研究に進んでもらうことを願っている。そして，次世代を担う多くの若者が，流通の活性化に貢献してくれることを期待して本書の出版を決断した。

　本書の執筆にあたって，改めて多くの諸先生方に感謝を致している次第である。もう故人になられた先生方も含めて，ある時は大学の研究室にお邪魔し，ある時はご自宅までお邪魔し，ご指導を仰いだことの感謝はいまだに忘れてはいない。もちろん，文献だけからであるが，強く影響を受けた諸先学に対する感謝も忘れてはいない。

しかし，本書の性格上，影響を強く受けている諸先生方の氏名をあげて文献を紹介することは割愛させてもらった。しかし，絞りに絞って和書のみを「参考にしてもらいたい著書」として巻末に紹介している。現在では入手困難な著書がほとんどかもしれない。しかし，出版年度は古くても名著と判断していることから，是非一読を勧めたいと思っている。

また，今日的な流通を理解するために，政府の関係各省庁の調査や統計表，あるいは流通に関係する協会およびその協会が発行する統計表を利用させてもらった。利用した統計等には出所を付けているが，さらに読者に利用しやすいように巻末に「参考にしてもらいたい政府機関，協会，団体の統計等」として，機関名や協会名を表記し，URLも表記した。さらに，企業の有価証券報告書やホームページの記載事項を利用させてもらった。その場合は，本文中にその旨の表記をしている。改めて，関係機関や会社の方には感謝致す次第である。

最後になってしまったが，出版事情の厳しい中，出版部数は少ないにもかかわらず単価を抑えることを強く要望する理不尽な筆者を寛大に許してくれ，さらには遅れ気味の原稿をじっと我慢して待ってくれた男気のある五絃舎の長谷雅春社長には，深く感謝いたしている次第である。

2015年10月

著　者

目　次

はじめに

第1章　流通とはなにか ― 1
第1節　流通とは ― 2
第2節　流通の学問領域 ― 12

第2章　商品流通 ― 23
第1節　商業と業態の概要 ― 24
第2節　物的流通 ― 28

第3章　商業の理論的理解 ― 39
第1節　資本主義以前の商業 ― 40
第2節　資本主義と商業 ― 44
第3節　商業の無機能化と排除傾向 ― 49

第4章　日本の商業の概況 ― 55
第1節　産業としての商業の位置 ― 56
第2節　商業の規模の推移 ― 60
第3節　商業の国際化 ― 67

第5章　卸売業 ———————————————— 75
第1節　卸売業の概況 ——————————————— 76
第2節　卸売業の分化と専門商社 ———————————— 82
第3節　最近の卸売業 ——————————————— 90

第6章　総合商社 ———————————————— 99
第1節　総合商社とは ——————————————— 100
第2節　総合商社の発展過程と機能 ———————————— 105
第3節　中小企業取引と商社金融 ————————————— 112

第7章　現代小売業の全体像 —————————————— 117
第1節　小売商業の概況 —————————————— 118
第2節　小売形態の概況 —————————————— 124

第8章　伝統的小売業から近代化へ ——————————— 133
第1節　伝統的小売業 ——————————————— 134
第2節　商業集積の始まり ————————————— 137
第3節　小売商業近代化の初期 ————————————— 139
第4補節　百貨店資本 ——————————————— 148

第9章　大量消費時代の小売業 ————————————— 155
第1節　スーパーマーケットの出現 ———————————— 156
第2節　スーパーマーケットの大規模化 —————————— 161
第3節　大規模スーパーと社会問題 ———————————— 168
第4補節　生　　協 ———————————————— 184

目　次

第10章　飽和市場と小売商業 ───── 193
　第1節　高度成長と小売市場の成熟化 ───── 194
　第2節　小売業態の多様化 ───── 211
　第3節　近代的無店舗販売 ───── 228
　第4節　商業集積の近代化 ───── 236

第11章　新たな小売形態 ───── 247
　第1節　コンビニエンスストアの展開 ───── 248
　第2節　インターネット通販の拡大 ───── 257
　第3節　製造小売り（SPA） ───── 267

第12補章　流通業者と倫理 ───── 279

推薦文献等 ───── 293
索　　引 ───── 297

第 1 章

流通とはなにか

†

「流通」とはどういう意味で使われているのかおおまかなことを知ろう。

もう少し詳しく知ろうと思った場合，どのような専門科目があるのか？これもおおまかなことを知っておこう。

第1節　流通とは

　「流通」とは，一般的に商品（主に財）が生産者から最終消費者に届くまでの過程を指して言う場合が多い。もう少し拡大した解釈としては，商品の流通で交換手段として用いられる貨幣も含まれる。交換手段として用いられる貨幣は，商品の流れとは逆の流れで流通を形成するが，経済の発展で貨幣も市場を形成し，貨幣独自の流通を形成するようになる。さらに，近年になって情報の取引が比較的頻繁になっている。かつては，情報の重要性は個人的なものにはなかったと言っても過言ではない。しかし，近年では情報処理の技術的進歩やマーケティング技術などの発達で，急速に情報の重要性が増している。そして，様々な情報の取引の増加によって，もはや情報の流通を看過することはできなくなっている。したがって，「流通」といった場合，以下に挙げる3種類を考える必要がある。

(1) 商品流通

　流通といった場合最も一般的に用いられている概念が「商品流通」である。

　この時の商品とは，一般的に販売目的で生産された財やサービスを指している。しかし，流通という面から考えるとサービスは含まない方が理解は容易である。サービスは，その特徴として生産と消費が時間的・空間的に切り離すことができない。つまり，サービスは生産と消費が同時であるということから，サービスそのものの流通はあり得ないのが一般的である。したがって，商品流通という場合，概ね販売目的で生産された財が最終消費者に届

くまでの過程を指していると考えるべきである。

商品流通には，詳細は後述する（第2章）が大別して以下の二つの考え方がある。

第1は商的流通と呼ばれている概念がある。

これは，商品の人的移動を意味するものである。商品が生産者から最終消費者にわたるまでには，経済の発達に伴って生産者および消費者以外の人の手に渡るようになる。つまり，自己の消費目的ではなく，販売を目的として商品を購入する人が存在するようになる。つまり，生産者と消費者の間に商業と呼ばれる，いわゆる中間業者が介在するようになる。つまり，生産者によって市場に投入された商品は，一旦商業の手に渡り，そして最終消費者へ渡るというように所有者の移動がある。

こうして生産者と消費者の間に入った中間業者である商業は，商品の量や種類の拡大によって，社会的存在意義が増加する。そして，それは商業者の増加だけではではなく，専門分化が進むことになり，したがって商品の人的移動の回数が多くなる。

そうした商業の専門分化は，商品の流れを縦軸に考えて，垂直的分化と水平的分化という表現がある。垂直的分化とは，中間業者である商業自体が生産者あるいは最終消費者との取引から離れる分化をいう。つまり，生産者と直接取引はするが最終消費者とは直接取引しない業者，いわゆる卸売業と呼ばれる業者が出現する。また,生産者とは直接取引しないで卸売業者から購入して（生産者から購入しても概念規定上は問題ない），最終消費者と直接取引する業者，いわゆる小売業者が出現する。さらに，社会的な取引規模の拡大は，卸売業をさらに分化させ，生産者から購入しないで卸売業者から購入する卸売業者が出現する。経済発展による商品の量的変化や取引の質的変化は，卸売業をさらに分化させるこ

とになる。しかし，一定の経済規模を超えると卸売業の機能は低下し，無機能化したり，獲得利潤をめぐって排除されたりして，いわゆる人的流通過程に変化が生じる。

　また，商業の水平的分化は，取扱商品の専門化によって分化されるのが一般的である。取扱商品によって分化されるのは，社会的な商品量の増加によって，取扱商品を専門化することが取引上の効率が良いためである。こうした傾向は，一定の条件下では，卸売商業においても，小売業においてもみられる。たとえば，卸売業であれば，食料品卸売業，医薬品卸売業，衣料品卸売業，建材卸売業などいくつもの専門卸売業がある。また，小売業であれば，魚屋，八百屋，豆腐屋，米屋などは古くからあるが，経済の発達とともに生産が拡大し，消費も拡大したことで生じる工業製品の専門店，たとえば時計屋，カメラ屋，電気屋などが出現してくる。

　この水平的分化も経済規模の拡大によって，商業が大規模化し，競争が激化することで取扱商品の統合化が進み，取扱商品の専門化は縮小する。こうした傾向は，商圏が限られている小売商業で顕著にみられるようになる。つまり，小売商業も商業間の競争過程で大規模化し，取扱商品の多さで競争の優位性を得ようとする。そうした業態，たとえばこれまで百貨店や大型スーパーが代表的な業態であったが，近年では家電だけではなく，日用品やおもちゃ，スポーツ用品などへと取扱品目を拡大している大規模家電量販店など様々な業態が生まれつつある。

　このように商品が生産者から消費者に届くまで，どのような人を経由するかは，経済構造に大きく影響される。その多くは社会的生産量によって規定されていると言っても過言ではない。したがって，商品の人的流通の構造は固定されたものではなく，社会

的生産量に規定される様々な要因，たとえば商業間の競争構造や消費構造などによって大きく変化している。

　第2に物的流通と呼ばれている概念がある。

　これは商品そのものが時間的，空間的（場所的）移動することである。こうした商品の時間的・空間的移動は，商品という生産の特性と消費の特性に起因する。商品とは自らの消費目的ではなく，販売を目的として生産されるものあることから，（商品を財で考えると）必ず生産場所と消費場所は異なる。とりわけ，資本主義的生産体制は，生産場所の集中度が競争の主体になっていることから一層顕著になる。つまり，資本主義下の競争は（生産）価格競争であって，生産規模の大規模化であるといえる。したがって，資本主義的生産の発展は，生産場所と消費場所の乖離をいっそう深めるようになる。

　また，商品の生産と消費には時間的ずれが生じる。もちろん，サービスのように生産の終了とともに消費も終了するというものもあるが，ここでわれわれが商品と考えているのは財である。つまり，財としての形態をとる商品は，一般的に生産の終了と同時に消費が開始されることが困難であること，換言すれば生産者は生産の終了とともに最終消費者に販売できないという問題がある。こうした原因は，農産物のように生産（収穫）そのものが自然に規定されているものもあるが，資本主義的商品生産自体にも生産と消費の時間的乖離が内在している。

　つまり，資本主義的生産の本質である生産価格の競争は，受注生産より見込み生産が主体となる。換言すると，生産者は基本的には消費の状況など考慮することなく生産するため，生産した商品は消費が開始されるまで一時待機する時間が必要になる。こうした傾向は，生産規模が大規模化するほど長くなり，経済の発達

で商品種類が増加することで,市場での消費待ち商品が多くなる。したがって,生産と消費の場所的・時間的問題を解決する輸送や保管は必然的に増加する。

こうした輸送や保管は,生産は既に完了しており,市場に滞在する(消費者からの購買を待っている)商品にかかわる費用であることから,流通期間に属するものとして考えられている。しかし,同じ流通時間に属するとはいえ,単なる人的移動を意味する商的流通とは区別して,物そのものの流れを意味することから物的流通と呼ばれている。こうした区別の背景には,輸送や保管が生産的都合によるものであることから,流通過程に現れた生産の補完的過程であるという理解がある。したがって,それぞれの流通期間で要した費用は,商的流通費が冗費と呼ばれ生産物から控除されるものであるのに対して,物的流通費は生産物の価値に加算されるものであるという理解である。

(2) 貨幣流通

貨幣が商品の交換の手段として用いられると,貨幣自体は商品とは逆の流れが生じる。

商品は販売者から購買者へ流れるが,貨幣は反対に購買者から販売者へ流れる。前者は既述したように商品流通であるが,後者を貨幣流通と呼ぶ。こうして流通に用いられている貨幣を交換貨幣と呼び,市場で流通していることから流通貨幣とも呼ばれている。また,流通から離脱した貨幣もあるが,これは蓄蔵貨幣と呼ばれている。古くは,交換の手段が目的ではなく蓄蔵を目的として作られた貨幣もある。わが国の歴史的に有名な金貨である大判や小判は,ほとんどが交換の媒体として用いられるものではなく,恩賞や贈答を目的として製造されたもので,蓄蔵のための貨幣で

あった。換言すると，蓄蔵貨幣とは富の象徴として用いられた貨幣であったとも言える。

　交換の媒体に用いられる貨幣は，経済が発達し商品の交換量が増えると大量の貨幣が必要になる。しかし，古くから貨幣として用いられ信用度の高い金の量に限界があり，国家など信用ある機関が紙の貨幣を発行する。周知のように，一般的には国家が発行し，その貨幣の通用力の責任を持ったものが紙幣である。その貨幣には，金との交換が約束された本位貨幣と法律で通用力を定めた信用貨幣がある。1971年に起こったいわゆるニクソンショックといわれる世界的な出来事は，アメリカがドル紙幣と金との交換（通常，兌換と言われている）をしないと表明した事である。アメリカは，第二次世界大戦で世界中の金を集め，その高い金の保有高によってドルに対する信頼度は圧倒的に強かった。しかし，そのドルの兌換制度の廃止の表明は，世界中にショックを与えたという出来事である。

　国以外の機関が発行した交換手段には様々なものがあるが，代表的なものに「炭鉱札」と言われるものがある。石炭産業で急速に取引が拡大した北九州や筑豊地区で各鉱山単位で発行され，それらは一定の地域でほぼ貨幣と同等の機能を持っていた。わが国の石炭産業は資本主義の確立とあわせて急速に発展したことと，炭鉱付近に急激に人口が集中するという炭鉱自体の生産の特殊性から，その地域での商品の流通量が急速に増加する。したがって，「炭鉱札」は，そうした炭鉱付近の急速に人口が増加した地域で，商品の取引量が急拡大し，国の発行した貨幣だけでは対応できなかったことによって発生したものである。

　さらに経済の急速な発展に伴う取引量の拡大によって，流通貨幣量の調整が非常に複雑になる。取引に必要な貨幣量が少ない場

合は,貨幣不足が原因となる取引の未実現で取引が制限されたり,商品価格が異常に安くなって生産が縮小することで,経済が縮小することになる。反対に,取引に必要な貨幣量が多いと商品価格は異常に高くなって,取引を縮小させることになる。

　こうした貨幣の発行量の問題を,流通過程での信用制度(商業手形)や銀行信用(小切手,預金等)が解決していく。換言すると,交換過程は経済の発達によって量的拡大だけでなく,複雑なものになっている。したがって,貨幣流通も非常に複雑になっており,微妙な問題が経済全体に大きな影響を与えている。

(3) 情報流通

　情報が社会で重視されるようになった時期をめぐっては,様々な見解があるが,第二次世界大戦では情報機器の飛躍的発達があり,それまでとは違った相当な情報戦が始まったと言われている。もちろん,それまで一般大衆の中では,手紙など,情報流通はないことはなかったが,情報流通の重要性が認識され,格段に飛躍したのは太平洋戦争がきっかけだったと言える。

　古くは,日露戦争で勝利のきっかけとなったのが日本海軍とロシアのバルチック艦隊との戦いであった。ロシアはバルト海沿岸からウラジオストックに向けて大規模な艦隊を送り込んできた。それを阻止しようとする日本海軍は,その艦隊が対馬海峡経由なのか,津軽海峡経由なのか,あるいは宗谷海峡経由なのかの判断に迷っていた。この判断が日本海軍にとって最も重要なことであったのは,3カ所に戦艦を分散させるほどの余力はなく,戦力を1カ所に集中する必要があったためである。日本海軍がバルチック艦隊の移動の情報を得るのは,燃料である石炭の補給港からの電報だけであった。海戦のあった対馬海峡集結の決断は,燃

第 1 章 流通とはなにか

料補給船が立ち寄った上海からの電報のみで,他は参謀長の夢が当たったという逸話もあるほど偶然的なものであった。

それに対して,太平洋戦争で米軍が常に有利な立場にあったのは,経済的背景による兵力の大きさによる部分が大きかったが,既に日本軍の無線が解読されていたためという情報の側面も看過できない。太平洋戦争中に,南方方面の前線を視察中であった連合艦隊司令長官山本五十六海軍大将の搭乗機がアメリカ軍戦闘機に撃墜されたのは,アメリカ海軍情報局の提案による暗殺事件であった。つまり,山本五十六の戦死は,偶然的なものではなく,日本の無線がアメリカ情報局によって解読されており,アメリカ軍の綿密な計画の結果であったと言われている。

また,アメリカ軍は戦略的にも戦術的にも圧倒的優位性を持っていたが,それはレーダーを保有していたという面もある。戦艦などから双眼鏡や望遠鏡を使った敵艦船の発見には地球の丸さで限界があるが,レーダーの開発により早期発見が容易になり,戦局を一気に有利にした。太平洋戦争末期には,アメリカ軍のレーダーの精度が格段に上がり,日本艦隊の動きは手に取るように把握されていたとも言われている。こうしたアメリカ軍の情報に関するハード面での優位性は,アメリカの戦局を優位にした。

さらに,ソフト面からみたアメリカ軍の情報戦における優位性も看過できない。太平洋戦争下,アメリカ軍の情報戦は,一般国民にも向けられていたことはあまり重要視されず,今日では忘れられつつあるように思われる。戦後民法の整備の中心人物ともいえる法律学者の我妻栄は,戦時中,太平洋沖から日本に向けられたアメリカ軍の戦略的ラジオ放送を聞いて,民主的な価値観が形成されたと述べていたことがある。つまり,アメリカ軍は日本国民に対して,ある意味では情報によって戦意を喪失させる戦略を

とっていたわけである。

　戦後，アメリカの技術が急速に流入してきたことや産業が民生化することで情報にかかわる製品が多く開発され，国や政府による規制のなかではあるが，わが国の情報産業は拡大してきた。現代では情報と呼ばれる分野が著しく拡大している。総務省の規定によると，情報流通とは「人間によって消費されることを目的として，メディアを用いて行われる情報の伝送や情報を記録した媒体の輸送」である。つまり，情報を発信する者がメディア（書籍等，郵便，電話，放送電波，インターネット）を用いて情報を発信してから受信されるまでの間を情報の流通という。情報は受信時点で「情報消費」と言われ，購入した書籍を読んだり，郵便物を開封して読んだり，電話に出て話を聞いたり，テレビやラジオの放送を聞いたり，インターネット上にある企業のホームページを見たりすることがあげられる。

　情報白書では2009年の調査で「情報流通量」の新指標として「流通情報量」と「情報消費量」の測定を始めている。調査結果を見ると，2009年度の流通情報量は一日あたりDVD約2.9億枚相当で，消費情報量は一日あたりDVD約1.1万枚相当であった。なかでも，近年特に伸びの大きいのが流通情報量で，2001年度から2006年度までの6年間で合わせてDVD換算で約4,400万枚の増加に過ぎなかったが，2007年度には前年より約3,700万枚，2008年度には約4,500万枚，2009年度には1,800万枚相当の増加であった。

　2009年の「情報流通量」で最も多かったメディアグループは「放送」で実に98.5%を占めていた。また，「情報消費量」においても，最も多かったメディアは「放送」で73.3%であった。しかし，2001年から2009年までの伸び率においては，ほとんどのメディ

アが横ばいなのに対して「インターネット」が著しく高くなっている。

また，表1-1-1は情報通信産業の国内生産額の推移であるが，1999年から10年間で情報通信関連部門の伸びが大きいことがわかる。それに対して，放送業においては伸びが著しく鈍化しており，映像音声等の制作部門においては漸次減少している。したがって，情報に対する重要度とニーズが大幅に変化してきていることがわかる。それは，一方的に受けるだけの情報から通信に象徴されるような受信と発信とを兼ねた質的変化が起こっている。

表1-1-1 日本の情報通信産業の部門別国内生産額の推移

(単位：十億円，2000年価格)

(年)	1999	2001	2003	2005	2007	2009
1．通信業	17,127	20,137	21,142	20,564	22,611	23,524
2．放送業	3,180	3,330	3,563	3,573	3,780	3,890
3．情報サービス業	12,611	16,064	17,908	18,361	20,965	20,248
4．映像・音声・文字情報制作業	7,336	6,977	6,523	6,414	6,220	5,602
5．情報通信関連製造業	18,733	19,928	22,273	25,244	29,040	27,695
6．情報通信関連サービス業	20,369	22,961	24,564	29,898	30,150	27,126
7．情報通信関連建設業	1,075	1,658	1,001	981	1,283	1,338
8．研究	12,306	13,009	13,780	15,116	16,827	16,287
情報通信産業合計	92,737	104,064	110,753	120,151	130,877	125,708

資料）総務省『平成23年版 情報通信白書』より。

これまで法律によって強く管理されていた電話や郵便，放送がインターネットの普及で様変わりしつつある。つまり，それらのメディアがインターネット回線を用いることで，安価でより迅速に情報の流通が可能になり，旧来のメディアは陳腐化する傾向がある。さらに，印刷・出版業界においても，インターネット経由のコンテンツが普及することによって社会的ニーズが低下する傾向にある。

第2節　流通の学問領域

　流通に関する基礎的知識を身に付けるうえでは，前述した流通が学問（あるいは専門科目）としてどのように分類されているかを理解しておくと，それぞれの学問領域を理解でき，概念規定も明確になるであろう。実際はそれぞれの領域を明確に区別しないほうが，実務的には応用が容易な場合があるし，絶えず変化している実社会を説明するのに都合が良い場合がある。しかし，概念規定は明確にしておきたいと考える筆者は，これまでの理論や概念では説明できなくなった場合，新たな理論や概念の構築をすればいいことであって，いたずらに既存の概念を無視した行為には疑問を感じる。

(1) 商品流通

表1-2-1　流通の分野別科目分類

①商的流通	該当科目
・理論編	商業経済論，マーケティング論，消費経済論
・歴史編	商業史，流通史
・機能編	商業組織論，卸売業，小売業
・政策編	流通政策，商業政策　小売商業政策
・経営編	マーケティング（経営）論，商業経営論　小売商業経営論
・国際流通編	貿易論　国際マーケティング論
②物的流通	該当科目
・輸送	運送業
・保管	倉庫業
・システム化	物流　ロジスティクス，コールドチェーン

出所）筆者作成。

　表1-2-1に示すように，商品流通に関する研究は多く，したがって多くの専門分野ごとに細分化されている。とりわけ，商的流通

の研究は幅広く研究されており、専門分野が非常に細分化されている。表にあげた専門科目はほんの一例であり、専門性をどれだけ深めるかによって、さらに細分化した科目を設置している大学もある。

①商的流通

商的流通の研究は、表1-2-1に示すように概ね6つに分類することができよう。

【理論編】

商的流通を経済学の範疇で捉えようとするものである。生産を軸においた経済学では、自由競争下では流通担当者としての商業がどのような存立基盤を持っているかを考察するものである。しかし、独占的資本が支配的となる社会においては、流通担当者が全て商業だけではなく、独占的資本が流通にまで介入するようになる。したがって、独占段階での経済的特徴を解明しようという研究分野では、かつては「市場論」「配給論」として呼ばれてきたが、今日ではマーケティング経済論として理解されている。

また、経済の複雑化が、もはや生産の経済からだけでは説明が困難になり、消費規模の拡大や消費が経済に与える影響も大きくなったことに着目し、消費の側面から経済を把握しようする研究も進展している。消費がなぜ流通と関係を持つかは、消費構造は小売環境やマーケティングなど流通環境に影響されることが大きいためである。

【歴史編】

主に商業の歴史的変遷を取り上げたものが商業史と言われてい

る。分析対象は日本だけでなく西洋の商業を取り上げたものも多い。また，時代的な対象は，資本主義の確立にどのように影響してきたかという立場で分析している人たちは，イギリスの問屋制前貸し資本を分析対象にする人たちもいる。また，特定品目，たとえば香料などに限定して，西洋の商人を研究したものもある。概ね，商人の実態を分析対象にしたものが商業史と呼ばれ，主に商品の流れに分析対象を置いたのが流通史と呼ばれたりするが，明確な区分はない。

【機能編】

流通を担当する商業を機能の立場から考察したものである。流通全体を商業がどのように構成しているかを考察するのが「商業組織論」や「流通組織論」である。また，その中で最終消費者へ販売する商業を小売業と呼び，小売業など流通業者や生産的消費者に販売する商業は卸売業と呼ばれている。つまり，市場でそれぞれの商業がどのような機能を持っているかで分類されたものである。

【政策編】

流通は国民生活に大きな影響を与えるため国や地方公共団体が介入し，様々な政策で流通を管理・統制しようとする。考え方としては，個別企業が展開する流通政策もこの中に含める場合もあるが，それらは一般的にはマーケティングの範疇であって，この中には含めない方が妥当と思われる。つまり，国や地方公共団体が行う流通に関する政策に限定して考えるべきである。実際議論の対象となる流通に関する法律や条例が多数存在する。

わが国の流通過程上の政策は，流通過程で発生する多くの問題

点を改善してきたが，経済の発達によって商品量が増加したことで流通過程での問題も拡大し，その対象も拡大してきた。つまり，流通にかかわる政策の対象は，当初は小売商業が中心であったことから小売商業政策と呼ばれていたが，その対象が商業全般に拡大したことで商業政策と呼ばれるようになり，近年ではさらには流通全般にかかわる政策へと変化している。そして，商業にかかわる規制や規制緩和などだけではなく，物流にかかわる政策も含め流通全般を見渡した政策が必要になったことから流通政策と呼ばれるに至っている。

【経営編】

流通企業の経営的特徴や経営の方法を研究した分野である。流通企業で経営的研究が必要だったのは主に小売業であった。販売相手が対企業である卸売よりも対消費者向けの販売方法や販売技術が難しいことや，それが原因で販売方法を中心とする経営手法が市場環境によって変化しやすいことから，小売業が分析対象になることが多かった。もちろん，わが国固有の特殊な流通企業である総合商社の経営的分析もある。

また，マーケティングが拡大解釈されることで，製造企業の市場対応だけではなく，あらゆる企業の市場対応活動をマーケティングと呼ぶ傾向もある。たとえば，小売業のマーケティングとか卸売業のマーケティングと呼ばれているものも経営的視点からみたものが多い。

【国際流通編】

国境を越えた取引は貿易と呼ばれ，古くから商業によって行われていた。国内の商品を外国に移出することを輸出と呼び，国外

の商品を国内に移入することを輸入と呼び，外国間の商品移動を三国間取引と呼んでいる。日本の企業が恒常的に貿易を行うようになったのは，総合商社である。資源の少ない日本では，世界中から生産財としての資源を輸入し，国内で製品化したものを輸出するという形態が久しく続いた。換言すると，貿易そのものが日本経済の重要部分をなしていたことは言うまでもない。いまでも，円高や円安が国民生活に直接影響していることからも，貿易が日本経済に大きな影響を与えていることは理解しやすい。そこで，学問としての貿易論も存在していた。

しかし，国家間の商品移動に大きな変化をもたらしたのが，大規模輸出企業などにみられた輸出規制の迂回策としてとられた現地生産化政策である。とりわけ，日本企業にとっては，貿易摩擦の激しかった対米市場向けの輸出構造は大きく変化した。さらに，北米のNFTAやヨーロッパでのEU（当初はEC）統合で，それぞれの地域内では商品の国家間移動に国境がなくなることに対する日本企業の輸出環境の変化があげられる。EU市場は統合後域内国家間の商品移動は全く自由になるが，域外からの輸入には高い関税がかけられることになり，日本企業にとってはEU市場からの排除にも相当する状況になった。その対応策として多くの日本企業は，EU域内での現地法人の設立と現地生産化をすすめてきた。

とりわけ，EUの統合問題から，日本企業はもちろんであるが，世界の大規模企業は世界的市場を見据えた経営戦略をとるようになった。そこには，気象環境の異なる国々があり，購買力平価の異なる国があり，為替レートの変動の激しい国があったりする。こうしたことをシステマティックに解決しようとする学問が国際マーケティングである。

第1章 流通とはなにか

②物的流通

　物的流通は，場所的移動と時間的移動という異なった性格から運輸と倉庫というように2つに分けられていたが，現在ではそれらを統合してとらえ，物流論からロジスティクス（logistics）などと呼ばれる学問になっている。

　まず，運送業は周知のように商品の場所的移動だけではなく人の移動（旅客輸送）と並行して発達してきた。輸送手段として現代主流になっているのは，海上の輸送では船舶輸送，陸上の輸送では鉄道輸送とトラック（自動車）輸送，空の輸送では航空輸送である。これらの発展過程には，それぞれ輸送手段の技術的発展過程と運送コストの経済性が大きく影響している。たとえば，船舶輸送は輸送に多くの時間を要するというデメリットがあるが，造船技術の向上によって船舶の大型化や輸送技術の向上が輸送効率を上げているため，現在でも海外など長距離の移動に用いられているのが現状である。しかし，比較的短距離で，運送単位が量的に少ない国内の商品移動は，鉄道やトラック輸送等の陸上輸送の発達によって縮小傾向にある。

　こうした輸送手段の変化は様々な局面にみられるが，それらは物流コストの削減などを狙った物流効率の追求に大きく起因している。とりわけ，巨大化した製造企業にとっては，原料の調達から製品の販売まで，物流に関する費用は膨大なものになる。大規模企業にとっては，肥大化する工場生産コストをいかに削減するかが課題なっているが，それに伴って生産量の増大が物流費の増加となって大きな課題になる。そこで，今日より合理的な物流対策として，モノの移動が合理的に整理されていた軍の補給システムを参考にし，企業の物流合理化の手段に用いようという学問がロジスティクスとして一般化している。ロジスティクスはもとも

と，アメリカ軍が作戦軍の生存と活動を維持・増進するため必要な軍需品，補充員等を本国から追送し，死傷者や損傷兵器等を取り除いて本国に後送し，それによって作戦を支援するというものを総称するものである。

また，必ずしも学問としての体系を確立しているとは言えないが，看過できないのがコールドチェーンでる。これは冷蔵品や冷凍品を，生産者から消費者までの物流を効率的に整備しようというものである。周知のように，冷凍食品の普及は消費生活を豊かにするが，生産者から消費者までの物流がそれまでの物流体制では，物流費が多くなるだけではなく，消費者の手元に届けることも不可能な場合が多かった。しかし，冷蔵品や冷凍品の物流体制の構築は，冷凍食品だけでなく，生鮮食品などの物流範囲も拡大できる。そうした生産者から消費者に届くまで冷蔵や冷凍を必要とする物流問題を，たとえば工場や産地から冷蔵・冷凍車（トラック）で運送し，途中の倉庫は冷蔵・冷凍倉庫を利用し，冷蔵倉庫内で流通加工や仕分けなどをして冷蔵・冷凍車で小売店の冷蔵・冷凍売り場に運ぶというように，輸送過程で冷蔵・冷凍を一貫して保持しようというシステムである。現在，コールドチェーンはさらに進化していると思われる。したがって，この分野はさらに学問的向上も期待されるところである。

(2) 貨幣流通

貨幣そのものの科学的研究を貨幣学と呼び，その研究主体になっているのが硬貨である。もちろん，世界中で貨幣として用いられたものは鋳造貨幣と呼ばれる硬貨だけではなく，物品貨幣と呼ばれる石，貝，胡椒，さらに銀行券と呼ばれる紙幣，また銀行に預けている貯金を預金通貨など大別して4種類がある。した

がって，貨幣学はわれわれの身近な貨幣をすべて取り上げているとは言えない。

現代，それらの貨幣の流通の主体になっているのは，紙幣である。これは国家によって強制通用を認められたものであり，日本では現在日本銀行券にあたる。この銀行券は現代では不換紙幣（金貨など本位貨幣と交換できない紙幣）であることから，信用の上に成り立っているため発行量などの調整はもちろんであるが，紙幣そのものの管理なども重要である。こうした日本銀行の機能や政策を問題にしたのが日本銀行論あるいは中央銀行論と呼んでいる。また，さらに信用創造を拡大させ，貨幣流通をより円滑にする銀行全般にわたって研究している分野が銀行論と呼ばれている。

また，マルクス経済学者のなかでは，貨幣の流通過程で重要な役割をもつ信用制度に研究対象を置いた分野を信用論と呼んでいる。ここでは，商品の流通過程で生じる商業信用と銀行が信用を創造する銀行信用が議論の2本柱になっていた。

さらに，貨幣を通貨という概念ではなく，購買力を意味する資金という概念でとらえて議論するのは，一般的には金融論と呼ばれている。

しかし，こうした学問領域の規定は，研究者によって相当認識が異なる。ここで説明したのは，科目等の分類の概略を示すものであって決して学問領域を規定しようというものではない。したがって，さらに詳細についてはそれぞれの専門研究者の規定を参照されたい。

(3) 情報流通

近年情報は電波を用いた流通が著しく多くなっている。既述したように，情報流通量はテレビ放送が圧倒的割合を占めている。

さらに，最近では，電波を利用した電話，いわゆる携帯電話からスマートフォンとその進化と普及には目を見張るものがある。情報流通の手段はメディアと呼ばれ，現在では非常に多様化している。メディアの分類は，表1-2-2に示すように，総務省が調査対象にあげた20の分類が参考になる。また，衛星を使った測位システム（GPS）では，馴染みのあるカーナビなども電波を用いたものである。これらは工学的な学問の進化が著しく，社会科学的な学問として位置づけされている分野はない。強いて言えば，電波障害を起こさず，公平で効率的な電波の利用をするために，どのように使用電波を規制するかの法律がある。

表1-2-2 総務省が調査対象にしたメディア

メディアグループ	メディア
電話（音声電話）	01. 固定電話（加入電話・公衆電話・ISDN 02. P電話 03. 携帯電話 04. PHS
インターネット	05. インターネット
放送	06. 地上波テレビ放送 07. 衛星テレビ放送 08. ケーブルテレビ放送 09. 地上波ラジオ放送
郵便・信書便・メール便	10. はがき 11. 封書等 12. メール便
印刷・出版	13. 新聞 14. 雑誌 15. 書籍 16. フリーペーパー 17. 折込広告
パッケージソフト	18. 音楽CDソフト 19. ビデオソフト 20. ゲームソフト

出所）『平成23年版 情報通信白書』より。

また，近年コンピューターの発達で，情報の計算や検索などが著しく進歩し，軍事やビジネスの面など幅広く利用されるようになり，工学面からだけではなく社会科学の面からも情報処理の問題が取り上げられるようになった。その学問が，総称して情報処理論と呼ばれている。さらに，既述したように，最近情報流通量の伸びの著しいものがインターネットであるが，それに伴って新たな学問分野が出てきている。コンテンツ学と呼ばれるものもそのひとつであって，コンピューターのプログラムを指すソフトウェアと区別した著作物を指すものである。つまり，コンピューターを通じて提供されるソフトウェアのひとつであるが，それには映画，音楽，コンピューターゲーム，写真，漫画など様々なものに拡大してきたことから比較的最近学問として取り上げられるようになった。

今日，情報流通は，加速的に変化している。とりわけ，技術的進歩はもちろんであるが，様々な利用方法が考えられ，他の学問への導入が多くみられる。したがって，ここで上げる学問領域だけでは把握できない。さらに，詳細はそれぞれの専門分野で情報がどのように利用されているか参考にしてもらいたい。

【研究課題】
1. 「流通」とは何か，その概略を800字程度でまとめてみよう。
2. 商的流通と物的流通の違いを800字程度でまとめてみよう。
3. 貨幣流通と情報流通の概略を考えてみよう。
4. 商的流通の学問分類から，それぞれに該当する科目の若干の内容を考えてみよう。
5. 物的流通が，なぜ今日ではロジスティックと呼ばれているのか800字程度でまとめてみよう。

第 2 章

商品流通

†

生産物が商品として市場に投入された後，どのようにして消費者に届くのか？

その方法は時代とともに変化しているが，それは何に規定されているのか？

第1節　商業と業態の概要

　生産者によって市場に投入された商品を消費者に届ける役目を担っている業種を商業と呼び，その商業を営む人を通じての商品の流れを商的流通（人的流通）と呼んでいるのは既述のとおりである。その商業と呼ばれている人たち（商人）は，市場に多数存在し複雑に絡み合って，より合理的に（必ずしもそうでない場合もあるが）商品流通を担当している。したがって，一概に商業といっても人によって事業内容，いわゆる社会的な機能が異なっている。この章では，そうした機能の異なった商業の概略を考える。

　商業が異なった機能を持つようになることを商業の分化と呼ぶ。この分化は，生産者から消費者への商品の流れを縦軸に考えて，垂直的分化と水平的分化とに分けられている。これらの分化は，個別的には取引の利便性によるもので，社会的には流通の合理性によって発生する。

(1) 垂直的分化

　商業における垂直的分化によって生じた業態は，卸売業と小売業に分けられる。卸売業は，販売相手が業者である商業である。つまり，生産者から仕入れて小売業に販売する商業である。換言すると，生産者に近く，消費者からは遠い流通担当者である。それに対して，消費者に直接販売する商業を小売業と呼ぶ。つまり，小売業は生産者から最も遠くに位置する商業である。したがって，卸売業と小売業の分類は商品の流れから考えて縦に分化したものという理解である。

　この垂直的分化は，消費者への販売が条件になっている小売業

は分化のしようがないが，卸売業の場合はさらに分化する。先に規定したように，販売相手が業者であることから，卸売業内で機能分化する場合がある。たとえば，収集卸売業，中継卸売業，分散卸売業などの機能分化による卸売業も卸売業内における垂直的分化であると理解すべきである。

(2) 水平的分化

商業の水平的分化は，商品の生産者から消費者までの流れを縦軸に見て，横への分化である。この分化は，主に卸売業では取扱商品の専門化（たとえば食品卸売業，医薬品卸売業，衣料品卸売業，文具卸売業など詳細は別章で）によって起こるが，小売業では取扱商品の専門化だけではなく，販売方法や経営形態など多くの要因により分化する。小売商業の分化は，商品の流通量（つまり，経済の発展）に規定されるところが大きいが，消費者の特性に規定されるところも大きい。換言すると，小売商業が消費者にどのように接するかという経営方法によって異なった業態が生じているのが水平的分化の形態である。

たとえば，対面販売や相対販売は伝統的な小売業にみられ，取扱商品の専門化による水平的分化（たとえば，魚屋，八百屋，乾物屋などに）がみられた。しかし，新たな販売方式であるセルフサービスを利用したスーパーマーケットが出現して，それらの小売業では取扱商品による専門分化を一部統合することになった。つまり，セルフサービス方式を用いたスーパーマーケットなどが，取扱商品ごとに分化していた伝統的な既存店の存立基盤を崩壊させることになった。それは，大量生産体制が定着したことで，大量流通・大量消費体制を確立する必要があり，消費者にできるだけ安価で供給するため，販売サービスを購買者（すなわち消費者）

自身で負担してもらうという販売方法が一般化したためである。つまり，消費者の購買時間の節約に対応しながら販売経費を削減しようという業態である。

　消費者の購買行動への利便性への対応の業態としては，さらに取扱品目を拡大し，ワンストップ・ショッピングを目指した分化がある。これには，近代的な形態としては，総合スーパー（GMS：ゼネラルマーチャンダイジングストア）やショッピングセンター（SC）などがある。GMSはセルフサービス方式を利用しながら，店舗を大規模化することで取扱商品幅を拡大し，消費者が同一店舗内ですべての買い物ができるようにした業態である。店舗を大規模化し，多種類の商品を品揃えすることで購買の利便性を追求していた業態には，古くは百貨店があった。しかし，GMSが百貨店と異なるのは，庶民的な商品を取り扱い，さらにできるだけ安価に販売するためセルフサービスが用いられたことである。つまり，百貨店のように取扱商品が多いが，販売方式はセルフサービスをとっているということから，セルフサービス制割引百貨店（SSDDS：self-service discount department store）とも呼ばれた。しかし，正確にはGMSと百貨店とは取扱い商品の価格帯に決定的な違いがあり，したがって品質的にも大きな違いあることを特記する必要がある。

　また，ショッピングセンター（SC）は，百貨店や大型スーパーなど大規模小売店が核店となって，周囲に小規模な小売商業だけではなく，映画館や理髪店や外食企業などのサービス業も配置して，顧客をより強力に吸引しようという業態である。こうした，多数の店舗が集まって顧客吸引力を高めようという商業集積の方法には，古くは商店街がある。しかし，古くからある商店街は多くが自然発生的な商業集積であることが多いため，各店舗の歩調

を合わせるのが難しく,俗にいうシャッター商店街といわれ衰退の傾向のあるものもある。つまり,商業集積の運営の難しさは,管理運営者が明確になっている近代的なショッピングセンターでも,消費者ニーズの変化に耐え切れず崩壊寸前のところもない訳ではない。

(3) 流通組織

分化した商業は市場(流通過程)でどのような構成になっているのか? 市場における分化した商業の構成を流通組織という。商業の分化は,単に競争要因だけでなく,取引慣行や地域的文化など様々な要因で起こる。換言すると,流通組織を構成する商業がすべて経済的存立基盤を持っているとは限らない。特に,わが国の流通組織は,古い商慣習が長く続いたことで,多数の卸売業が存在することになり,複雑で効率的な商品流通が行えず,流通費用も多額になっていると言われていた。そこで高度成長期には,産業界だけではなく政府でも流通近代化の必要性が叫ばれた。

図 2-1-1　食材の流通経路

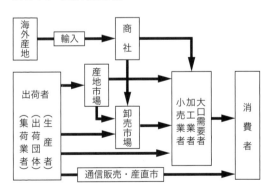

出所) 農林水産省/食材の流通と変化:www.maff.go.jp

また，流通組織とは，様々な商品の流通経路の総称を指すという見解もある。商品が生産者から消費者に届くまでの人的移動，いわゆる商品の流通経路は，それぞれの商品の特性によって異なる。図 2-1-1 に示したものは食材の流通経路であるが，衣料品や生活雑貨などの流通経路とも違うことは言うまでもない。もちろん，食材に限っても，具体的には取扱業者によって流通経路は様々であるが，図 2-1-1 は極めて抽象化した食材の流通経路である。

　また，流通組織が自由競争の市場で自然発生した組織であるのに対して，独占的大規模製造企業は個別資本的な立場で消費者までの流通経路を組織化している。その独占的大規模製造業の個別的性格の強い流通組織を配給組織という言い方をしている。この独占的大規模製造企業の個別資本的な流通政策は，マーケティング政策の 4P 政策のひとつである場所（place）的政策（チャネル政策ともいう）である。マーケティング的視点が重視されるようになった現在ではチャネルという用語が一般化し，配給組織という用語があまり使われなくなっている。

第 2 節　物的流通

　既述したように，商品の場所的移動と時間的移動を物的流通あるいは物流という。これらはいずれも社会的な商品量を増加させ，生産者においては生産コストを下げる効果があり，とりわけ消費財においては消費を豊かにさせる。したがって，資本主義が高度に発達し，市場もグローバル化した今日では，物的流通にかかわる産業も多様化し，高度に発達している。

第 2 章　商品流通

(1) 場所的移動

　商品の場所的移動，いわゆる輸送に関っている業種は運送業といわれ，どこを移動するのかという面から大別して陸上，海上，航空の 3 つに分けられている。もちろん，運送業は商品の場所的移動だけで開発されたり，発展してきたものではない。本来は人の移動のために開発され，発展してきたものもある。しかし，人の移動を目的とした手段であっても，その発達によって効率性が高くなると物の移動手段として用いられ，さらなる効率性の追求がそれぞれの移動手段を発展させる。しかし，商品の場所的移動そのものは，個別の運送手段の発達に規定されたわけではない。運送を専門とする大企業の出現は，効率の良い運送手段の組み合わせをすることによって，物流コストをより削減し，物流ニーズに対応している。

　現在の運送業界の状況をみると，表 2-2-1 に示すように，陸上輸送を主体として大規模化した企業，あるいは海上輸送を主体として成長してきた企業があるが，それらの企業のほとんどが今日総合的な物流企業になっている。たとえば，業界 1 位の日本通運は陸運会社として発足し，トラック輸送で成長してきたが，現

表 2-2-1　運送業界 売上高＆シェアランキング（平成 25-26 年）

順位	企業名	売上高（億円）	売上高シェア
1	日本通運	1 兆 7,524	23.20%
2	ヤマトホールディングス	1 兆 3,746	18.20%
3	日立物流	6,245	8.30%
4	セイノーホールディングス	5,434	7.20%
5	山九	4,344	5.80%
6	センコー	3,338	4.40%
7	近鉄エクスプレス	2,815	3.70%
8	福山通運	2,554	3.40%
9	鴻池運輸	2,315	3.10%
10	日新	1,937	2.60%

出所）業界動向ホームページより，http://gyokai-search.com/3-riku.htm

在では事業内容を鉄道利用輸送,海上輸送,船舶利用輸送,利用航空輸送,倉庫などを挙げているように総合物流企業である。第2位であるヤマトホールディングスは,ヤマト運輸を中核にしてデリバリー事業と呼ばれる宅急便などに代表される小口貨物輸送事業に力を入れているが,保管も含めたロジスティクス事業にも力を入れている。

①陸上輸送

陸上の移動を専門にしているのが陸運業である。この代表的な運送手段が鉄道と自動車である。鉄道輸送が可能なのは,軌道が敷設されたところに限定される。そのため鉄道輸送の効率を上げるためには,鉄道網を充実させなければならず,厖大な設備投資が必要であるという問題がある。したがって,移動ニーズの高い区間の軌道敷設だけでなく,一部大規模企業のように必要に応じて独自に引き込み線を敷設するという場合もあるが,鉄道輸送の限界でもある。

こうした鉄道輸送の限界を補完していたのが貨物専用自動車(トラック)輸送である。つまり,トラックは鉄道網が敷設されていない場所での移動手段として比較的短距離輸送に用いられていた。しかし,トラック自体の技術的進歩が進む一方で,道路網の整備など自動車に関するインフラが整備されたことで,トラック輸送は飛躍的に伸びている。国土交通省によると,日本の道路の総延長は平成24年4月1日現在で実に1,273,620.4kmにもなり,高速自動車国道は9,267.7kmにもなっている。それに伴って,トラックの大型化はもちろんであるが,冷凍トラック,水槽トラック,牽引トラックなど種類の面でも多様化が進んでいる。

また,自動車輸送の利用状況の目安となる自動車輸送トン数を

表2-2-2から,伸び率でみると1960年代は著しかったことが判る。また,1960年から1990年まで増加傾向にあることも判る。そんな中で,1995年までは自家用の方が多かったが,2000年から営業用の方が自家用より多くなったことも判る。これは,運送会社の実績が高くなったことを意味するが,それは自動車輸送の質的変化があったと考えられる。つまり,荷主が自己でトラックを保有して運送するより,運送業者に依頼したほうが有利になってきたためである。つまり,運送会社は運送手段に自動車を利用するが,その他の物流に必要なサービスを提供できるという優位性を持っているためである。

表 2-2-2　自動車輸送トン数の推移

年度	合　計	営業用	自家用
	千トン	千トン	千トン
1960	1,156,291	380,728	775,563
1965	2,193,195	664,227	1,528,968
1970	4,626,069	1,113,061	3,513,008
1975	4,392,859	1,251,482	3,141,377
1980	5,317,950	1,661,473	3,656,477
1985	5,048,048	1,891,937	3,156,111
1990	5,984,786	2,427,625	3,557,161
1995	5,877,202	2,647,067	3,230,135
2000	5,646,088	2,932,696	2,713,392
2005	4,842,232	2,858,258	1,983,974
2010	4,480,195	3,069,416	1,410,779

資料)国土交通省『自動車輸送統計年表』より筆者作成。

②水上輸送

水上の移動を専門にしているのが水運業である。これには日本と外国や諸外国間の移動を船舶を用いて運送する「外航海運業」,日本沿岸の港間を船舶を用いて運送する「沿海海運業」,主として河川や湖沼で船舶を用いて運送する「内陸水運業」の3つに

分類されている。日本は島国であることから、船舶を用いた輸送は古くから発達していた。江戸時代には、北前船と呼ばれ、北海道や日本海沿岸の米や海産物を瀬戸内を通って大坂（大阪）や江戸に運んでいたのが、本格的な商品の海上輸送の始まりだったと言われている。その後、トラック輸送が本格化するまで、船舶輸送は国内輸送の主役だったと言っても過言ではない。

　また、河川の輸送は日本各地で行われていたが、とりわけ大きな河川沿いでは底の浅い河川運搬船用の「平田船」と呼ばれる船での運搬が行われていた。なかでも、田川や飯塚の筑豊地方の石炭を積み出し港の若松まで輸送したのは、遠賀川や堀川（石炭輸送のために掘られた堀）を用いた河川輸送で、それは遠賀川や堀川に底が粉炭になってしまうほどの量であったと言われている。しかし、その輸送の重要度が増すことによって、鉄道輸送にとって代わられ、平田船による輸送は姿を消すことになる。

　しかし、海外輸送では依然、船舶輸送が大きな役割を持っている。石油や天然ガス運搬の専用船があり、これらはタンカーと呼ばれ、液体を輸送する貨物船の一形態である。代表的なものに石油タンカー、LNGタンカー、ケミカルタンカー（化学物質の輸送）などがある。また、自動車輸出などにも用いられる貨物船である自動車専用船も重要な運搬手段となっている。さらに、船倉が有効活用できるコンテナ船の開発により荷役の利便性が一気に高くなった。こうして国際的な貨物の物流が頻繁になったことで、比較的小口の輸送も可能になった。ほかに、船舶輸送の利便性だけではなく、物流全体の利便性や経済性を考慮に入れた専用船が開発されている。

第 2 章　商品流通

③航空輸送

　航空機を用いた貨物輸送の方法がある。この航空機輸送の発展は，高い運送費用に耐えうる商品の移動がどの程度増えるかに規定されるが，その前に航空機自体の技術的発展と空港の整備にも規定される。航空機については，敗戦国になった日本は航空機開発に制限があり，外国の航空機に依存せざるを得なく，高い航空機を購入しなければならなかった。それは，必然的に航空運賃を高めることになり，航空輸送の普及の障害になっていた。また，空港の開発については，狭い日本での土地問題などで必ずしもスムーズではなかったと言える。さらに，日本の航空業界の発展にブレーキをかけていたのが，日米航空協定で不平等な以遠権があったことがあげられる。この協定は，国際航路開設の障害となり，日本の航空会社が国際競争で著しく遅れを取り，日本の航空輸送の障害になった一因である。この協定が敗戦間もない1952年に行われたことから，敗戦国の日本に著しく不利な内容であった。その後，この協定の見直しが行われ，日本がほぼ平等な扱いを受けるようになったのは，1998年になってからである。

　しかし，近年では海外からはもちろん，国内の貨物輸送も航空機を使った輸送は非常に多くなっている。その理由には高い航空運賃に耐えられる高級品の輸送が増加したこともあるが，航空会社や荷主が航空輸送の合理化を進めていることも指摘される。たとえば，フランスのワイン，ボジョレー・ヌヴォーを日本で販売するのに，重量の重くなる瓶詰をやめて，ペットボトルにすることで航空輸送コストを削減させ，安価な小売価格を実現している。

(2)　時間的移動

　商品の時間的移動を担っているのが倉庫業である。生産の終了

時と消費の開始時に大きな違いは古くは農産物にあった。とりわけ，穀物においては，1年を通じて消費するが，収穫時期は短い期間に集中していることから長期保存の必要があり，古くから倉庫が存在していた。現代も穀物など農産物の時間的移動の必要性は大きく変わらず，したがって倉庫の必要性は変わっていない。さらに資本主義的生産の発展は，生産場所の集中だけではなく，生産と消費の時間的乖離を拡大させる。換言すると，大規模工場は，生産場所の集中だけではなく，消費時間を考慮することなく大量生産することで生産コストを下げようとしている。したがって，経済が高度に発達した今日では，倉庫を生業とする人たちが出現し，様々な保管ニーズに応えている。

①倉庫業の種類

現在日本では「倉庫業法」が定められ，国土交通大臣によって倉庫業の種類が定められ，それぞれの倉庫にてらした建築基準法等関連法令によって規定されている。また，倉庫業の発達や事業の適正な運営を図ることを目的で設立された「日本倉庫協会」においても倉庫の種類が規定されている。倉庫協会の規定によると，普通倉庫業，冷蔵倉庫業，水面倉庫業に分類されている。

「普通倉庫」は他の二つの倉庫を除くすべての倉庫であり，野積倉庫(岩塩や原木を野積みする場所)，貯蔵槽倉庫(タンクやサイロ)，危険品倉庫(建屋やタンクで危険品の保管)など特殊な保管形態も含んでいる。なお，倉庫協会はこの普通倉庫の事業者によって組織されている。

普通倉庫を営む倉庫業者は大小無数であるが，国土交通省は大規模な倉庫業者を次に示す21社をあげ，様々な統計を取っている。表2-2-3に示すのは，その大規模な倉庫業者21社の入庫，

保管残高を時系列的にみたものである。バブル期真っただ中の1989年を基準としてみると，入庫トン数においてはすべての年度で1989年当時には達していない。ただし，金額ベースでみると2010年ごろから少し上向いている。また，保管残高でみるとトン数が1989年当時を超えたのは，2013年だけである。しかし，金額ベースでみると2007年から漸次増加傾向にあり，2014年には基準年の5割増しになっている。

こうしたことから，バブル経済崩壊以降，倉庫業に対するニーズは減少していると言える。しかし，倉庫を必要とする品目は高額になりつつあるという特徴がある。これは，物流に関するシステムなどの発展で，流通機関に滞留する時間が著しく改善されていることが推測できる。

【営業普通倉庫事業者21社】…国土交通省規定
日本通運（株）　三菱倉庫（株）　三井倉庫（株）　澁澤倉庫（株）
安田倉庫（株）　（株）ヤマタネ　東洋埠頭（株）　ケイヒン（株）
蔦井倉庫（株）　仙台運輸倉庫（株）　諏訪倉庫（株）　東陽倉庫（株）
日本トランスシティ（株）　（株）住友倉庫　（株）杉村倉庫
（株）中央倉庫　森本倉庫（株）　新生倉庫運輸（株）　高松臨港倉庫（株）
福岡倉庫（株）　琉球物流（株）

表2-2-3　営業普通倉庫の実績（主要21社）

年	入庫数量 千トン	指数%	入庫金額 百万円	指数%	保管残高数量 千トン	指数%	保管残高金額 百万円	指数%
1989	2,754	100.0	795,033	100.0	4,885	100.0	1,474,286	100.0
2004	2,464	89.5	735,132	92.5	4,707	96.4	1,342,946	91.1
2005	2,492	90.5	746,715	93.9	4,822	98.7	1,405,612	95.3
2006	2,535	92.0	784,774	98.7	4,703	96.3	1,470,212	99.7
2007	2,568	93.2	789,332	99.3	4,796	98.2	1,579,079	107.1
2008	2,554	92.7	800,435	100.7	4,852	99.3	1,633,581	110.8
2009	2,167	78.7	761,079	95.7	4,750	97.2	1,671,764	113.4
2010	2,341	85.0	855,247	107.6	4,693	96.1	1,743,489	118.3
2011	2,284	82.9	874,831	110.0	4,591	94.0	1,882,007	127.7
2012	2,266	82.3	874,347	110.0	4,681	95.8	2,008,849	136.3
2013	2,306	83.7	951,703	119.7	4,698	100.4	2,103,227	142.7
2014	2,370	86.1	1,005,767	126.5	4,863	99.5	2,251,158	152.7

資料）国土交通省の統計より筆者作成。

「冷蔵倉庫」は国土交通省によって「10℃以下で保管することが適当な貨物を保管する倉庫」と定められ，この規定が一般に用いられている。冷蔵倉庫業も協会（一般社団法人日本冷蔵倉庫協会：http://www.jarw.or.jp/）が設立されており，保管温度について10℃以下から−50℃以下までを7段階で区分している。これらの倉庫においては，保管にかかわる業務だけではなく，たとえば検品（貨物が適正なものか，個数に間違いがないかチェック），流通加工（包装，詰め合わせ，ラベル貼り等），ピッキング（注文単位で商品を選び出す），仕分け・荷揃え（配送先別，方面別に仕分け，トラック単位で荷揃えをする）など物流に関する様々なサービスも提供している。

　「水面倉庫」は，原木等を水面で保管する倉庫である。かつて建築資材などに木材を大量に必要としていた頃は，大規模な消費地では大量に保管しなければならなかった。それらの木材は，運搬上（重すぎる）の問題と品質維持（適正乾燥）の面から原木のまま水面で保管されていた。最近では，建築資材としての木材の需要が減少したことで，この保管形態は減少している。たとえば，大都市である東京では，かつては大消費地であったことから，江東区の木場は地名になるほど材木商が多く集まり，水面倉庫が多数みられたが，需要構造の変化で激減している。しかし，木材は水に浸しておくことでゆっくりと乾燥させることができるという性質から，水上保管は良質の木材を作るというメリットもある。したがって，加工後に反りやひずみがでない良質な木材を必要とする楽器などの材料としては，今日でも非常に高いニーズがある。

②サプライチェーン

　若干既述したが，今日では物流距離が長くなったり，取扱などの複雑化によって増加傾向にある物流コストの削減をするため

に，様々な輸送手段や様々な保管手段を有機的に組み合せたシステムが考えられるようになっている。物的流通で重要な過程は，ひとつは生産するための原料や資材の調達をする過程であり，もうひとつは生産したものを消費者に届けるまでの過程である。前者は，効率的な物流が生産コストに直接影響するだけではなく，製品の品質にも大きな影響を及ぼす。また，後者の場合は，肥大化する流通コストの削減になり，販売価格に重要な影響要因となる。したがって，原料調達から消費者への供給までの物流を効率的にシステム化している。それはサプライチェーンと呼ばれ，ITを活用して効果的な運営をする経営手法がサプライチェーンマネジメントと呼ばれている。また，主に生産場所から消費場所までの間の物流を効率的に行おうとするのが，ロジスティクスと呼ばれている。これはサプライチェーンの一部であって，とりわけ飽和市場に対する物流面からの対応ということができる。換言すると，狭隘化している市場のもとで，いかに消費者ニーズに対応した商品供給をしていくかというマーケティングから派生したものである。

【研究課題】

1. 商業の概略を 800 字以内でまとめてみよう。
2. 小売商業の分化した業態の概略について考えてみよう。
3. 流通組織とは何かを簡単にまとめてみよう。
4. 一般的に物流と呼ばれている内容の概略を考えてみよう。
5. 商品の物流手段はどのようなものがあるのか，全体像を考えてみよう。

第3章

商業の理論的理解

†

商業が経済理論の中でどのような位置にあるのかを理解しておこう。

商業資本をめぐっての解釈には様々な見解があるが，ここでは学説的な見解は避け概要のみで展開する。

第1節　資本主義以前の商業

(1) 前期的商業とその特徴

　古代メソポタミアやギリシア，ローマ，さらには中世ヨーロッパでも商人は盛んに活動を続けていたと言われている。大航海時代に西洋の海洋国から胡椒やお茶を求めてアジアや中国に荒海を越えてやって来たのも商人である。また，日本でも北前船と言われる船を用いた商人が活躍していたことは既述したとおりである。こうした商人は資本主義が確立するまでほぼ同一の特徴を持っており，資本主義が確立してからの商業とは質的に異なっていた。したがって，資本主義が確立する以前の商業は，資本主義の商業とは区別して前期的商業，あるいは前期的商業資本と呼ばれている。

　前期的商業の特徴は，利潤の源泉が地域格差であったり，不等価交換であったり，暴力や取引相手の無知を利用した略奪的取引の結果によるものであった。こうした取引は，取引相手が遠隔地だったり，取引に継続性がないことで可能になる。つまり，取引相手が遠隔地だと商品情報がないだけではなく，商品の価値基準も大きく異なるため，単なる地域価格差だけではなく詐欺的な略奪的取引によって莫大な利潤を得ることが可能になる。さらに，取引の継続性がないことの特徴が，とりわけ略奪的取引を一層容易にさせる。つまり，前期的商人が販売者の立場であろうと購買者の立場であろうと，継続的な取引を前提にしていないことから，取引上の信頼性をまったく必要としない。換言すると，その場限りの最大の利潤を確保することを目的に取引は成り立っていた。

（2）大航海時代の商業

　かつて，西洋で巨万の富を得た商業は，価値基準が異なる遠隔地（たとえば外国）で，母国ではこれまで目にしたことのない珍しく，需要の高いものを発見しようとしていた。こうした商業は冒険的商人とも呼ばれ，主にポルトガル，スペインさらにはオランダなど西洋の海洋国と言われるほど世界の海に乗り出している。こうした商人が活躍し，世界中の航路を発見した時代を大航海時代と言われているのは周知のとおりである。その時代に発見された主要な産品がお茶であり胡椒である。

　胡椒は，肉食文化の西洋では食生活を急速に豊かにする重大な発見であった。つまり，冷蔵庫などの保存設備のない当時は，肉の保存可能期間は極めて短かったが，胡椒は防腐効果があり保存可能期間を延長させたからである。さらに，肉は僅かな保存期間で悪臭が強くなるが，胡椒はその悪臭を消すだけではなく食欲を増す香さえ出すということから珍重されるようになった。したがって，胡椒は肉のもっとも旨味の多いとされる腐肉寸前の肉（今日熟成肉がもてはやされているのもその考えによるものである）の悪臭を消してくれることで，食生活を豊かにした。もちろん，肉食文化の西洋といっても，当時肉を頻繁に食べることができるのは貴族などの富裕層であったことから，胡椒は著しい高値で取引されていた。一時は胡椒1g＝金1gと言われた時期や胡椒が貨幣として使用された時期もあったと言われている。

　また，西洋ではお茶に対するニーズも強く，産地のアジアからアフリカの喜望峰回りで運搬する鮮度の落ちたお茶でも高値で売れ，お茶を取扱う商人は巨万の富を得ていたと言われている。鮮度が命と言われるお茶でも，西洋の商人たちは，暑い熱帯地方を長い時間かけて運送しなければならなかった。したがって，保管

状態の良くない船倉では，お茶は鮮度を失うだけではなく，多くが腐敗していた。その腐敗したお茶でも高値で売れたと言われている。その腐敗したお茶，実は発酵していたお茶が紅茶であることは周知のとおりである。

　もちろん，西洋でもお茶に対する鮮度の欲求は強く，とりわけそうした富裕層のニーズに対応しようと新茶のいち早い入手競争もあったと言われている。アメリカが太平洋航路を開拓しようとした背景には，ヨーロッパとの新茶競争があったという説もある。つまり，アメリカがヨーロッパ諸国と新茶競争をするには，それまでの喜望峰回りでは距離的に勝ち目はなかった。そこで，アメリカ国内の運送網の発達を背景に，太平洋航路を開発しようとしたと言われている。こうして，一時はアジアのお茶がヨーロッパ，さらにはアメリカで珍重され，冒険的商人が巨額の利益を上げる対象商品であった。

図 3-1-1　大航海時代の航路図

出所)「ハウスの出張講義」より。
https://housefoods.jp/activity/shokuiku/taiken/spice-world/history.html

(3) 日本の冒険的商人

　日本でも江戸時代に小商人から豪商へと成功した冒険的商人に紀伊国屋文左衛門という人がいる。彼が豪商になる過程でみかんの冒険的取引がある。文左衛門がまだ若いころのある年，紀州ではみかんが大豊作であったが，海の荒れる日が多く江戸への海路が断たれ，行き場を失ったみかんは大阪商人に買い叩かれ価格は暴落していた。他方，みかんの供給が閉ざされた江戸では，価格は著しく高騰していた。そうしたみかんの市場状況のなか，紀伊国屋文左衛門は紀州で安価なみかんを大量に買い込み，太平洋の嵐を乗り越え，みかん相場の高騰した江戸へみかんを持ち込むことに成功し，巨額の利益を得たと言われている。この取引の特徴は，みかんが豊作であるということと，太平洋が船を出帆させることができないほど時化が続いたということから，前期的商業による取引の特徴の典型である偶然的な要因で支えられていると言える。さらに，誰も出帆しない荒海の中に出帆するという行為も前期的商業の典型である冒険的要素を持っている。

　また，紀伊国屋文左衛門が巨額な利益をあげた取引に塩鮭の取引がある。文左衛門は，江戸で仕入れた塩鮭を伝染病が流行していた上方（大阪）で，伝染病には塩鮭が効くとうわさを流して大量な販売を実現している。塩鮭が伝染病に効くというのは嘘であるので，文左衛門は上方の人たちを騙して塩鮭を売ったわけである。したがって，文左衛門がこの塩鮭の取引で得た利益は詐欺的取引の結果であり，前期的商業の典型的な略奪利潤と言える。

　しかし，資本主義の確立が近くなるころには，前期的商業の特徴は薄れてくる。とりわけ，流通する商品量の拡大によって，取引の偶然性や冒険性は減少し，継続的な取引を主体とする商業が現れる。それらの商業はもはや略奪的取引による暴利や地域価格

差による暴利を得ることが困難になる。そこで取引の資金力を生かして，若干ではあるが生産に関与するようになる。こうした前期的商業が生産に関与した形態を問屋制家内工業と呼び，その資本形態を問屋制前貸し資本と呼ぶ。つまり，商業資本家である問屋は，小生産者に原料を前貸しして生産物を引き取るという形態で生産に関与することになる。初期の段階では，小生産者は生産用具を自らが保有することでかろうじて自立性を持っているが，大規模になった問屋は生産用具も貸与するようになり，小生産者を賃労働者化していく。したがって，問屋制前貸し資本は，商業の資本主義移行期の資本形態と言われている。

第2節　資本主義と商業

(1) 資本主義的生産と商業

前節で述べたように資本主義への移行期で商業が行っていた問屋制家内工業と呼ばれる生産形態には，小生産者による原材料の着服や生産期間が長いなどの問題があった。そこで，生産場所を，小生産者の自宅から問屋が準備した生産場所（いわゆる工場）に変更した。その生産場所では問屋が準備した生産用具と原材料があり，小生産者はその生産場所に行って生産活動を行うようになる。そこでは，その小生産者たちはすでに生産活動に対する自立性を完全に喪失し，加工賃のみを手にするいわゆる労働者に陥る。こうした生産形態を工場制手工業（マニュファクチュア）と言い，その資本形態が産業資本と呼ばれている。

こうした工場生産は，それまでとは比較にならないほどの生産量の拡大を可能にしたが，さらに工場が機械化することで生産量を飛躍的に拡大させることになる。そのもっとも代表的な機械が

第3章　商業の理論的理解

ワットが改良したと言われる蒸気機関であり，それは産業革命と言われるほど生産量を飛躍的に伸ばすことになった。こうした生産形態を工場制機械工業と呼び，資本主義的生産の競争が顕著になった。換言すれば，資本主義社会では産業資本間によってより効率の良い生産をする競争，つまり生産価格を下げる競争が行われている。こうした資本主義下における産業資本間の競争が（生産）価格競争である。

　産業資本間の価格競争は，生産価格の競争であるが，それは生産コストの低下競争と理解すると分かり易い。競争企業より大量生産をすることでコスト削減を可能にし，平均価格で販売したなら，社会の平均的利潤とコスト削減に相当する余分な利潤（超過利潤と言われる）を得ることができる。この超過利潤の獲得をめぐって産業資本間の競争は激化する。なぜなら，その超過利潤は社会的に生産が有利な期間だけに生じる一時的なものであって，決して恒久的なものではないからである。したがって，産業資本間の競争は，絶え間なく社会的に有利な生産体制，つまり一般的には機械化による生産設備の大型化の競争を行っている。

　産業資本間のこうした競争は，生産過程だけの問題ではなく，流通過程の問題も重要になる。社会的には，生産されたものは流通過程を経て消費者の手に渡った段階で初めて次の生産（再生産）が開始される。つまり，生産物が流通過程にある間は，次の生産を始めることができない。したがって，産業資本にとって流通時間はできるだけ短い方が良い訳である。そこに流通時間を短縮させる機能を持つ商業の存立基盤がある。つまり，産業資本が抱える流通上の諸問題を解決する専門家として出現するのが商業資本である。その商業資本は，産業資本から派生したというのが一般的理解である。

(2) 商業資本の自立化

 本来，生産活動をしない商業は，利潤の源泉となる生産物が産業資本によって生産されたものの一部を分け与えられる。それは商業が出現することによって，産業資本にとっては生産活動が有利になるためである。つまり，商業資本は商品の流通時間を短縮させ，産業資本の再生産を早めるところに，いわゆる商業資本の存立基盤がある。

 商業の存立基盤，いわゆる商業資本の自立化に関する解釈においては，かつて様々な論争があったが，概ね次のように考えることができる。

 まず第1に商業が専門化されることによって，流通時間を短縮させることができる。なぜなら，商業は生産者と比較して販売に専念できることから，販売技術はより高度になり販売に必要な情報などを多く保有することができる。したがって，産業資本だけで流通を担当するより，商業が流通を担うことで明らかに流通時間は短くなる。

 流通時間が短縮化されることで，社会的には利潤率を低下させる空費（または冗費）といわれる流通費用が削減でき，社会的費用を削減させることは言うまでもない。その社会的費用の削減は，単に利潤から控除されるだけの空費の削減だけではなく，その削減された分は生産にまわされる。したがって，それは社会的資本の節約にもなり，その節約された分が生産に回され，社会的生産量が増加するとも考えられる。また，流通時間が短縮されるということは，再生産の開始が早くなるということにほかならない。換言すると，再生産の開始が早くなった分だけ，社会的には資本が節約されたことになる。このように，商品流通に商業が介入することで，流通時間が短縮化され，したがって社会的生産量が増

加することから，産業資本が生産したものを商業は利潤としてその一部を分け前にあずかる。

　第2に商業資本は産業資本に対して前貸し資本的性格を持っているという考え方がある。つまり，生産者は生産が終了するとその製品が消費者への販売が完了する（価値論でいう価値実現）まで，生産の再開をすることができない。つまり，販売の完了時点まで再生産のための資本が回収されていないからである。しかし，商業資本は産業資本の生産物を買い取り販売すること，換言すると生産物の流通期間は商業資本が代位することで，産業資本は流通期間の大半を経ることなく，商業資本に買い取ってもらった資本で生産を開始することができる。こうしたことは，商業資本がまだ社会的には資本回収がされていない生産物の代金を産業資本に支払うことで，産業資本の再生産を早めるというものである。

　第3に商業資本は社会的取引回数を減少させるという考え方がある。取引数量最小化の原理と言われ，特に卸売業の中核の機能として考えられている。たとえば，生産者が10人いて小売業者が10人いると総取引回数は10×10で100回になるが，卸売業者が2人介入すると取引総数は10×2と2×10の40回と少なくなるという考え方である。こうした社会的な取引回数を減少させるのは，卸売業に顕著にみられるが，商業全般で考えることも可能であり，そういう意味ではこれも商業の存立基盤と考えることもできる。

(3) 商業利潤について

　また，資本主義的商業においては，商業の利潤の性質を理解しておくことも重要である。資本主義的商業の利潤は既述の前期的商業の利潤とは性質がまったく異なる。資本主義的商業の利潤は，

暴力的であったり，詐欺的であったりする前期的商業利潤とまったく異なり，価値法則が貫徹されたいわゆる等価交換で発生するものである。したがって，その社会では投下資本の形態をとることから社会的平均利潤を獲得することになる。しかし，商業は生産活動を行わないためその利潤の源泉となるものは，産業資本が生産したものから分けてもらう。つまり，商業資本の利潤の本質は，産業資本に代わって流通を代位した報酬とも言えよう。

(4) 商業の分化

さらに理論的には上向するが，商業の分化の考え方がある。原論的には商業は商業資本として把握されてきたが，実際には商業は様々な形態で存在している。つまり，商業の機能を重視した考え方から商業機能論とも言われている。こうした問題を，商業経済論では商業の分化としてとらえてきた。

この商業の分化は，既述したが，生産者から消費者への商品の流れを縦軸にとり，垂直的分化と水平的分化とに分けられている。もう少し立ち入って考えると，垂直的分化は機能分化とも呼ばれ，業者間取引をする卸売と消費者へ販売を専門にする小売との分化である。卸売の場合はさらに，収集活動を専門に行う卸売業を収集卸売業と呼び，分散活動を専門に行う卸売業を分散卸売と呼び，機能的に専門化された卸売業の分化がある。また，生産者に近いところから，一次問屋と呼び，一次問屋から購入する問屋を二次問屋と呼んだりしている。

また，生産者から消費者までの商品の流れを川の流れに例えて，生産者に近い位置にあるのを川上と呼び，消費者に近い位置にあるのを川下という表現を使うこともある。たとえば，卸売業者が小売業態を経営する場合を川下化と言ったり，小売業者が卸売業

に進出する場合を川上化と言ったりしている。

　水平的分化は,部門別分化とも言われ,取扱品目の専門化によって分化する。たとえば,食品問屋,呉服問屋,繊維問屋,海鮮問屋などがあげられる。これらの問屋と呼ばれる専門化した卸売商業が会社形態をとるなどして大規模化した形態を商社あるいわ専門商社と呼んでいる。この水平的分化の中でも川上化や川下化の概念が用いられる。つまり,最終消費者により近い商品を川下商品と呼び,消費者からより遠い商品を川上商品と呼び,それを取扱う商業も川上,川下という表現をする。たとえば,パンは最終消費者向けの商品であることから,もっとも川下に位置する商品である。それを作る小麦粉は,最終消費者も購入するが生産者も購入することで,パンよりは川上に位置する。さらに,小麦は,現在ではほとんど生産者以外が消費することはなくなっている。したがって,小麦粉よりも川上に位置する。こうした考えから,小麦を取扱っていた商業が,小麦粉やパンを扱うようになることを川下化と呼ばれている。

第3節　商業の無機能化と排除傾向

　独占的な産業資本が支配的になる社会,いわゆる独占資本主義社会では流通環境は変化し,商業自体にも大幅な変化がみられる。

(1) 商業機能の低下

　独占資本主義社会への移行期には,産業資本間の価格競争は激化し,大量生産体制が確立される。大量生産体制は,生産のオートメーション化と製品の標準化によって可能になる。したがって,独占資本主義社会では,市場は標準化された商品が主体となる。

本来，商業は買い手に商品情報を与えることで取引を円滑にする機能を持っていたが，市場で標準化された商品が支配的になると，商業の機能は一部喪失することになる。さらに，独占資本主義社会では価格競争が回避されたとはいえ，価格競争以外の競争，いわゆる非価格競争は拡大され著しく激化してくる。そして，自由競争下での産業資本は販売を商業に任せていたが，独占化することによって販売相手である消費者に直接接するようになる。つまり，独占的産業資本は，他の独占資本間との競争の過程で広告や販売促進を自らが展開し，自ら消費者への購買説得行動をするようになる。したがって，本来商業が持っていた機能は独占的産業資本の手に移り，商業は機能低下することになる。

(2) 商業の排除

また，独占的産業資本は独占価格の設定で独占的超過利潤を得ることになるが，非価格競争の激化で再び利潤率は低下する。そこで，独占的産業資本はこれまで流通を担当する商業資本に利潤の源泉を分け与えていたが，それを取り戻そうとするようになる。つまり，独占産業資本は本来商業資本が獲得するはずの利潤を強奪する。これがいわゆる独占的産業資本による商業利潤の収奪である。

それは独占的産業資本が需要創造を目的に直接消費者に働きかけ最大利潤を得ようとする，いわゆるマーケティング政策の中で商業資本との関係も変化させる。つまり，独占産業資本はマーケティング政策のひとつとして，製品の消費者までの流通経路を既存の流通組織を用いず，独自の個別的な流通経路を確立しようとする。これがいわゆる，マーケティング政策の4P政策のなかのひとつである場所（place）的政策（一般的にはチャネル政策と言わ

第3章　商業の理論的理解

れている）である。その政策の中心となるのが，一般的には商業の排除と系列化という方法で行われる。いずれの方法も商業としての自立性を排除させ，商業資本が本来得るべき利潤を自分のものにしてしまう，いわゆる独占的収奪利潤を獲得することを目指したものである。

　商業資本の排除とは，まさに独占産業資本が中間的位置にある商業資本を意識的に排除することである。つまり，独占的産業資本は中間業者である商業を通さず，直接消費者に製品を販売する方法をとったり，場合によっては自らが販売専門の会社を設立して，これまで商業が行っていた業務を自らが行うようになる。そうすることで，独占的産業資本は，これまで分け与えていた商業利潤の源泉を取り戻すことができ，獲得利潤の拡大につながる。もちろん，排除された商業資本は，商業資本としての機能を喪失することは言うまでもない。こうした商業排除の傾向は，一般的には主に卸売業に多くみられる。

　また，商業の系列化も商業資本の本来的な機能を喪失させるという面では，基本的には商業資本の排除の一形態である。独占的産業資本が直接消費者に対応する政策をとろうとすると，消費が一般的に小規模で分散的であるという問題を解決しなければならない。つまり，独占的産業資本が既存の商業資本を排除してしまうと，消費者に対応するためには膨大な投下資本を必要とする。そして，実際に機能するためには，膨大な数の小売店舗を保有しなければならないことから厖大な流通費用も負担することになる。したがって，独占産業資本は，それらの問題を解決しながら商業資本を排除する方法として，既存の商業資本を支配・従属させる方法をとる。つまり，既存の商業資本を利用するが，独占的産業資本の個別の流通組織の一員にして，自立性を奪うことで商

業資本が本来得る利潤を収奪する。こうした系列化の支配には，特約店（専属代理店）契約のように契約上の支配や役員派遣や資本参加などの形態があり，支配の程度にも強弱がある。もちろん，その支配の強弱の程度が独占的産業資本が展開するマーケティング政策に重要な影響が出るというものではない。つまり，多くの場合が，最大利潤の獲得を目的にして生じた違いである。しかし，いずれの場合であっても，商業資本としての自由な取引は制限され，独占的産業資本の流通担当者に陥っている。現在の日本で顕著な例が，自動車のディーラーでありガソリンスタンドである。周知のように，それぞれの小売店舗をみて，それを営業している会社名よりは取扱商品の生産者である独占的産業資本の会社名しか分からないのが現状である。たとえば，何時も給油するガソリンスタンドが取扱っているメーカー名は知っているが，そのガソリンスタンドを経営している会社名を気にかけたこともない人が大半であろう。また，かつては家電メーカーも専属小売店（街の電気屋さん）を大々的に組織していたが，家電量販店の台頭により，今日ではその影が薄くなっている。

【研究課題】
1. 資本主義以前の商業が理論的にはどのように理解されているか考えてみよう。
2. 資本主義社会の中で商業が自立化する根拠を800字程度でまとめてみよう。
3. 資本主義的商業の利潤がどのような特徴を持っているか考えてみよう。
4. 独占資本主義社会では，商業が無機能化すると言われている

がその理由を考えてみよう。
5. 独占資本主義社会で商業が排除される根拠について800字程度でまとめてみよう。

第4章

日本の商業の概況

†

わが国の商業が国内産業のなかでどのような位置にあるのかの概況を理解しよう。

さらに商業の国際化についても考えてみよう。

第1節　産業としての商業の位置

(1) 国内総生産（GDP）と商業

　商業が産業の中でどのような位置にあるかを知るのに国内総生産（GDP）から構成比をみる方法がある。経済産業省の『商業統計』はわが国商業の概況をこの GDP から解説している。また，総理府が発行した「平成24年度国民経済計算確報」の2012年の GDP 構成比（名目）でみると商業（「卸売・小売業」）は，産業別ではサービス業（19.9％），製造業（18.2％）に次いで第3位で14.5％の構成比である。商業の順位は，その表の最初の年度である1994年から第3位に位置していた。2009年に製造業の割合が17.8％とサービス業の19.6％より低くなり，1位と2位の順位が入れ替わったが，商業の割合は，2012年までその割合に大幅な変化もなく3位のままであった。

　商業全体でみると，1994年から2012年の19年間で，GDPの構成比がもっとも高かったのは1995年と2005年の14.9％であった。また，その19年間でもっとも低い割合だったのは，2000年の13.6％であった。もっとも高い比率ともっとも低い比率の差は僅かに1.3％であり，19年間で上がり下がりがあるが，その傾向に明確な変化はない。それは，製造業やサービス業の割合の変動と比較すると良く分かる。製造業の場合は，もっとも高かったのが1995年と1996年の22.2％であったが，2001年以降20％を割る比率になっている（2007年だけ20.3％であったが）。さらに，2011年からは18％台まで落ち込んでいる。したがって，製造業の GDP は減少傾向にあることが明白である。また，サービス業においては，19年間でもっとも低い割合だったのは1994

年の15.9％であり，もっとも高いのは2012年の19.9％であり，その差は4.0％と大きかった。しかも，1995年から1999年の5年間は16％台になり，次の2000年から6年間は17％台で，さらに2006年からの2年間は18％台に，2008年から5年間は19％台へと高くなっている。サービス業の場合はこの19年間で着実に増加傾向にあることが分かる。したがって，GDPの面から商業をみると，他の産業との比較の中でも大きな変化はなく，ほぼ現状が維持されていると言える。

(2) 商業の事業所数の産業比較

　商業の産業上の規模を知る目安として事業所の状況をみる方法がある。表4-1-1に示すように，「卸売・小売業」（＝商業）の事業所数は他の産業と比較すると圧倒的に多い。産業別の構成比では，2006年が27.1％で，第2位のサービス業と比較すると10ポイント近く高い。また，流通の対象となる生産物の中でも日本経済では中心である工業製品を製造する製造業と比較すると，商業の事業所数は3倍以上になっている。これは，一方では製造業で独占化が進んだり，製造業自体が縮小傾向にあったりする面もあるが，商業が依然多数存在しているとも言える。換言すると，わが国の産業を事業所の数でみると，商業（卸売・小売業）がいかに多いかが分かる。

　しかし，商業の事業所数も2001年（平成13年）と2006年（平成18年）を比較すると，約180万事業所から160万まで減少している。全産業も約634万事業所から591万に減少していることから，日本の産業の縮小に影響されて，商業も縮小したともいえる。半面で，構成比が28.3％から27.1％になっていることからみると，商業がもっとも減少していることが分かる。

表 4-1-1　産業大分類別事業所数（平成 13 年，18 年）

産業大分類		平成 18 年	平成 13 年
実数	全産業	5,911,038	6,349,969
	農林漁業	21,677	21,523
	鉱業	3,026	3,770
	建設業	548,861	606,944
	製造業	548,442	643,353
	電気・ガス・熱供給・水道業	9,079	10,378
	情報通信業	59,436	60,103
	運輸業	130,911	139,007
	卸売・小売業	1,604,688	1,807,284
	金融・保険業	84,107	96,732
	不動産業	320,365	328,633
	飲食店、宿泊業	788,263	869,549
	医療、福祉	351,129	297,888
	教育、学習支援業	231,758	232,030
	複合サービス事業	49,043	54,436
	サービス業（他に分類されないもの）	1,118,554	1,132,669
	公務（他に分類されないもの）	41,699	45,670
構成比（％）	全産業	100.0	100.0
	農林漁業	0.4	0.3
	鉱業	0.1	0.1
	建設業	9.3	9.6
	製造業	9.3	10.1
	電気・ガス・熱供給・水道業	0.2	0.2
	情報通信業	1.0	0.9
	運輸業	2.2	2.2
	卸売・小売業	27.1	28.5
	金融・保険業	1.4	1.5
	不動産業	5.4	5.2
	飲食店、宿泊業	13.3	13.7
	医療、福祉	5.9	4.7
	教育、学習支援業	3.9	3.7
	複合サービス事業	0.8	0.9
	サービス業（他に分類されないもの）	18.9	17.8
	公務（他に分類されないもの）	0.7	0.7

出所）総務省統計局ホームページより。

(3) 商業における従業者数の産業比較

　産業大分類別に従業者数を表 4-1-2 からみると，商業（「卸売・小売業」）がもっとも多い。2001 年（平成 13 年）でみると，従業者数が 1,000 万人を超えているのは，商業と製造業であったが，2006 年（平成 18 年）になると製造業は僅かではあるが 1,000 万

第4章 日本の商業の概況

表 4-1-2　産業大分類別従業者数（平成13年，18年）

	産業大分類	平成18年	男性	女性	平成13年	男性	女性
実数	全産業	58,634,315	33,731,257	24,903,058	60,157,509	34,882,182	25,275,327
	農林漁業	248,459	163,817	84,642	251,382	165,641	85,741
	鉱業	33,527	28,165	5,362	47,117	39,563	7,554
	建設業	4,144,037	3,429,817	714,220	4,943,615	4,086,701	856,914
	製造業	9,921,885	6,806,383	3,115,502	10,955,761	7,281,605	3,674,156
	電気・ガス・熱供給・水道業	282,688	249,372	33,316	323,711	280,897	42,814
	情報通信業	1,592,643	1,158,809	433,834	1,465,996	1,043,290	422,706
	運輸業	2,914,126	2,427,427	486,699	2,975,043	2,490,699	484,344
	卸売・小売業	12,400,519	6,384,884	6,015,635	13,315,805	6,913,901	6,401,904
	金融・保険業	1,429,413	704,974	724,439	1,638,016	792,058	845,958
	不動産業	1,014,844	618,098	396,746	1,003,335	602,347	400,988
	飲食店、宿泊業	4,875,468	2,018,777	2,856,691	5,116,583	2,046,919	3,069,664
	医療、福祉	5,588,153	1,432,017	4,156,136	4,528,545	1,140,120	3,388,425
	教育、学習支援業	2,939,730	1,427,939	1,511,791	2,812,939	1,394,114	1,418,825
	複合サービス事業	706,584	466,029	240,555	753,356	506,149	247,207
	サービス業（他に分類されないもの）	8,690,128	4,940,585	3,749,543	8,149,012	4,600,830	3,548,182
	公務（他に分類されないもの）	1,852,111	1,474,164	377,947	1,877,293	1,497,348	379,945
構成比（％）	全産業	100.0	100.0	100.0	100.0	100.0	100.0
	農林漁業	0.4	0.5	0.3	0.4	0.5	0.3
	鉱業	0.1	0.1	0.0	0.1	0.1	0.0
	建設業	7.1	10.2	2.9	8.2	11.7	3.4
	製造業	16.9	20.2	12.5	18.2	20.9	14.5
	電気・ガス・熱供給・水道業	0.5	0.7	0.1	0.5	0.8	0.2
	情報通信業	2.7	3.4	1.7	2.4	3.0	1.7
	運輸業	5.0	7.2	2.0	4.9	7.1	1.9
	卸売・小売業	21.1	18.9	24.2	22.1	19.8	25.3
	金融・保険業	2.4	2.1	2.9	2.7	2.3	3.3
	不動産業	1.7	1.8	1.6	1.7	1.7	1.6
	飲食店、宿泊業	8.3	6.0	11.5	8.5	5.9	12.1
	医療、福祉	9.5	4.2	16.7	7.5	3.3	13.4
	教育、学習支援業	5.0	4.2	6.1	4.7	4.0	5.6
	複合サービス事業	1.2	1.4	1.0	1.3	1.5	1.0
	サービス業（他に分類されないもの）	14.8	14.6	15.1	13.5	13.2	14.0
	公務（他に分類されないもの）	3.2	4.4	1.5	3.1	4.3	1.5

出所）総務省統計局ホームページより。

人を割っている。商業も2001年から2006年にかけては減少しているが，依然として産業別構成割合は20％を超えている。多くの産業で従業者数は減少しているなか，「医療，福祉」は100万人を超える増加で，産業別構成比も2.0ポイントも増えている。しかし，商業と比較すると従業者数は依然半分程度であることから，商業が労働を吸収する産業になっていると言えよう。

また，表4-1-2から従業者数を男女比でみると，商業は2001

年も2006年も男性が若干多いが,ほぼ半分程度になっている。それに対して,「医療,福祉」においては女性の人数は男性の約3倍以上と多く,その傾向は2001年から2006年までに100万人以上増加したにもかかわらず変わっていない。したがって,産業別にみた場合は,「医療,福祉」は商業より女性によって支えられた産業と言うことができる。さらに,女性が男性を上回っている産業には「飲食店,宿泊業」や「教育,学習支援業」や「金融・保険業」がある。それらも,産業別にみると女性の従業者によって支えられていると言えよう。

しかし,全産業からみた女性の従業者の構成比をみると,2001年では商業(「卸売・小売業」)が25.3%と約4分の1を占めている。実数では2番目に多かった製造業の約2倍近い人数であり,構成比では10ポイントを超えていた。商業の女性従業者は,2006年では2001年より40万人近く減少しているが,2番目に多い「医療,福祉」より200万人弱多い。また,商業の女性従業者は,産業別構成比も1.1ポイント低下したとはいえ,もっとも比率の高い産業である。したがって,商業は他の産業に比較して,もっとも女性就業者によって支えられた産業と言うことができる。

第2節 商業の規模の推移

商業の概況を把握する上で,商業の規模にかかわる状況を経済産業省が定期的に調査し,統計として公表している『商業統計』を参照にしながらいくつかの角度から考察してみよう。

第4章 日本の商業の概況

(1) 商業の事業所数と売場面積の推移

表 4-2-1 商業の年度別事業所数と売場面積

年次	事業所数			売場面積
	計	法人	個人	(㎡)
1982	2,150,323	733,217	1,417,106	95,430,071
1985	2,041,660	743,508	1,298,152	94,506,983
1988	2,056,173	821,604	1,234,569	102,050,766
1991	2,067,206	926,256	1,140,950	109,901,497
1994	1,929,250	918,380	1,010,870	121,623,712
1997	1,811,270	899,763	911,507	128,083,639
1999	1,832,734	947,378	885,356	133,869,296
2002	1,679,606	891,158	788,448	140,619,288
2004	1,613,318	883,052	730,266	144,128,517
2007	1,472,658	839,639	633,019	149,664,906

資料）経済産業省『商業統計』より筆者作成。

表4-2-1から商業の事業所数と売場面積の年度別推移をみると，事業所数では1980年代はほぼ横ばいで90年代以降ほぼ減少傾向にあることが分かる。そのなかで，個人事業所は80年代初頭から減少傾向にあり，2007年には1982年の半分以下になっている。これらは主に個人事業主で構成されている昔ながらの商店街が寂れて，シャッター商店街と言われていることが連想される。商店街の衰退のひとつの原因に零細な個人事業主の高齢化による廃業があげられるが，それは個人事業主の著しい減少として表に現れている。それに対して，法人の事業所は1991年まで増加し，その後若干の変動があるがほぼ横ばい状態であることが分かる。1999年には法人事業所が個人事業所を超えて，その後も法人事業所の方が多くなっている。したがって，商業も法人化が進み，ある面では近代化が進んでいるとも言える。

また，売り場面積の動向をみると，1985年に一旦減少しているが，その後僅かずつであるが増加している。これらの売場面積

の推移で興味深いのは, バブル経済の崩壊やその後の不景気に影響されることなく漸次増加している点であろう。そして, 2007年には1982年当時の1.5倍以上になっている。したがって, 商業は不況対策のために経営の見直しによる法人化などによって一事業所当たりの売り場面積が大規模化してきていると言える。

(2) 商業の年間販売額の推移

商業の実態とその変化を知る方法として, 年間販売額の推移をみる方法がある。表4-2-2から商業全体とその内訳として卸売業と小売業の年間販売額の動向をみる。

まず, 商業全体の年間販売額の動向は, 1991年をピークにほぼ減少傾向にあると言えよう。1988年にはバブル景気を受け始め, 1991年はバブル景気真っただ中で販売額がもっとも多くなっている。その後, バブルの崩壊と景気の悪化で商業全体の取引高は減少するが, バブル景気の影響を受けていなかった1985年ほど低下はしていない。したがって, バブル景気以降商業の年間販売額は減少傾向にあるが, それほど顕著なものではない。

しかし, 卸売業と小売業によって年間販売額の傾向は異なる。商業の年間販売額を卸売業と小売業で分けてみると, 小売業の年間販売額の商業全体でみた構成比は1999年までほぼ2割程度に過ぎず, 圧倒的に卸売業の販売額が多い。しかし, 2002年からは小売業の販売割合が25％近くになっており, 商業全体の4分の1近くになっている。それは小売業の年間販売額が増加したことによるものではなく, 卸売業の販売額が著しく減少したことによるものである。

また, 商業全体の年間販売額は1991年まで増加傾向にある。94年から2004年までは減少傾向にあり, 91年のもっとも多いと

きから2004年のもっとも少ないときは，約175兆円の減少になっている。その減少している販売額の168兆円は卸売業の減少分であることから，対企業取引が主体の卸売業が，バブルの崩壊とその後の景気低迷に大きく影響してきたことが推測できる。

それに対して，小売業の年間販売額は1997年まで伸び続けている。その結果，2002年には商業全体の4分の1まで比率を上げている。しかし，1999年から減少傾向にあり，アジア通貨危機に端を発した第2次平成不況と呼ばれる経済不況が消費生活を縮小させたためと考えられる。小売業の2007年には若干盛り返しているが，もっとも販売額の多かった1997年と比較すると，依然13兆円ほど少ない。したがって，小売業においては，バブル崩壊の影響は直接受けたとは思えないが，その後のリーマンショックのような不況要因の影響を受けてきたと言えよう。

表4-2-2 商業の年間販売額の推移

年次	卸売業(百万円)	構成比	小売業(百万円)	構成比	商業全体(百万円)
1982	398,536,234	80.92%	93,971,191	19.08%	492,507,425
1985	427,750,891	80.79%	101,718,812	19.21%	529,469,703
1988	446,483,972	79.54%	114,839,927	20.46%	561,323,898
1991	573,164,698	80.30%	140,638,104	19.70%	713,802,802
1994	514,316,863	78.21%	143,325,065	21.79%	657,641,928
1997	479,813,295	76.46%	147,743,116	23.54%	627,556,411
1999	495,452,580	77.50%	143,832,551	22.50%	639,285,131
2002	413,354,831	75.37%	135,109,295	24.63%	548,464,125
2004	405,497,180	75.26%	133,278,631	24.74%	538,775,810
2007	413,531,671	75.43%	134,705,448	24.57%	548,237,119

資料）経済産業省『商業統計』より筆者作成。

(3) 商業の従業者数の推移

商業の状況とその変化を知るうえで，従業者数の状況とその変化も参考になる。表4-2-3からみると，商業全体の従業者数は

1982年から1,000万人を超えている。その後,若干の変動はあるが,もっとも多い年で82年当時から200万人増えた程度で,大幅な変動はなかったと言えよう。しかし,卸売業と小売業を別々にみると,1982年当時は卸売業と小売業の比率はほぼ6:4であったのが,1994年以降その比率に変化が起こっている。卸売業のもっとも従業者数が多く,構成比が高かったのは1991年であった。しかし,それ以降は人数も減少するが,構成比も減少傾向にある。したがって,卸売業は,従業者数の面からみても,バブルの好景気とバブル経済の崩壊に強く影響されていることが分かる。これは,ほぼ年間販売額から見た傾向と同じである。

また,小売業の変化をみると,実際の人数は1988年から1999年まで増加している。しかし,2002年以降は僅かではあるが,減少傾向にある。したがって,小売業の従業員数の実態は,年間販売額と同じような傾向にあり,バブル経済には直接影響を受けていないが,第2次平成不況の影響を受けていることが分かる。しかし,バブル崩壊以降,小売業の構成比は増加傾向にあり,

表4-2-3 従業者数の年度別推移

年次	卸売業 (人)	構成比	小売業 (人)	構成比	全体 (人)
1982	4,090,919	39.11%	6,369,426	60.89%	10,460,345
1985	3,998,437	38.72%	6,328,614	61.28%	10,327,051
1988	4,331,727	38.73%	6,851,335	61.27%	11,183,062
1991	4,772,709	40.76%	6,936,526	59.24%	11,709,235
1994	4,581,372	38.29%	7,384,177	61.71%	11,965,549
1997	4,164,685	36.17%	7,350,712	63.83%	11,515,397
1999	4,496,210	35.90%	8,028,558	64.10%	12,524,768
2002	4,001,961	33.42%	7,972,805	66.58%	11,974,766
2004	3,803,652	32.89%	7,762,301	67.11%	11,565,953
2007	3,526,306	31.75%	7,579,363	68.25%	11,105,669

資料)経済産業省『商業統計』より筆者作成。

2007年には全体の7割近くに迫っている。このことから、近年は卸売商業の減少が顕著になり、不況によって流通の合理化がかなり進んできたと推測できる。

(4) 商業の従業者規模別状況

また、表4-2-4に示す従業者規模別の状況をみることで、近年の商業の構造的特徴がより鮮明になる。

まず、その表から事業所数でみると、2人以下の従業者がもっとも多い。内訳をみると、個人事業所が圧倒的に多いが、法人事業所も10万を超えており、決して少なくはない。法人事業所の数がもっとも多いのは「5～9人」の規模で、2番目は「3～4人」の規模になっており、法人事業所も決して大規模で占められているわけではない。また、法人、個人を含めた10人未満の事業所数は120万を超え、全事業所の約82％にも達している。なかでもその約半分の事業所数の個人事業所においては、それ自体でみると約96％にもなる。法人事業所においても、その71％強が10人未満の事業所になっている。反対に、100人以上を超える従業者のいる事業所数はこの表からも著しく少ないことが分かる。したがって、わが国の商業は、著しく少ない従業者数の事業所で構成されていることが分かる。

次に、表4-2-4から従業者数の規模を従業者規模別にみると、全体的には「10～19人」の規模がもっとも多いが、それは法人の従業者数が規模別でもっとも多い層であることによるものである。従業者数を全体的にみると、法人と個人を比較すると法人は個人の5倍以上の人数を抱えている。したがって、従業者数全体でみる場合は、ほとんどの規模の層が法人の影響がでている。法人は他に、「5～9人」の規模も多くの従業者がいるが、もっとも

大規模な「100人以上」においても150万人を超える従業者がいる。それに対して、個人の場合は従業者数の少ない規模ほど、従業者の人数は多い傾向にある。そして、もっとも小規模な2人以下の層では、個人の従業者数は法人の約3倍にもなっている。

表 4-2-4　従業者規模別事業所，従業者数，および年間販売額（2007年）

従業者規模	事業所数 計	事業所数 法人	事業所数 個人	従業者数 計（人）	従業者数 法人（人）	従業者数 個人（人）	年間商品販売額（百万円）
計	1,472,658	839,639	633,019	11,105,669	9,331,584	1,774,085	548,237,119
2人以下	581,069	138,462	442,607	923,909	233,403	690,506	13,716,730
3～4人	331,134	205,884	125,250	1,129,948	715,579	414,369	27,533,554
5～9人	292,568	252,956	39,612	1,897,223	1,652,536	244,687	69,733,813
10～19人	166,472	146,691	19,781	2,238,463	1,968,376	270,087	90,229,517
20～29人	48,625	43,962	4,663	1,143,883	1,037,388	106,495	51,196,881
30～49人	28,515	27,617	898	1,069,748	1,037,999	31,749	57,114,575
50～99人	16,896	16,717	179	1,146,642	1,135,162	11,480	66,737,860
100人以上	7,379	7,350	29	1,555,853	1,551,141	4,712	171,974,190

資料）経済産業省『商業統計』より筆者作成。

また、従業者の規模別にみた年間販売額をみると、もっとも大規模な「100人以上」の規模が圧倒的に多く、171兆円で販売額全体の約30％を超えている。事業所数でもっとも多い「2人以下」の規模と比較すると、実に12.5倍以上である。また、従業者数がもっとも多かった「10～19人」の規模と比較しても約2倍近い。したがって、わが国の商業は、従業者数を多く抱えた大規模企業によって多くの販売をしていると言える。もちろん、多くの従業者数を抱える「10～19人」規模の商業も、2番目に多い販売額で、それは全体の16％を超えている。しかし、その他は、従業者数と年間販売額には関連性はなく、一部の規模を除いて、ほぼ従業者規模が小さいほど販売額も少ない傾向があることが分かる。

第4章 日本の商業の概況

第3節　商業の国際化

　わが国の商業の国際化は，総合商社によって早くから展開されていた。グローバル化という視点からみると，総合商社が世界でもっとも早く展開した企業ということもできる。わが国が工業国として高度に成長したのも総合商社の早くからのグローバル化がひとつの要因であったことは否めない。つまり，工業の発達には多種多様な原材料が必要である。しかし，周知のように，資源のない日本にとって海外に依存せざるを得なかった。しかも原材料の多くを輸入に依存する限り，輸出を拡大し，安定させなければならない。そのためにはとりわけ価格面での国際競争力をつける必要があり，原材料の安価で安定調達が必須であった。そうした日本の製造業の要求に応えるため，地球規模で調達先を開発してきたのが総合商社であった。

（1）総合商社によるグローバル化

　総合商社がそのグローバル体制をもっとも強化した時期が1980年代後半ごろである。1992年のEU（当時はEC）の統合によって世界貿易の形態が大幅に変わることを受けて，日本企業も国際戦略の見直しが始まっていた。その水先案内人となっていたのが総合商社で，対EU戦略だけではなく，支店と現地法人で地球規模の経営体制を確立した。この時点では，世界でもっともグローバル化の進んだ企業は総合商社であったと言っても過言ではない。

　また，わが国の商業が国際化しているかどうかを判断するのに，表4-3-1に示すように，「子会社が海外にある企業数」からみる

こともできる。これによると製造業が約半分で圧倒的に多く，商業（「卸売・小売業」）が製造業の約半分で，全体的には4分の1以上である。周知のように，日本の製造業は国際競争力が著しくなった今日では，多くの企業が現地生産体制を確立している。したがって，製造業が海外に子会社を多く保有していることは理解できよう。

しかし，商業の海外子会社の保有数が製造業より少ないから，商業の国際化は製造業より遅れていると判断するのは早計である。つまり，商業の中でも卸売業の海外進出は，必ずしも子会社展開する必要はなく，支店網の拡大でことは足りることが多い。総合商社は海外の支店網の充実もグローバル化のひとつの手段として展開している。さらに総合商社がグローバル化の手段として展開している現地法人が必ずしも子会社形態をとっていない場合もある。つまり，重要な現地法人は本社の出資比率を意識的に低くしている場合がある。もちろん，こうした資本的な関係だけではなく機能的にも本社機能から切り離した独立性の強い現地法人を設立している。さらにそれらの現地法人は，必要に応じて多くの法人を設立している。こうした総合商社の現地法人体制は，それぞれの現地法人が本社とのしがらみから解放され，経営上の意思決定を日本的思考に固執せず，より柔軟でグローバルな対応ができることを目的にしている。したがって，表4-3-1からはわが国の商業の国際化を完全に読み取れるものではない。

(2) 海外関係会社の産業別分類の実態

また，表4-3-1の「親会社が海外にある企業数」から国内市場の国際化を知る目安になる。つまり，海外の企業がわが国に子会社を設立し，事業展開していることで，その事業分野を国際競争

第4章 日本の商業の概況

に巻き込んでいることになる。その会社数がもっとも多い産業分野は，商業（卸売・小売業）で2006年には1,387社と第2位の製造業の468社と比較すると著しく多い。また，産業別構成比では49.0％とほぼ半分の割合になっている。したがって，国内の国際化は商業によって進められているとも言えよう。

また，親会社が海外にある企業のうち，外国資本の出資比率が100％の企業数は卸売・小売業がもっとも多く1,041社である。2番目に多い製造業では241社であることから，100％出資会社が製造業では50％強であるのに対して，商業では75％に達している。したがって，日本に参入している外国の商業は，母国の経営方針が強く作用していることから，日本国内での小売商業環境は，よりグローバル化していることが推測できる。

表4-3-1　企業産業大分類別海外に親会社・子会社のある企業数（2006年）

企業産業大分類	親会社が海外にある企業数	構成比（％）	子会社が海外にある企業数	構成比（％）
全産業	2,833	100.0	8,226	100.0
農林漁業	5	0.2	15	0.2
鉱業	1	0.0	21	0.3
建設業	20	0.7	205	2.5
製造業	468	16.5	4,087	49.7
電気・ガス・熱供給・水道業	1	0.0	16	0.2
情報通信業	319	11.3	462	5.6
運輸業	99	3.5	336	4.1
卸売・小売業	1,387	49.0	2,157	26.2
金融・保険業	99	3.5	134	1.6
不動産業	31	1.1	138	1.7
飲食店、宿泊業	28	1.0	75	0.9
医療、福祉	10	0.4	17	0.2
教育、学習支援業	11	0.4	26	0.3
複合サービス事業	-	-	-	-
サービス業（他に分類されないもの）	354	12.5	537	6.5

資料）総務省統計局の統計を参照。

(3) 小売業の海外出店の状況

次に，日本の主な小売業の出店状況から海外出店の状況をみたのが，表4-3-2である。

その表から出店状況をみると，それぞれの業態の特徴（業態の特徴から一店舗当たりの規模が大規模である業態ほど出店数は少なくなる）もあるが，企業単位での国際戦略にも違いがあることが分かる。しかし，ほぼ全般的には海外出店数が増加傾向にある。とりわけ，2007年と2012年の比較をすると，コンビニの出店数が著しく多い。セブンイレブンは2007年時点で既に海外店舗が国内店舗数の約倍以上になっており，その後5年間で10,000店舗近く増加している。また，ファミリーマートにおいては，2007年時点では国内店舗の方が多かったが，2012年には海外店舗の方が上回っている。しかし，ローソンはファミリーマートと比較すると，2007年も2012年も国内店舗数では上回っているが，海外店舗数では圧倒的に少ない。つまり，コンビニにおいては，海外進出の傾向は強いが，企業単位での戦略の違いもあることが分かる。

それに対して，GMS（大型スーパー）や百貨店はそれほど海外出店が多くない。これはそれぞれの業態が，海外でも大規模化しており，著しく競争が激化していることがあげられる。つまり，出店可能な場所の小売競争環境が著しく厳しいためである。しかし，百貨店の三越は古くから海外出店しており，2007年も2012年も国内の店舗より海外の店舗の方が多い。しかし，その業態の特徴から，コンビニと比較すると海外の店舗数は圧倒的に少ない。したがって，コンビニを除くGMSや百貨店などの代表的な小売業の国際化は，それほど進んでないと言えよう。

第4章　日本の商業の概況

表 4-3-2　主な小売業の出店状況

会社名	店舗	2007年2月	2012年1月
イトーヨーカ堂	総店舗数	182	193
	自国内	173	180
	海外	9	13
イオン	総店舗数	437	590
	自国内	391	538
	海外	46	52
高島屋	総店舗数	24	22
	自国内	20	20
	海外	4	2
三越	総店舗数	24	36
	自国内	11	15
	海外	13	21
セブンイレブン	総店舗数	31,835	43,591
	自国内	11,735	13,590
	海外	20,100	30,001
ローソン	総店舗数	8,855	10,314
	自国内	8,564	9,994
	海外	291	320
ファミリーマート	総店舗数	13,122	19,278
	自国内	6,974	8,649
	海外	6,148	10,628

資料）経済産業省「流通業の国際展開の現状と今後の対応について」平成24年5月より筆者作成。

次に，表4-3-3から，2012年時点のわが国小売業のアジア進出状況をみると，今日的な小売商業の代表的な業態であるGMSでも，個別企業の国際戦略によって異なることが分かる。イトーヨーカ堂においては中国への進出だけであるが，イオンにおいては中国だけではなく，タイやマレーシアにおいても比較的多く進出している。GMSの進出においては，進出先の購買力や現地企業との競争構造など複雑な問題があるなかで，イオンのその進出状況からみると積極的な国際戦略をとっていると言えよう。

また，出店条件がGMSより現地購買力の大きさに大きく影響

される百貨店では,アジアへの進出はそれほど多くみられない。その中で,三越の台湾への17店舗の出店は非常に多い。百貨店の中でも特に老舗で比較的古くから海外進出をしている三越ならではの戦略と思われる。

表4-3-3 主な小売業のアジア進出状況(2012年)

	中国	韓国	台湾	タイ	シンガポール	マレーシア	フィリピン	ベトナム	インドネシア
イトーヨーカ堂	15								
イオン	31			11		29			
高島屋				1	1				
三越	1		17						
セブンイレブン	1,820	5,831	4,815	6,479	562	1,346	715		67
ローソン	363								20
ファミリーマート	849	7,032	2,812	696				18	

資料)経済産業省「流通業の国際展開の現状と今後の対応について」平成24年5月より筆者作成。

もっともアジア各国へ進出しているのが,コンビニエンスストアである。なかでもセブンイレブンは,2012年時点でベトナムを除くアジアの主要国にすべて進出している。セブンイレブンはもともとアメリカのサウスランド社が運営する小売業態であったが,イトーヨーカ堂がその経営方法や商標を導入し,運営していたものであった。しかし,その後サウスランド社の経営悪化によって,一時は経営支援をする程度であったが,その後経営権が日本のセブンイレブンに移っている。したがって,サウスランド社がアメリカで展開していたセブンイレブンの店舗は,今日ではセブン-イレブン・ジャパンのものになっている。こうした背景も影響してか,セブンイレブンはコンビニの中でも突出して海外店舗が多い。

また,コンビニの店舗が小規模であることから,出店コストが低いだけでなく,取り扱っている商品価格が低いことや低い客単価を想定していることから,現地購買力が百貨店やGMSほど進

出の阻害になることがない。したがって，一定の経済発展で，ある程度の購買力があるアジアの諸国においても参入しやすい。被参入国としては，近代的な新たな小売業態の出現で，多くが受け入れられているのが現状である。

そこで，海外進出を進めようとしているコンビニは，表4-3-3のファミリーマートにみられるように中国，韓国，台湾，タイには多くの店舗を出店している。半面で，国内販売高では業界2位であるローソンは，海外出店には積極的ではない。業界1位のセブンイレブンと比較すると国際出店戦略においては対照的なように思われる。こうした，両社の国際出店戦略は，国内においてもローソンが全国規模で出店を展開しているのに対して，セブンイレブンが2015年になって初めて四国に出店したというドミナント方式で出店戦略を展開しているように，企業自体の出店戦略の違いから生じるものであろう。

【研究課題】
1. 日本の商業が産業全体の中でどういう位置にあるかを考えよう。
2. 日本の商業の規模が時系列的にどのように変化してきたかを考えよう。
3. 日本の卸売業と小売業の年間販売額がどのように変化したかを考えてみよう。
4. 日本の商業の国際化について800字程度でまとめてみよう。
5. 経済産業省の商業統計をみて，なにかひとつでも法則性を探してみよう。

第5章

卸売業

†

商業の中の卸売業と呼ばれる業種に立ち入って考えてみよう。

排除される傾向にある卸売業はどのような生残り政策を展開しているかを考えてみよう。

第1節　卸売業の概況

(1) 卸売業の取引

　古くは問屋（とんや，といや）と呼ばれている卸売業は，商業が垂直的に分化した形態であることは記述したとおりである。消費者に直接接することなく，消費者に接する小売商業者や垂直的機能の異なった卸売業者（垂直に分化した他の卸売業者），さらには生産者の原料調達など業者間取引を行う業種である。こうした一般的な流通の中間業者が卸売業と呼ばれるのに対して，取扱品目が専門化し取引規模も大規模化したことで会社形態をとったのが商社，あるいは専門商社と呼ばれていることは既述したとおりである。

　わが国では，高度成長期に卸売業が多数存在し，流通を複雑にしていたという考えから流通の合理化が叫ばれた。もちろん，高度成長に入ると製造業の大規模化が進んだことで，原材料調達や製品の販売過程で，流通により合理性を求めると，成長過程で膨らんだ卸売商業の社会的必要性が小さくなったのであろう。しかし，わが国経済の発展過程で卸売商業が果たしてきた役割は決して小さいものではなかった。

　図5-1-1に示すように，メーカーから小売業までに卸売業が介入している場合と介入しない場合の取引回数の比較から分かるように，機能的には，卸売業の流通過程での役割は非常に大きいことが判る。しかし，わが国の卸売業の経済的役割は，図に示すようなメーカーから小売業までの取引を合理的にしただけではなく，それ以上にメーカーの材料や部品調達過程に多く介入して，

図 5-1-1　卸売業の流通機能

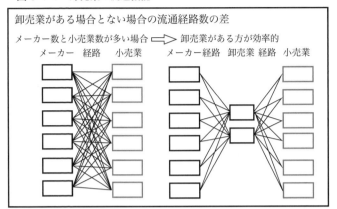

出所)「卸売業を深く知るためのサイト」より。
http://orosi100.seesaa.net/article/272151595.html

生産の合理化にも深く貢献してきたと言える。周知のように、日本経済の高度成長は工業を中心とする製造業によって進められてきた。それらの日本の製造業にとっては、資源の少ないわが国で原材料等の調達が重要な課題であった。その製造業の原料調達に貢献したのが卸売業である。とりわけ、日本の高度成長の基幹産業であった鉄鋼業は、外国資源を開発し、安価に供給してきたのは総合商社と呼ばれる卸売業であったことは既述したとおりである。つまり、日本の卸売業は図5-1-1に示すようにメーカーの生産物を小売業者へ流通するのも重要な機能であったが、メーカーの原料調達で重要な機能を果たしていたことを看過することはできない。

(2) 卸売商業の年間販売額の推移

表 5-1-1　卸売業と小売業の年間商品販売額比較

年次	卸売業年間商品販売額（百万円）	卸売業の小売業に対する倍率	小売業年間商品販売額（百万円）
1982	398,536,234	4.24	93,971,191
1985	427,750,891	4.21	101,718,812
1988	446,483,972	3.89	114,839,927
1991	573,164,698	4.08	140,638,104
1994	514,316,863	3.59	143,325,065
1997	479,813,295	3.25	147,743,116
1999	495,452,580	3.44	143,832,551
2002	413,354,831	3.06	135,109,295
2004	405,497,180	3.04	133,278,631
2007	413,531,671	3.07	134,705,448

資料）経済産業省『商業統計』より筆者作成。

　表5-1-1に示しているのは，卸売業と小売業の年間販売額を示したものであるが，卸売業の年間販売額は1991年まで伸びている。1982年当時は卸売業の年間販売額は小売業の4倍以上であったのが，1988年には3.89倍と4倍を割っている。卸売業の年間販売額が1985年，88年と増加しているにもかかわらず，小売業の年間販売額に対する割合が低くなっているのは，小売業の勢力が急速に強くなったためと考えるべきであろう。その後，その倍率は1991年まで低下しているが，1994年からさらに低下傾向にあり，2004年にはほぼ3倍程度まで下がっている。卸売業の年間販売額がもっとも多かった1991年でも，1985年より僅かではあるが小売業に対する倍率は低下している。また，2002年以降の倍率は，小売業の販売額のもっとも多かった1997年より低くなっている。したがって，年間販売額でみると，商業自体が縮小傾向にあり，その中で卸売業は一層顕著になっていると言えよう。

(3) 卸売業の規模の推移

表5-1-2 卸売業の年度別推移

年	事業所数 合計	法人	個人	従業者 (人)	年間商品販売額 (百万円)
1972	259,163	161,743	97,420	3,007,647	106,780,082
1974	292,155	188,405	103,750	3,289,663	173,113,132
1976	340,249	224,823	115,426	3,512,973	222,315,445
1979	368,608	250,379	118,229	3,672,638	274,545,131
1982	428,858	297,395	131,463	4,090,919	398,536,234
1985	413,016	294,199	118,817	3,998,437	427,750,891
1988	436,421	317,876	118,545	4,331,727	446,483,972
1991	475,983	361,614	114,369	4,772,709	573,164,698
1994	429,302	337,173	92,129	4,581,372	514,316,863
1997	391,574	313,136	78,438	4,164,685	479,813,295
1999	425,850	339,977	85,873	4,496,210	495,452,580
2002	379,549	307,259	72,290	4,001,961	413,354,831
2004	375,269	304,626	70,643	3,803,652	405,497,180
2007	334,799	273,670	61,129	3,526,306	413,531,671

資料）経済産業省『商業統計』より筆者作成。

既に第4章2節で卸売業の従業者数と年間販売額については一部の動向をみてきたが，ここではさらに1972年までさかのぼって動向を考察しよう。

1973年末の中東戦争の勃発は原油価格を高騰させ，日本の経済にも深刻な状況をもたらした。1975年ごろまでのこの景気後退時期を第一次オイルショックと呼び，公共投資の抑制や消費の低迷には著しいものがあった。しかし，卸売商業の1974年や76年の年間販売額はもちろんであるが，事業所数や従業者数の減少がみられるどころか，逆に大幅に増加している。年間販売高が増加しているのは，物価の高騰によるものと思われる。日銀調査の卸売物価指数をみると，1970年を100とすると，1975年12月には総平均でも159を超えている。また，「石油・石炭・同製品」においては，実に354を超えており，4倍近い指数になっ

ている。さらに原油や輸入ナフサにおいては，6倍に迫っていた。したがって，オイルショックの景気冷え込みは，物価高騰によって卸売業の年間販売額からでは推測できなくなっている。換言すると，オイルショックは景気低迷があったと言われるが，卸売業においては物価上昇で経済的負担はかなり緩和された部分があったと推測できる。

事業所数の推移でみると，1974年以降バブル経済の崩壊が影響したと思われる1994年の減少まで増加傾向は続いている。したがって，1972年からバブル期まで日本経済には好不況の変化はあったが，卸売業においては増加してきている。その増加傾向は，個人の場合1982年までであり，その後は漸次減少している。それに対して，法人は1991年まで増加している。このことから流通の近代化が卸売業では1980年代半ばから始まったと言える。

(4) 従業者別にみた卸売商業の規模

表 5-1-3 卸売業の従業者規模別状況 (2007年)

従業者規模	事業所数			従業者数			年間商品販売額
	計	法人	個人	計 (人)	法人 (人)	個人 (人)	(百万円)
計	334,799	273,670	61,129	3,526,306	3,361,193	165,113	413,531,671
2人以下	77,225	39,662	37,563	128,836	67,930	60,906	6,466,059
3～4人	78,447	61,497	16,950	270,799	214,211	56,588	15,642,967
5～9人	90,750	85,028	5,722	595,023	560,418	34,605	45,721,352
10～19人	52,075	51,296	779	695,354	685,702	9,652	62,741,590
20～29人	16,273	16,195	78	386,115	384,347	1,768	38,465,797
30～49人	11,286	11,256	30	423,784	422,724	1,060	44,992,111
50～99人	6,069	6,063	6	408,914	408,500	414	52,100,222
100～199人	1,862	1,861	1	249,915	249,795	120	37,415,682
200～299人	410	410	-	98,552	98,552	-	19,994,423
300～499人	231	231	-	86,372	86,372	-	14,935,265
500人以上	171	171	-	182,642	182,642	-	75,056,203

資料）経済産業省『商業統計』より筆者作成。

第5章 卸　売　業

　表5-1-3から，まず卸売業の従業者規模別に事業所数をみると，全体では「5～9人」の規模の事業所がもっとも多い。それはその規模が法人でもっとも多いためである。全体で2番目に多いのは「3～4人」の規模であるが，これも法人で2番目に多い規模である。こうしたことは，事業数では法人が個人の4倍以上であることから，法人の数がそれぞれの規模の全体の数に影響する。つまり，「2人以下」の規模を除く他のすべての規模で，法人の数が全体の数に影響している。

　また，従業者規模別に従業者数をみると，全体でみると「10～19人」の規模がもっとも多い。これも当然法人の従業者数が一番多いためである。個人でもっとも多いのは，「2人以下」であることから，卸売業が小規模経営が多くの従業者を抱えていることが判る。規模別にみた従業者数が事業所数と直接関連性がないことに注目したい。事業所数ではもっとも多かった「5～9人」の規模は，従業者数でみると2番目であり，従業者数のもっとも多かった「10～19人」の規模では事業所数が4番目になっている。

　また，年間販売額でみると，もっとも多いのは従業者規模がもっとも多い「500以上」の規模である。事業所数ではもっとも少なく，従業者数でも8番目に位置するほど少ない規模である。2番目に多い規模は，従業者数で1番多い「10～19人」の規模である。しかし，年間販売額の一番多い層と比較すると100兆円も少ない。したがって，年間販売額では，従業者規模が「500人」以上の大規模卸売業が圧倒的に多いことが分かる。反対に，従業者規模のもっとも小さい「2人」以下の年間販売額は，各従業者規模別の中でもっとも低く，その額が他の規模よりひと桁少なくなっている。

第2節　卸売業の分化と専門商社

(1) 卸売業の機能分化

　商業の分化の理論的理解については，既に第3章第2節で述べた。そうした分化は，実際には主に卸売業にみられる。そこで，ここでは実際に卸売業がどのように分化しているかをみることにする。

　先ず生産者から消費者までの商品の流れを縦軸にみて，垂直的分化と呼ばれるものがあることは既述したとおりである。それらの分化は，生産構造に影響されて異なっている。つまり，生産の規模によって商業に要求される機能が異なり，その機能に対応して商業が分化している。したがって，この分化は，それぞれの卸売業の機能が異なっていることから，機能的分化と呼ばれている。

　一般的に，農産物のように生産が小規模の場合は，生産者が多数存在していることで，生産物は一旦収集したほうが流通は合理的になる。そうした収集を専門にする卸売業を収集卸売業と呼んでいる。また，それらの生産物の収集される場所が消費地から遠隔地にある場合は，生産地の卸売業者から消費地の卸売業者までの間に介入する卸売業が存在する。そうした生産地と消費地の卸売業者間の取引を中継する卸売商業を中継卸売業と呼んでいる。さらに，一旦集められた生産物は消費地で分散しなくてはならない。それは，消費が小規模で分散的という特徴を持っていることから，消費者へ直接販売する小売業も消費者の特徴に対応せざるを得なく，店舗は小規模で分散しなくてはならない。したがって，消費地での卸売業の機能は主に分散的機能を持つことになり，分散卸売業と呼ばれている。

また，生産が大規模化された工業製品などは，生産が集中しているためそこでの商業は消費者への分散機能が中心になる。生産の集中度に応じて分散機能の細分化による分類がされる場合がある。その場合，生産者に近い方から一次卸（第一次問屋）と呼ばれ，生産者から直接仕入れ，多くの卸売業に販売することで分散機能を果たしている。次に，一次卸から仕入れ，さらに小規模な卸売業や小売業に販売することで分散機能を果たしている卸売業を二次卸（第二次問屋）と呼んでいる。

(2) 卸売商業の専門化

次に，卸売業の分化に，既述したように取扱商品の専門化による水平的分化がある。この取扱商品の専門化は，生産者から小売業までの流通過程だけではなく，生産者から生産者（生産的消費者）までの流通も含んでいる。換言すると，原材料や部品，中間加工品などの取扱いであることから，量的に膨大であるだけではなく，商品種類も膨大であり，専門分化は必然的に多くなる。表5-2-1に示すように，商業統計でも細分化して統計がとられている。

この表から，卸売業の分化はもちろんであるが，その規模が分かり，わが国産業にどのようにかかわっているかを推測することができる。卸売業の中でも生産財卸に多くかかわっていると思われる業種の年間販売額が多いことが分かる。とりわけ，産業分類の中で，年間販売額のもっとも多い52の「建築材料，鉱物・金属等卸売業」はその内容からみると，ほぼ製造企業による原材料調達にかかわっているものということが分かるであろう。

それに対して，年間販売額では3番目になっている産業分類51の「飲食料品卸売業」は，主に小売向けの卸であることが推測できる。その51と52に分類された卸売業の従業者数をみると，

51に分類された卸売業の方が多くなっている。これは取引にかかわる従業者の数から推測して、産業分類51の取引規模が産業分類52の卸売業より小規模であると言えよう。

表 5-2-1 産業別卸売業の事業所, 従業者および年間販売額

産業分類		事業所数	従業者数（人）	年間商品販売額（百万円）
	卸 売 業 計	334,799	3,526,306	413,531,671
49	**各種商品卸売業**	1,200	32,918	49,042,472
50	**繊維・衣服等卸売業**	25,061	268,694	16,640,847
501	繊維品卸売業（衣服,身の回り品を除く）	5,265	40,071	4,214,223
502	衣服・身の回り品卸売業	19,796	228,623	12,426,624
51	**飲食料品卸売業**	76,058	820,011	75,649,023
511	農畜産物・水産物卸売業	37,844	392,582	34,951,323
512	食料・飲料卸売業	38,214	427,429	40,697,701
52	**建築材料, 鉱物・金属材料等卸売業**	79,036	703,715	107,683,444
521	建築材料卸売業	38,131	292,555	22,232,594
522	化学製品卸売業	15,261	154,537	22,971,201
523	鉱物・金属材料卸売業	16,440	191,610	58,921,414
524	再生資源卸売業	9,204	65,013	3,558,235
53	**機械器具卸売業**	77,929	923,644	99,893,908
531	一般機械器具卸売業	28,923	282,725	24,147,921
532	自動車卸売業	17,890	189,807	17,183,276
533	電気機械器具卸売業	18,809	306,710	47,181,649
539	その他の機械器具卸売業	12,307	144,402	11,381,062
54	**その他の卸売業**	75,515	777,324	64,621,977
541	家具・建具・じゅう器等卸売業	14,047	110,750	5,429,922
542	医薬品・化粧品等卸売業	15,998	220,734	22,736,427
549	他に分類されない卸売業	45,470	445,840	36,455,628

資料）経済産業省『商業統計』より筆者作成。

なかでも、51と52の中でも年間販売額のもっとも多い512「食料・飲料卸売業」と523「鉱物・金属材料卸売業」を比較すると、512は523の年間販売額の7割程度であるが、従業者数は2倍以上であり、事業所数も2倍以上になっている。つまり、消費財供給を主に行っている卸売業は取引規模が小さいことから、多くの卸売業が介在し、多くの従業者もかかわっていると言えよう。こうした傾向は、533電気機械器具卸売業からも推測できる。つ

まり，533は生産的消費への販売もあるが一般消費向けで小売業への販売も多くあることから，事業所数や従業者数が多く存在している。

また，取扱商品の専門化されていな卸売業が49各種商品卸売業として分類されているが，年間販売額では卸売業全体の1割強であるが，事業所数でみると全体の僅か0.4％に満たない。また，従業者数においても1％以下である。したがって，専門化していない卸売業の割合は低いが，相対的に販売額は多いことが分かる。つまり，取扱商品を専門化していない卸売業は，大規模企業が多く存在していることが分かる。

(3) 専門卸売業の時系列変化

専門卸売業の年代別変化をみようとする場合，生産財を取扱う卸売業は生産構造の変化に大きく影響されるが，消費財を取扱う卸売業は消費構造の変化に大きく影響される。そこで，それぞれの規模の趨勢を時系列的にみて，専門卸売業の年代別変化を考察しよう。

表5-2-2で示すように，もっとも年間商品販売額の多い産業分類52の「建築材料,鉱物・金属材料等卸売業」年度別動向をみると，年間商品販売額，事業所数，従業者数ともに1991年がもっとも多いことからバブル景気に強く影響されてきたことが分かる。その後の不況の影響で年間商品販売額や事業所数，従業者数も減少傾向にある。しかし，年間商品販売額だけは，2007年に著しく増加しているが，事業所数や従業者数は依然減少傾向にある。こうしたことから判断すると産業分類52の卸売業は原材料供給の卸売業であって，最近の日本の産業構造の変化に影響され，卸売業としての機能が低下していると言えよう。

表 5-2-2 （52）建築材料，鉱物・金属材料等卸売業の年度別推移

年度	事業所数	従業者 （人）	年間商品販売額 （百万円）
1982	114,667	870,133	100,089,754
1985	108,461	820,394	99,909,774
1988	112,862	868,875	92,670,961
1991	119,884	955,149	123,514,706
1994	99,516	880,153	102,981,356
1997	91,789	804,057	97,908,369
1999	94,941	827,702	99,887,355
2002	86,804	767,012	91,106,808
2004	84,049	712,060	87,351,813
2007	79,036	703,715	107,683,444

資料）経済産業省『商業統計』より筆者作成。

表 5-2-3 （51）飲食品卸売業の年度別推移

年次	事業所数 計	従業者数 （人）	年間商品販売額 （百万円）
1982	94,031	858,058	79,507,785
1985	93,275	875,246	88,029,088
1988	96,067	951,533	95,830,092
1991	99,990	977,097	108,118,694
1994	96,224	1,017,921	104,335,285
1997	87,437	930,190	97,847,794
1999	94,376	1,020,123	99,731,705
2002	83,595	918,242	84,273,701
2004	84,539	887,159	86,389,838
2007	76,058	820,011	75,649,023

資料）経済産業省『商業統計』より筆者作成。

　また，その商品の性質上，多くが小売向け卸である飲食品卸売業の年度別推移を表5-2-3でみると，年間商品販売額がもっとも多い年は1991年で，その年は事業所数ももっとも多かった。つまり，飲食品卸売業もバブル景気の影響は受けていたと言えよう。それは82年から91年までの増加傾向をみても分かる。しかし，バブル崩壊後も年間商品販売額は，1999年まで若干低下するが，

それほど顕著ではない。これは既にみてきた統計で,消費はバブル経済崩壊を敏感に受けることはなく,若干遅れて反応したことによるものである。また,従業者数においては,1999年がもっとも多く,2002年までは著しく低下したとは言えない。つまり,事業分類51の飲食品卸売業は,従業者数の面からみてもバブル崩壊後ただちに減少しているとは言えない。いわゆる,バブルが崩壊して,しばらくしてから消費にも影響が出てきた不況によって減少傾向にあると言えよう。とりわけその傾向は従業者数に顕著に出ている。

(4) 専門商社

また,卸売業の中で会社形態をとって大規模化した業態を商社と呼んでいることも既述したとおりである。さらに商社のなかでも,取扱商品を一定の分野に絞って事業展開している商社を専門商社と呼び,取扱商品を限定せずあらゆる商品を取り扱っているのを総合商社と呼んでいる。総合商社の詳細は後述するが,取扱商品がかつて「ラーメンからミサイルまで」と言われたように様々な商品を取扱っているというのは,総合商社の概念規定のためのひとつの条件であるには違いないが,専門商社が一定の分野の商品の取扱いをしているというのと同一次元で理解すべきではない。

専門商社は,あらゆる産業分野に存在しているが,大規模化しているのは取引単位が量的,金額的に多い生産的消費者向けの製品を主に取扱っている分野に多く存在している。卸売商業の事業は,もともと事業間取引(B to B:Business to Business)であるが,商品の分散機能的部面(販売先が小売業)より材料や資材の調達に関係する取引(販売先が製造企業)の方がより大規模な取引になる。今日の専門商社の会社名と規模の状況を知るため,専門商

社の2012年度の売上高ランキングをみると表5-2-4に示すとおりである。その表から注目すべきは，上位2社が医療機器・医療関連の専門商社であるということである。また，医療機器関連の専門商社は，上位20社中に5社がはいっていることも見逃せない。それらの会社の事業内容は医療機器関連メーカーとその使用者である病院との間の販売斡旋である。今日，医療に関連する取引は，一方では高齢化社会によって医薬品などの消費量が増加しており，他方では医療機器の高品質化による高額化で，取引額はますます増加傾向にある。とりわけ，今日では医療機器の著しい高額化で，大規模病院にも導入できないほどのものが出ている。今後，医療技術の発展過程で，それらの高額医療機器の導入が卸売業の売上に大きく影響するであろう。

また，鉄鋼・金属の専門商社も売上高上位20社に5社入っている。鉄鋼・金属の専門商社で売上高のもっとも多く，専門商社の売上ランク5位になっている阪和興業は，戦後大阪で設立された商社である。現在では鉄鋼や非鉄金属の事業以外に食品，石油・化成品，木材，機械など幅広く事業展開をしている。

ランキング8位の日鐵商事と9位の住金物産は2013年10月1日に統合し，現在では日鐵住金物産株式会社と社名変更している。日鐵商事は1997年に新日鉄の100％出資の商事部門として設立され，その後新日鉄の指定問屋数社を吸収合併し，新日鉄の流通部面の合理化に貢献した会社である。住金物産は，かつては住友グループの中核企業であった住友金属工業の指定問屋4社が1941年に合併して設立された住友金属の歴史ある流通担当会社であった。新日鉄と住友金属の両社は，その前身からみると，高炉メーカーやその他金属メーカーとして日本の基幹産業の中核企業であった。なかでも新日鉄は官営企業として発足し日本の製

第5章　卸　売　業

表5-2-4　専門商社売上高ランキング（平成24-25年決算）

順位	会　社　名	売上高（億円）	業　　種
1	メディパルホールディングス	2兆8,109	医療機器・医療関連
2	アルフレッサホールディングス	2兆3,875	医療機器・医療関連
3	三菱食品	2兆3,188	食料品
4	スズケン	1兆8,945	医療機器・医療関連
5	阪和興業	1兆5,113	鉄鋼・金属
6	伊藤忠エネクス	1兆4,307	石油製品
7	東邦ホールディングス	1兆1,403	医療機器・医療関連
8	日鐵商事	1兆0,263	鉄鋼・金属
9	住金物産	7,887	鉄鋼・金属
10	神鋼商事	7,696	鉄鋼・金属
11	加藤産業	7,202	食料品
12	岡谷鋼機	6,920	鉄鋼・金属
13	キヤノンマーケティングジャパン	6,812	その他商社
14	長瀬産業	6,662	化学製品
15	岩谷産業	6,570	石油製品
16	あらた	6,163	その他商社
17	伊藤忠食品	6,145	食料品
18	日立ハイテクノロジーズ	5,754	事務機器・電子・OA関連
19	バイタルケーエスケー・HD	5,475	医療機器・医療関連
20	カメイ	5,162	石油製品

注）業種は筆者作成

資料）「日本の会社一覧」より。

鉄業の中心にあった八幡製鉄所が1970年に富士製鉄と合併し，新日本製鐵株式会社として発足した巨大企業である。したがって，その商事部門を担当する日鐵商事は大規模な商社であることは言うまでもない。また，粗鋼生産では新日鉄に次いで大規模であった住友金属の販売を一手に担当していた住金物産の売上高が多いのも理解できよう。表5-2-4は表示されていないが，2012年10月に新日鉄と住友金属が合併し，新日鉄住金が発足している。それに伴って，2013年10月に日鐵商事と住金商事は合併し，日鉄住金物産株式会社が発足している。したがって，鉄鋼・金属に大規模な専門商社が出現したことになる。また生産財取引においては，石油製品を取扱う会社が3社もランクインしており，石

油製品と関連性の高い化学製品を取扱う会社も1社ランクインしている。

その他に上位20社の中には，食品卸売業が3社もランクインしていることも看過できない。なかでも，三菱食品は売上高2兆円を超える上位3社に入っている。しかも，医療機器などとは比較にならないほど単価が低いであろうと思われる食料品の取扱いであることを考慮に入れると，大量な取引をしているのが推測できる。したがって，食料品を取扱う卸売業で，ランキングが11位の加藤産業や17位の伊藤忠食品も大量な取引をしていることが推測できる。

第3節　最近の卸売業

(1) 卸売業の縮小

卸売商業は様々な面から縮小傾向にあるのは既述したとおりである。その卸売業の縮小の原因は大別すると，3つに分けられる。2つは第3章で既に述べたが，卸売商業の無機能化と排除傾向である。もうひとつは，日本の産業構造の変化があげられる。それぞれを，もう少し立ち入って考察する。

まず，第1に卸売商業が縮小傾向にあるのは，とりわけ分散機能を担っていた卸売商業に顕著にみられる。つまり，製造企業の大規模化によって，極度に生産が集中すると卸売商業に期待される分散機能の期待は少なくなる。なぜなら，多くの卸売商業に依存するより，特約店化し取引を集中したほうが合理的になるからである。つまり，生産の集中が卸売業の機能を低下させるという面がある。もちろんそれだけではなく，既述したが大規模化した大規模製造企業は，これまで商業が行ってきた機能を自ら行う

ようになる。いわゆるマーケティングのチャネル政策の本質はここにある。つまり，大規模製造業は商業を支配することで，それまで商業が獲得していた利潤を自分のものにしてしまう。したがって，現在の卸売商業の動向をみると，年間販売額の減少ももちろんであるが，利潤率が著しく減少していることから，今日の卸売業の排除傾向を推測することができる。たとえば，生産の集中度の高い電気機械器具の卸売業の売上総利益率（粗利率あるいはマージン率）が18.5％であることを，生産の集中度の低い織物卸売業（呉服）の29.8％と比較するといかに低いかが分かる。

　第2に，小売商業間競争の激化が卸売商業を縮小傾向に追い込む。つまり，小売商業間競争の激化は，規模の競争へと展開され，その結果大規模小売商業を出現させる。本来，小売商業は小規模で分散的な特徴の消費者との取引を前提にしているため，店舗単位で存在する小売商業は一般的には小規模である。しかし，小売商業は，仕入過程で規模の優位性を主体とした競争を始める。換言すると，小売商業は，より多く仕入れることでより安く仕入れられ，仕入コストをより抑えることで，競争上優位な立場に立とうとする。小売商業における仕入局面での競争の優位性は，競争が激化するにしたがって多極化するが，取引量による優位性には大きな変化はない。一般的に取引慣習としての数量割引は，小売商業の取扱商品の調達過程で重要な競争要因である。したがって，小売商業間競争は仕入過程で大規模化の競争が行われることになる。

　半面で，仕入過程で量的競争をした小売商業は販売過程でも量的競争をしなければならない。一般的には，販売過程での大規模化は店舗の大規模化で対応されるが，消費者の小規模分散的という特徴で制限される。したがって，店舗の大規模化は様々な工夫がなされる。わが国で歴史上もっとも古い時期に大規模化された

店舗は越後屋(三越百貨店の前身)であると言われている。越後屋はそれまでの呉服専門店としては最大規模で,取引をスムーズにするための最大の工夫として正札制がとられていたと言われている。つまり,正札制は購買者の購買意思決定を迅速にすることから,大規模な販売形態としては効果的な方法である。さらなる小売店の大規模化は百貨店の出現を待たなければならないが,この大規模化は取扱商品幅の拡大によって行われた。取扱商品幅の大小によって,三十貨店,五十貨店,八十貨店などと百貨店ほど品揃えは多くないが,取扱商品幅は多少広いことを示す業態があったが,これらも店舗の大規模化の競争から出たものである。

これら小売商業間競争の詳細については後述するが,競争の結果として出現する大規模小売商業は,大量取引を武器に生産者や製造業者から直接仕入れ,価格交渉力を持つようになる。したがって,それらの大規模小売商業の仕入過程から卸売商業は排除されることになる。

第3に,日本の国内の産業構造の変化が卸売商業を縮小させている。とりわけ,1980年代後半から始まった円高による国際競争力の低下によって,アセンブリー産業だけではなく素材産業も生産拠点を海外に移転し,国内の産業の空洞化を懸念する声すら強くなっていた。たとえば,鉄鋼やアルミなど素材産業による生産の海外移転の多くは,製造コストの削減を目的としたものであって,したがって原料調達面で有利な原材料の産出国であるのが一般的である。そこで,資源の少ない日本の素材産業は,原材料を輸入に頼らざるを得なく,そこでは卸売商業とりわけ商社が介入していたが,その必要性がほとんどなくなってしまった。

また,アセンブリー産業においては,アメリカとの貿易摩擦やヨーロッパでのEU統合などで矢継ぎ早に現地生産を展開した

1980年代終盤は,国内で製造したキットを現地で組み立てるだけであった。こうしたノックダウン(KD)生産と呼ばれる方法は,貿易摩擦を解消する効果がないことやEUのように域内経済政策の面から強く非難された。そして,現地生産国では,一定の現地部品調達率に達しない製品は現地生産品とは認めず,輸入品とするとして課税率を高める措置をとる政策をとってきた。こうした現地生産構造の変化に対応して,90年代初頭には日本の大規模部品産業も現地生産体制を確立している。しかし,現地生産体制を確立したアセンブリー産業は,日系企業からの部品調達だけではなく,現地企業などからの部品調達をする必要に迫られ,これまでの部品調達先に依存することは困難になった。それは,必然的に卸売商業が介入していた取引構造に変化があったことを意味する。つまり,大規模製造業による生産体制の現地化が,卸売商業の取引を縮小させると同時に,国内産業の空洞化の傾向による景気後退が卸売商業の縮小化の一要因になっていた。

(2) 卸売業減少の実態

卸売商業減少の実態を従業者規模別に1994年と2007年で比較したのが,表5-3-1である。バブルの崩壊の影響が出てきた1994年を基準に2007年と比較すると,まず事業所数はすべての規模で減少していることが判る。そのなかで,もともと事業所数は少ないがもっとも大規模な「500人以上」の従業者規模の事業所の縮小が割合的にはもっとも少ない。次いで2番目に大規模な分類にされている「300〜499人」という規模の事業所の減少率が小さい。したがって,大規模な卸売業は事業所数ではそれほど減少してないことが判る。反対に「50〜99人」と「100〜199人」の従業者数を抱える中堅規模の卸売業の比率がもっ

とも低くなっている。そして,それらは従業者数9人以下(3つの規模の層をまとめたもの)の零細規模の卸売業より減少率は高いことからみて,中堅規模の卸売商業の縮小傾向が強いことが判る。

また,表5-3-1から従業者数の変化をみると,もっとも大規模な「500人以上」の規模が唯一増加している。また,その率は減少はしているが,もっとも減少率の低いのが,2番目に大規模な「300～499人」の従業者規模である。反対に減少率の高いのは「100～199人」の規模と「200～499人」の規模の中堅規模の卸売業である。したがって,従業者数からみても,中堅卸売業の縮小傾向が顕著であると言える。

表5-3-1　規模別卸売商業の事業所数と従業者数の年度比較

従業者規模	事業所数			従業者数		
	2007年 (B)	1994年 (A)	B/A	2007年 (B) (人)	1994年 (A) (人)	B/A
2人以下	77,225	90,382	85%	128,836	158,219	81%
3～4人	78,447	103,004	76%	270,799	356,437	76%
5～9人	90,750	120,148	76%	595,023	785,985	76%
10～19人	52,075	67,776	77%	695,354	901,835	77%
20～29人	16,273	21,296	76%	386,115	504,342	77%
30～49人	11,286	14,714	77%	423,784	551,053	77%
50～99人	6,069	8,394	72%	408,914	565,215	72%
100～199人	1,862	2,581	72%	249,915	344,466	73%
200～299人	410	559	73%	98,552	133,611	74%
300～499人	231	265	87%	86,372	99,517	87%
500人以上	171	183	93%	182,642	180,692	101%

資料)経済産業省『商業統計』より筆者作成。

(3) 卸売業の今日的対策

排除傾向あるいは縮小傾向にある卸売業は,事業の生き残りをかけて活路を模索している。その中でもっとも代表的な事業が物流事業の強化と独自商品(プライベートブランド:PB)の開発である。前者の物流事業の強化は,本来卸売業が持つ機能であるが,とりわけ大規模小売業の新たな経営方法や新業態の開発で物流に対す

るニーズが一層強まっている。つまり，大規模スーパーのようにセルフサービスで低価格を前面に出した業態では，仕入コストの削減はもちろんであるが，物流コストの削減も重要な課題になる。なぜなら，一般的に日用品は嵩が大きい割には価格が低く，したがって物流費の占める割合は非常に高くなる。その物流費の負担をめぐって卸売商業の介入の余地がある。換言すると，大手小売業は物流費の負担を前提に卸売業の介入を認めようとする。したがって，排除される傾向にある卸売業は，活路を求めて，大手小売業のニーズに対応した物流体制を確立しようとする。

　また，コンビニエンスストアの出現は一層物流ニーズを高めることになる。小規模な店舗で購買者の多様なニーズに応えようとするコンビニエンスストアは，POS（販売時点での情報管理：Point of Sales）システムの利用で最小限の在庫が可能になった。POSはシステム自体に画期性があるが，そのシステムの運用を支えているのは物流と言っても過言ではない。その合理的な物流システムの中核であるのが配送センターである。小口で多種の取引を頻繁にしなければならないコンビニにとっては，メーカーや卸売業者との取引が膨大になるが，独自の配送センターを設立することで，物流面の取引回数を大幅に減少させている。そのコンビニ運営の要ともいえる配送センターは，コンビニによって指定された卸売業が運営している場合がほとんどである。換言すると，排除傾向にある卸売業は，コンビニの物流を担当することで，卸売業としての活路を見出していると言える。しかし，コンビニの物流には，運送業者も多く参入しているため，卸売業にとっては厳しい活路であることは言うまでもない。

　次に，卸売商業のPB開発による生き残りについては既に一部で見られ，とりわけ中小卸売業の活路として期待されている。大

規模小売業によって NB（ナショナルブランド）に対抗した PB 商品が本格的に展開されるようになったのは 1980 年代半ばであった。しかし、また近年の不況で PB 商品への消費者ニーズの高まりから、開発件数だけでなくブランド数も非常に増加している。そして、大規模小売業と中小製造業との共同開発事例が急増したことで、著しく力関係の格差がある PB の開発過程では不公平な取引が行われる可能性が生じ始めた。1990 年代半ばの PB 開発が盛んに行われた時期は、スーパーなど大規模小売業と NB 生産企業との共同が多かったことから、不公正な取引が表面化することはなかった。しかし、PB 商品開発が多岐にわたり、中小企業さらには零細企業との共同開発も行われるようになったことから、資本的な力関係によって不公正な取引が行われていることが表面化した。そこで、公正取委員会は 2014 年 6 月に、食品分野の PB 商品に関する取引の実態調査をしている。

また、PB 商品の特殊な取扱としては Amazon があげられる。大手オンライン通販の Amazon は 2014 年 7 月に「プライベートブランドストア」を開設している。これまで PB は、一般的には開発した小売業だけで販売するか、せいぜい系列企業での販売に過ぎなかった。かつて大規模な PB であるダイエーの「セービング」は、スーパーのダイエーはもちろんであるが、当時系列のコンビニであるローソンで販売されていただけである。しかし、Amazon は、取扱開始当時にマツモトキヨシや東急ハンズ、Alpen Group など 16 社の商品を取扱っている。

PB ブランドの開発は、直接販売手段を持っている小売業の方が有利であるため、これまでは大手小売業によって展開されてきた。しかし、最近になっての PB 商品の市場拡大によって、中堅スーパーなどの PB 商品の取扱ニーズが増してきている。つまり、

PB商品の製造業者はNBを持つ大手製造業者の場合も多く,品質面ではNBと変わることがないにもかかわらず,価格は著しく安くなっている。こうした消費者によるPB商品への信頼の拡大で,大手小売業と対抗しなければならない中堅の小売業にとってPB商品の取扱は必須のものとなっている。しかし,中堅小売業とっては,単体でのPB開発は量的に困難であり,大手小売業の開発したPB商品の取扱いはできないため,事実上PB商品取扱の道は閉ざされていた。

　こうした小売商業界でのPB商品の取扱ニーズの高まりは,卸売業のPB商品開発につながっている。つまり,独自でPB商品開発ができない中堅,さらには中小小売業に供給するPB商品の開発をする卸売業が出現している。こうした卸売業は,市場環境や競争環境などを十分把握できない中小小売業などの支援を事業の中核においており,その一環としてPB商品の開発を進めている。もちろん,PB商品の開発は,卸売商業間競争の優位性を狙った事業のひとつであることは言うまでもない。こうして,今日ではPB商品が縮小しつつある卸売業の活路として評価されつつある。

【研究課題】

1. 卸売業とはなにかを簡単に整理してみよう。
2. 日本の卸売業の規模の推移を800字程度でまとめてみよう。
3. 卸売業の機能分化について800字程度でまとめてみよう。
4. 専門商社を概念規定し,実際の企業の状況を調べてみよう。
5. 日本の卸売商業の減少傾向とその理由について考えてみよう。

第6章

総合商社

†

世界に類を見ない業態である総合商社とはどういうもので，日本経済の発展にどのように関係してきたかの概略を考えてみよう。

総合商社特有の機能について考えてみよう。

第1節　総合商社とは

(1) 総合商社の概念

　総合商社の簡単な定義については，専門商社との比較の中で既述したとおりである。取扱商品を制限してない会社化された大規模な卸売業を総合商社と呼ぶのが一般的な考え方である。したがって，総合商社は「ラーメンからミサイルまで」幅広い商品を取扱っているという表現が用いられてきた。しかし，総合商社をもう少し立ち入って研究する者達は，総合商社を単に取扱商品だけからだけではなく，機能面などを重視して概念規定をしている。つまり，総合商社には本来の卸売業にはない機能を備えているということを重視した考え方である。こうした機能面を含めて総合商社を規定しようという考えでは，とりわけ貿易業務にかかわる機能が優れている面を重視して，「貿易会社」あるいは「貿易商社」などと表現されることがあった。しかし，この考え方も商品取引を重視した考え方に過ぎず，輸出入の割合が多い卸売企業という程度の分類に過ぎない。後述するが，総合商社と言われるようになってからの機能は非常に多く，世界に類を見ない業態となっている。したがって，英語表記においても，総合商社をよく理解する者は，「Sogo-shosha」と表記している。依然，「a general trading company」と表現する者もいるようであるが，この表現は早く改めてもらいたいものである。

　総合商社の歴史は古く，戦前に既に大規模企業であったことから，戦後GHQによる財閥解体の対象にされ，幾つかの会社に分割されていた。しかし，戦後の経済復興に大きくかかわる過程で，

解体されていた財閥系商社などは分割された会社が合併を繰り返し，ほぼ戦前の状態に戻った。そして，1970年代前半には三菱商事，三井物産，住友商事，伊藤忠商事，丸紅，日商岩井，トーメン，ニチメン，兼松江商，安宅産業の10社になっていた。さらに，日本の高度成長期には，日本の産業経済に深くかかわりながらさらに大規模化してきた。そして，1980年代には旧財閥系3グループ（三菱グループ，三井グループ，住友グループ）と銀行を中核とする3グループ（富士銀行グループ，第一勧業銀行グループ，三和銀行グループ）のなかで，それぞれの企業集団の流通担当者として存在していた総合商社（三菱商事，三井物産，住友商事，丸紅，伊藤忠商事，日商岩井）を特に六大総合商社と呼んでいた時期がある。

(2) 企業集団

旧財閥系企業集団の中では，総合商社として古くから存在していたのは三井物産であり三菱商事であった。三井物産は三井グループの意思決定機関とも言えるべき，三井グループの中心となる企業であった。また，三菱商事においても創業者の岩崎弥太郎が土佐藩から海運業を譲渡されて以来からの古い歴史を持っている。そして，三菱グループは，1970年代後半には，産業独占（三菱重工），銀行独占（三菱銀行）そして商業独占（三菱商事）が三位一体となったもっとも典型的なバランスのとれた独占体に成長している。表6-1-1と表6-1-2に示すように，巨大企業28社と24の団体が「金曜会」と称したグループを結成しており，月1回第2金曜日に親睦会と称して定例会を開催しているが，経営支援なども含めた固い絆で結ばれていると言われている。

表 6-1-1　三菱グループ金曜会メンバー関連会社

旭硝子	キリンホールディングス	JX ホールディングス
東京海上日動火災保険	ニコン	日本郵船
ピーエス三菱	三菱アルミニウム	三菱化学
三菱化工機	三菱ガス化学	三菱地所
三菱自動車工業	三菱重工業	三菱樹脂
三菱商事	三菱製鋼	三菱製紙
三菱倉庫	三菱総合研究所	三菱電機
三菱東京 UFJ 銀行	三菱ふそうトラック・バス	三菱マテリアル
三菱 UFJ 証券ホールディングス	三菱 UFJ 信託銀行	三菱レイヨン
明治安田生命保険	※三菱関連団体	※その他

出所）三菱グループのポータルサイトより。

表 6-1-2　三菱グループ金曜会メンバー関連団体

熱海陽和洞	開東閣	湘南カントリークラブ
静嘉堂	全三菱運動文化大会企画委員会	ダイヤ高齢社会研究財団
ダイヤモンドファミリークラブ	東洋文庫	三菱金曜会
三菱クラブ	三菱経済研究所	三菱広報委員会
三菱財団	三菱 CC 研究会	三菱社名商標委員会
三菱マーケティング研究会	三菱養和会	小岩井農牧
エムエスティ保険サービス	小岩井農場商品	綜通グループ
大日本塗料	千歳興産	丸の内よろず

出所）三菱グループのポータルサイトより。

　また，三井グループは，グループの親睦会として常務以上を会員資格とする「月曜会」（会員会社80社），社長・会長を会員資格とする「二木会」（会員会社25社）や表 6-1-3 に示す「三井広報委員会」という組織もある。それぞれの会は，グループの意思決定機関ではなく，あくまでも親睦会と言われているが，重要な情報交換もあるだろうが，グループ結束のための集会であることは言うまでもない。三井グループの場合は,三つの親睦会があるが，会員として所属している会社は，かなり多くが重複している。こうした重複して親睦会へ所属している会社は，長年三井グループ

第6章　総合商社

と深い関係にあり，グループの中核にある会社である。

表6-1-3　三井広報委員会の会員会社

エーエムサービス	王子ホールディングス	サッポロビール
三機工業	JA三井リース	新日本空調
電気化学工業	東洋エンジニアリング	東レ
日本製鋼所	日本ユニシス	三井化学
三井金属	三井住友海上	三井住友銀行
三井住友建設	三井住友トラスト・ホールディングス	三井住友ファイナンス&リース
三井生命	三井倉庫ホールディングス	三井造船
三井物産	三井不動産	三越伊勢丹ホールディングス
特別会員：商船三井		

出所）三井広報員会のホームページより。

　それに対して，旧財閥の中でも住友グループは，創業者の経営方針から商事部門を保有していなかったと言われている。住友の前身は古く，江戸時代から別子銅山の経営で財閥の出発点を築いたと言われている。その頃からの家訓が武士を意識したものであったことから，商業に対する蔑視があったと言われている。そのため，グループ内には商業は存在しなかった。しかし，戦後グループ内に商事部門が必要だということで設立されたのが住友商事である。したがって，住友商事は，長年グループ内企業によって支援されてきたことから，総合商社の中でもっとも利益率の高い企業であった。特に，日本経済が成長し，大規模な製造企業がマーケティングを展開し始めた頃「商社無用論」や「商社斜陽論」などが出てきたが，その頃の総合商社の利潤率が著しく低くなっていた面もその根拠のひとつになっていた。その頃から総合商社の商品売買益（荒利益やマージンとも言われる）は著しく低下し，それらは総合商社特有の用語で口銭（こうせん）と呼ばれていた。そんな中で，戦後生まれの住友商事はグループ内の有力企業から高い利益率の取引を回してもらい，末子扱いを受けながら成長していったと言

われている。

また，3つの非財閥系あるいは銀行系と呼ばれる企業集団では，富士銀行を中心とする芙蓉グループ（旧安田財閥であることから，旧財閥系に含める場合もある）の商事部門として丸紅があった。また，第一勧業銀行（現みずほ銀行）を中心とする一勧グループには伊藤忠商事が，そして三和銀行を中心とする三和グループには日商岩井がそれぞれ商事部門としてグループの取引に貢献していた。

(3) 現在の総合商社

今日，三菱商事，三井物産，住友商事，丸紅，伊藤忠商事が五大総合商社と呼ばれ，それに豊田通商と双日を含めて七大総合商社と呼ばれる場合もある。豊田通商はトヨタ車の国際市場開拓に貢献する中で成長してきたが，2006年に総合商社のトーメンと合併し，自動車以外の売上高を半分以上にしようと総合商社化してきた。同時にトヨタのグループの唯一の商事部門であるが，トヨタ色が薄まりつつあると言われている。しかし，2015年3月現在で大株主にトヨタ自動車と豊田自動織機が入り，その2社の構成比は32.89％とトヨタの主要企業からの出資比率は依然として高い。また，双日はかつて6大総合商社に入っていた日商岩井がニチメンと2004年4月に合併して誕生した会社である。

また，総合商社の特殊性は日本の他の企業には見られない経営組織である。総合商社の経営組織の特殊性は，とりわけ企業内の組織の縦割りが強いことにあり，事業部あるいはグループと呼ばれている専門部は完全に独立している。したがって，事業部をまたいだ人事異動は皆無であって，仮に移動した場合は新規採用者としか取り扱われないほどである。また，事業部あるいはグループ単位で必要に応じて海外駐在所の設立はもちろん子会社や現地

法人の設立も可能である。今日では，戦後独禁法で禁止されていた持ち株会社制度が1997年に解禁されて以来，同一持ち株会社内での事業会社間の垣根は高いが，それまでの大規模製造業がとっていた事業部制とはまったく異なっている。こうした縦割りの強い総合商社であることから，1980年代後半に三井物産は事業部の危機をあおった「社内倒産制」という特殊な政策をとって，会社全体の蘇りに成功している。

　三井物産が実行したこの「社内倒産制」というのは，各事業部を独立採算制にして，赤字を出した事業部は一定期間本部から赤字補てんをするが，継続して赤字を出し続けた場合はその事業部を改廃するというものである。縦割り制度の強い総合商社で，事業部の改廃はひとつの会社を倒産させるのに匹敵し，その事業部にかかわる社員は全員解雇であり，さらに関係する子会社やその他の組織もすべて解散させられてしまうことになる。したがって，三井物産のこの政策は，不採算性の高い事業部の活性化に効果をもたらすことになった。

第2節　総合商社の発達過程と機能

　総合商社が一般的な卸売業や単なる貿易会社と同一視できないのは，その発展過程で要求された事業活動に対応し，様々なビジネスチャンスに介入してきたことでその機能を多様化させたことに大きな原因がある。つまり，総合商社は歴史的発展過程で新たな機能を創造し，それらの機能を総合化してきたとも言える。それは，とりわけ日本経済のあゆみと深い関係を持ちながら進められてきた。

(1) 情報機能の発達

　総合商社が早くから力を入れてきたのが外国貿易である。そして，総合商社が貿易で競争上優位に立てたのは，古くは船舶輸送力と国際情報力であったと言える。つまり，総合商社は日本の生産品が海外で要求されているという情報をより早く手に入れ，より速くその国へ輸送することで輸出事業を拡大してきた。また，多くの外国情報を取得することで，日本で要求されるものをいち早く探し，日本に持ち込むことで輸入事業を拡大してきた。その過程で，総合商社は外国の取引情報が集まる主要な都市に支店・駐在所を設置し，総合商社の主要な機能である情報機能を確立していった。さらに，そこで収集された情報は，本社に集中され事業に無駄なく反映されていた。その収集方法は，古くは商品輸送に乗せられたり，電報が利用されたりしたが，もっとも総合商社が優位に立っていたのは1930年頃から確立されたと言われているテレックス網である。現在では，インターネットの普及で一部の大規模企業だけではなく，個人がグローバル情報を共有できているが，それまでの2000年代前半までの情報通信網の主役であった。

　国際通信にテレックスが用いられる以前は，とりわけ外国からの情報は時差が情報発信の阻害になっていた。つまり，当時の総合商社は，日本の本社主導であったため海外の支店や駐在所から情報を発信する場合は，本社の勤務時間内に限られていた。したがって，多くの海外支店や駐在所は，時間的に情報発信が困難であった。さらには，本社の僅かな勤務時間内に世界各国から一斉に情報が入ってくると，本社では受信状態が混雑し，発信側では思うように発信できないという状況にあった。したがって，送信側は発信情報を相当絞り込むことで対応せざるを得なかった。そ

れに対して，テレックスは本社の勤務時間には関係なく利用できるというメリットがあった。つまり，発信側である海外の支店や駐在所の勤務時間に発信すると，それが本社では勤務時間外の深夜であっても通信が可能であった。つまり，テレックスは，世界中から情報が集中する本社では，一晩中無人で受信したテープ（テレックスで受信した情報の記録媒体）を勤務時間に出勤してきた担当者が整理，分別して各部署に配布するだけである。したがって，発信する海外の支店や駐在所の恣意によって情報が取捨選択されることがなく，本社が世界各国から入手する情報自体も格段に多くなることで，より正確な情報が入手できるようになった。

総合商社のその国際的な通信網の規模は，一国の国際通信網をしのぐもので，1970 年代に起きた日本赤軍の国際テロ事件の情報収集や通信手段に貢献している。とりわけ，バングラデシュのダッカ国際空港での事件では，人質交渉に政府派遣団を送り込んで身代金の支払いに応じ，獄中メンバーなどの引き渡しに応じるなど超法規的措置をとったという有名な事件がある。その時の日本政府と政府派遣団のと連絡，さらには日本国民が釘付けになったテレビなどの情報送信には，総合商社の情報通信網が大きく貢献したことはあまり知られていない。

総合商社が国際情報力を遺憾なく発揮し，取引上の優位な立場にあった歴史的な事例が鉄鋼の輸出に関してであろう。日本の輸出入に国策で制限していた制度が 1964 年に廃止された外貨割当制度である。この制度は，国内産業のバランス成長を考え，輸入を政府が管理するために必要な外貨をすべて政府が管理するというものであった。このころ日本での基幹産業となっていたのが製鉄業で，外貨を稼ぐ重要な産業であった。しかし，資源の乏しい日本では，原料となる鉄鉱石を輸入に頼らざるを得なかった。し

たがって，製鉄業界にとって外貨割当制度は，原材料の安定供給を阻害するもので，ひいては鉄鋼業界の経営にも大きく影響するものであった。

もちろん，外貨割当制度が日本経済の発展やすべての日本企業に悪影響を及ぼしたということではない。この外貨割当制によって大成功した企業もある。世界特許が切れる1990年代末までファスナーの世界シェアが95％以上だったと言われる巨大企業に成長しているYKK（当時は吉田工業）は，アメリカからファスナー製造機を輸入するため外貨割当を受けたことがきっかけで日本のファスナー業界をリードするようになった。それまで日本でのファスナーの製造方法は，まったく機械化されていない手工業生産であったことから，YKKが独壇場に立ったことは言うまでもない。

しかし，その外貨割当制度が生産の阻害になっていた鉄鋼業界の問題を総合商社が国際情報力を生かして，違法行為とも思われる取引方法を用いて輸入阻害要因を回避してきた。つまり，総合商社は鉄鋼の輸出先を鉄鉱石の産出国に向け，その代金を日本国内に持ち込まず，その国で鉄鉱石を購入し輸入する方法をとった。もちろん，鉄鋼価格は鉄鉱石を産出しない国よりは低い価格になったが，鉄鉱石をあたかもバーター取引（物々交換）同様に入手することが可能であることから，あえて取引価格の低い産出国向けに輸出した。このことによって，日本の製鉄業は海外から原材料を安定して調達でき，総合商社は鉄鋼の取引に深くかかわってきたと言える。これも総合商社の情報力によって支えられた総合商社特有の取引形態ということができる。

また，総合商社の国際情報力は外国の供給ニーズや需要ニーズをより詳しく把握していることから，対日取引（いわゆる輸出入）

だけではなく，外国間取引（いわゆる三国間取引，あるいは三国間貿易とも言われる）も古くから行われていた。総合商社が主に単体で貿易を行っていた時期は，輸出や輸入に比較すると三国間取引は1割程度とそれほど多くない時期が長かった。しかし，総合商社がグローバル戦略を強化してきた80年代後半から，海外支店や現地法人を通じての情報量も格段に多くなり，三国間取引は急拡大している。こうしたことも，総合商社が豊富な国際情報力を持っていることが背景にある。

(2) 輸送機能

また，総合商社の輸送機能，とりわけ船舶輸送においては，旧財閥系ではその重要性から商事部門から切り離され，財閥内の重要部門として成長している。三井グループにおいては，1942年に三井物産の船舶部門が三井船舶として分社化し，その後日本の三大海運会社に入る商船三井にまで成長している。三菱グループにおいては，岩崎弥太郎によって経営されていた九十九商会の発展過程で，海運部門や商事部門が分社化され，海運部門では，今日わが国の三大海運会社のひとつである日本郵船へと成長している。

大手海運会社を持たない総合商社であっても，運輸面ではその他の総合商社以外の会社に比べて優位な立場にあった。つまり，総合商社は多品種による取引量の多さで，船舶のチャーターが容易であった。つまり，総合商社以外の企業が輸出や輸入を試みても，輸送するのに大型化している船舶のチャーターは量的に困難である。したがって，輸送は運送会社の船腹の空き状況によって大きく左右されることになる。こうした問題は，今日では船舶会社がきめ細かな輸送ニーズに応えることで出来たコンテナ輸送で解決している。もちろん，コンテナ輸送は今日では小口輸送だけ

を目的としたものではなく，荷役や陸揚げ後の輸送をも便利にしている。

こうした輸送問題についての対応は，今日ではロジスティクス機能と称し，システム化された物流機能として，総合商社の重要な機能として位置付けている。

(3) 資源開発機能

総合商社の国際情報力は，海外での資源開発にも深く関係している。なかでも鉱山は鉄だけではなくアルミや銅など非鉄金属の原料となる鉱石を海外に求めたが，それらの埋蔵国では十分な生産体制が確立していないため，総合商社が生産体制の確立に関係してきた。生産に関する技術的な事業は日本の鉱山会社が担当し，生産物の流通販売は総合商社が担当するという開発事業もあるが，自らの出資のみで生産会社を設立する場合もしばしばある。とりわけ，水産資源開発のような比較的小規模な事業開発においては，総合商社の単独出資で事業会社が設立されている。

総合商社の水産事業への本格的な取り組みは，2000年に入ってからである。それまでは多くが仲介取引であったが，自ら養殖業を展開するようになっている。なかでも2014年9月に発表された三菱商事による鮭の養殖企業セルマック（ノルウェー）の買収は業界だけではなく，広く経済界の注目の的となった。三菱商事は，その前の2011年にも南米チリの鮭養殖企業を傘下に収めたばかりだった。こうした三菱商事の鮭の養殖事業への参入と急拡大は，アジアで急拡大しているコンビニの主力商品であるおにぎりの具材としてや，欧米でヘルシー食として人気が出ている寿司のネタとしての需要の増加を見込んだものであると言われている（『日本経済新聞』2014年9月23日）。しかし，ノルウェーの企

業の買収には1,500億円という巨額な資金を必要とし，その資金調達に2,000億円の社債を外国で発行している。こうした有利子負債が2015年には円安によって増加し，利益を逼迫させるに至っている。

こうした資源開発にかかわる事業は，総合商社の重要な機能となっており，後述するオルガナイザー機能や投資機能とも深くかかわっている。

(4) オーガナイザー機能

また，総合商社が手掛ける資源開発には，石油採掘や石化プラントなどのように複数の大規模企業との合同でなければ成立しない事業もある。総合商社は通常の取引過程で多くの企業の能力を把握しているだけではなく，強い人脈も作っている。したがって，それぞれの専門能力を持っている企業を統合することによって巨大規模の事業に対応できる。これはオーガナイザー機能と呼ばれ，時代によって対応事業が変化したが，こうした機能は大規模事業を可能にし，総合商社特有の機能として定着した。1970年代後半までは主に海外での資源開発で，1980年代に入ってからは政府開発援助（ODA）事業で，さらに2000年代には途上国のインフラ整備事業としてBTO（Build Transfer Operate：建設・資金調達を民間が担って，完成後は所有権を公共に移転し，その後は一定期間，運営を同一の民間に委ねる方式）やBOO（Build Own Operate：民間が施設を建設・維持管理・運営し，契約期間終了後も民間が施設を所有し続ける方式）などの大型案件で，総合商社のオーガナイザー機能が発揮されている。

しかし，総合商社が発揮したオーガナイザー機能は，とりわけODAがらみの大型案件では一部世界的な批判を受けたことがあ

る。それは、政府が途上国への開発援助と称して大型案件を企画するが、その中心となっているのがオーガナイザー機能を持つ総合商社で、資材調達から建設に至るまですべてが日本企業で構成されることが多かった。したがって、日本政府は一旦開発援助のための資金援助はするが、その援助事業はすべて日本企業によって行われるため、援助の資金はそっくりそのまま日本に帰ってしまうことから、ブーメラン効果を持った開発援助と批判されたことである。

第3節　中小企業取引と商社金融

(1) 流通信用の未成熟社会

日本の高度成長期に総合商社は国内取引の拡大に中小企業との取引を開発した。その頃の日本市場は急速な経済発展で旺盛な需要に供給が著しく不足していた。それは、その頃の供給側の生産構造が中小・零細企業主体であったことが供給量のブレーキになっていた。それはただ単に中小・零細企業の生産能力が低いという点だけではなく、急速な経済発展による資金不足が中小・零細企業を直撃していたことも大きな原因である。換言すると、この頃の中小・零細企業は一定の生産能力があり、造れば売れるという環境の下でも資金不足で材料の調達ができないという状況にあった。もちろん、商業信用としての手形を利用した材料購入ができないわけではないが、中小・零細企業は信用力がないため手形などの商業信用を利用した取引は困難であった。とりわけ、経営自体は好調で、帳簿上では黒字であるのに手持ち資金の不足で手形の決済ができず、いわゆる不渡手形を出したことで事実上倒産する企業が続出した時期がある。本来の経営的問題からではな

く,信用取引上の問題から倒産するという特殊な形態であることから,黒字倒産と呼ばれ社会問題になった。

さらに,主に中小企業が綱渡り的な信用取引をしていた環境下では,1件の不渡手形が1社だけの倒産を出すだけでなく,その企業の手形決済を当てにして手形を発行していた企業も倒産に追い込まれ,さらにその企業の手形決済を当てにしていた企業も倒産に追い込まれるという連鎖倒産が起こった時期でもあった。こうした社会的に貨幣量が少なく,流通信用が未成熟なことからくる信用不安は,中小・零細企業の取引を制限する要因になったことは言うまでもない。

(2) 総合商社と流通信用

総合商社は膨大な資金力を持って中小・零細企業との取引に介入し,取引量を拡大するようになる。しかし,その総合商社の取引は現金取引ということではなく,信用取引で介入する。つまり,総合商社が信用力の低い中小・零細企業に信用供与することで,新たな取引を創造させるというものである。その方法は,総合商社が信用度の低い中小・零細企業からの手形を受け入れたり,掛け販売をするなどすることで中小・零細企業との信用連鎖を確立し,社会的取引量を急拡大した。こうした金融形態は他の金融機関にはみられない特殊な方法であることから商社金融と呼ばれ,総合商社の重要な機能のひとつであった。その実態は,1970年代の総合商社の受取手形や売掛金などの売上債権の残高から推測することができる。

表6-3-1に示したのは,1979年当時の六大総合商社の売上債権の額を示したものである。売上債権とは商品を販売したが代金が回収されていない代金請求権を指しており,財務諸表上の細か

表 6-3-1　総合商社の売上債権（1979 年）

(単位：百万円，%)

	売上債権	資産に対する割合	対売上高比率
三菱商事	2,962,459	69.58	24.55
三井物産	3,063,631	69.54	27.33
住友商事	1,196,316	70.01	15.74
丸　紅	1,806,425	69.95	21.54
伊藤忠商事	1,801,223	66.96	20.33
日商岩井	1,399,856	76.04	24.26

資料）各社の『有価証券報告書』より筆者作成。

い分類ではいくつかあるが，ここではその中でももっとも代表的な受取手形（商品代金としてもらった手形）と売掛金（商品代金が掛売りされ未回収なもの）を集計している。その売上債権の1979年の残高についてみると，三井物産と三菱商事の額は3兆円前後と他の総合商社4社と比較すると非常に多いことが判る。したがって，両社は大規模なグループの中の商事部門としての重要な位置にあることが推測できる。

また，それぞれの総合商社の売上債権の事情を推測するために，資産に占める割合をみると，伊藤忠商事の率が若干低いが，他の5社はほぼ70パーセントかそれ以上である。総合商社の場合は，製造業のように巨額な設備を必要とするわけではないが，売上債権が資産総額の7割ということは，いかに売上債権が多いかが判る。また，対売上高比率は，年間の売上に対して年度末に代金が回収されてないものの比率と理解できる。それはある面で信用取引量の多さを意味する。その割合が住友商事を除いた5社が2割を超えている。三井物産においては，3割に近いと言える率である。こうしたことから，総合商社のいわゆる，取引金融の力は強かったことが理解できる。

(3) 総合商社と資本信用

　戦後の未成熟な日本経済の中で流通信用を軸としてきた総合商社の金融機能は，1980年代には衰退してくる。それは日本経済の発展に伴って社会的な貨幣量も増大し，中小企業の金融能力が高まったことによるものである。つまり，取引過程で総合商社の金融に頼る必要のなくなった中小企業は，総合商社より取引条件の良い企業との取引に移動するようになった。したがって，総合商社の取引信用を当てにしていた中小企業との取引は減少してきた。しかし，それによって総合商社の金融機能は低下したわけでもなく，衰退もしなかった。新たな金融形態として，投資等の資本信用へと形態を変えていった。とりわけ，80年代後半から強化してくるグローバル戦略は，事業開発への投資はもちろんであるが，自らの現地法人網の強化などに投資が向けられた。こうした多方面への投資で資金需要は多くなり，自らの金融ノウハウを利用し海外の金融市場で有利な資金調達をしている。

　さらに，総合商社の金融機能は，経済環境の変化に伴って，債務保証，融資，プロジェクトファイナンス，為替ディーリング，商品ファンド提供など多様な金融形態をとってきた。さらに，最近では有望なベンチャー企業の育成を支援したり，M&Aなど事業買収・合併に関わる金融情報支援をするなど，時代の変化に迅速に対応した金融機能になっている。

　また，金融機能や事業開発機能を発揮して，零細規模の生産者との取引を統合して，安定した産業へと育成したこともある。こうした機能は，総合商社特有のインテグレート機能と呼ばれていた。代表的な産業に養豚業のインテグレートがあげられる。総合商社は，近代的設備の供給体制を整備し，近代的配合飼料の供給体制などで取引面，金融面で介入し，多くの生産者や企業との取

引関係を統合し，ひとつの産業として育成してきた。そうしたノウハウは養鶏業の育成にも用いられ，その後海外移転されるに至っている。

【研究課題】

1. 総合商社を明確に概念規定し，800字程度でまとめてみよう。
2. 総合商社の情報機能とその発展過程について考えてみよう。
3. 総合商社のオーガナイザー機能と資源開発機能を合わせて考えてみよう。
4. 総合商社が展開してきた商社金融について800程度でまとめてみよう。
5. 総合商社の投資機能を資本信用の面から簡単に考えてみよう。

第7章

現代小売業の全体像

†

もっともわれわれに身近な流通企業である小売業とはどんなものか現代の日本の小売商業の概況について考えみよう。

小売業がどのような基準で分類されているか考えてみよう。

第1節　小売商業の概況

　一般的に消費者が商品を手に入れる商業を小売業と呼ぶ。消費者は稀に生産者から直接買ったり，中小の卸売業が消費者に直接販売している店舗から買うこともある。さらに，流通過程で産地偽装や品質の虚偽表示などで一部信頼を失いかけている農産物などは，生産者が消費者への直接販売に乗り出しているケースも出ているので，そうした生産者から購入することもある。しかし，消費者は消費物資の大半を小売業者から手に入れている。その意味で，小売業の販売実績や販売規模を時系列でみることで，小売商業の実態を把握することができるだけでなく，その時代の消費状況や生活水準などをも把握できる。

(1) 小売商業規模の年代別変化

表 7-1-1　小売商業の年間販売額と売場面積

年次	年間商品販売額 (百万円)	売場面積 (㎡)
1982	93,971,191	95,430,071
1985	101,718,812	94,506,983
1988	114,839,927	102,050,766
1991	140,638,104	109,901,497
1994	143,325,065	121,623,712
1997	147,743,116	128,083,639
1999	143,832,551	133,869,296
2002	135,109,295	140,619,288
2004	133,278,631	144,128,517
2007	134,705,448	149,664,906

資料）経済産業省『商業統計』より筆者作成。

第7章　現代小売業の全体像

　まず，小売業の年間商品販売の推移をみると，表7-1-1にみられるように，1982年には約94兆円規模であったが，直近の2007年には135兆円近くになっている。変動の推移をみると，82年以降，経済発展とともに販売額は増え続けるが，消費環境にもバブル崩壊の影響が出てくる1994年にも91年より3兆円弱も増えている。さらに深刻な不況期に入った1997年でも過去最高額の約147兆円を記録している。その額は1982年の額と比較すると，実に金額では53兆円以上で，倍率では1.5倍以上であった。しかし，その後，1999年からは減少傾向にあり，2000年代にはほぼ130兆円台で落ち着いていると感じられるが，2007年の額は過年度でもっとも多かった1997年と比較すると約13兆円も落ち込んでいる。

　また，小売商業の売場面積をみると，1985年は82年より若干落ち込むが，その後漸次増加していることが判る。こうした売場面積の推移は，販売額の推移とは関連性が感じられない。とりわけ，年間商品販売額の伸びが落ち込んだ1999年でも売場面積は97年より増加している。年間商品販売額が増加してきた97年までは，それに伴って売り場面積も増加していると判断できるが，それ以降は売場面積と年間商品販売額との関連性が不明瞭になっている。したがって，これは不況による小売競争の激化が店舗の大型化に向けられたことが推測できる。1999年以降，販売額が減少傾向にあるにもかかわらず，売場面積が増加傾向にあるのは，店舗による販売効率は悪くなっているとも言えよう。さらに，1980年代後半にはカタログ販売の大規模企業が出現し，その後商業統計の調査でも，1991年以降の通信・カタログ販売の伸びを指摘している。したがって，売場を持たない無店舗販売の

台頭を考慮に入れると,表7-1-1で推測できる以上に店舗販売の効率は悪くなっていると思われる。

表7-1-2 小売商業の年度別事業所数と従業者数

年次	事業所数			従業者数
	計	法 人	個 人	(人)
1982	1,721,465	435,822	1,285,643	6,369,426
1985	1,628,644	449,309	1,179,335	6,328,614
1988	1,619,752	503,728	1,116,024	6,851,335
1991	1,591,223	564,642	1,026,581	6,936,526
1994	1,499,948	581,207	918,741	7,384,177
1997	1,419,696	586,627	833,069	7,350,712
1999	1,406,884	607,401	799,483	8,028,558
2002	1,300,057	583,899	716,158	7,972,805
2004	1,238,049	578,426	659,623	7,762,301
2007	1,137,859	565,969	571,890	7,579,363

資料)経済産業省『商業統計』より筆者作成。

次に,小売商業の規模を表7-1-2の事業所数や従業者数からみると,まず小売商業全体の事業所数では確実に減少傾向にあることが判る。2007年には1982年当時の7割弱にまで減少している。これを法人と個人とで分けてみると,個人の事業所の減少は1985年以降一貫して減少傾向にあり,2007年は1982年当時と比較すると4割強と半分以下になっている。それに対して法人は,1999年まで増加傾向にあるが,その後は減少傾向に陥っている。つまり,小売商業は1982年以降,小規模経営にありがちな個人事業所が減少傾向にあり,その半面で法人経営の事業所が増加するが,全体としては減少傾向にあることが判る。したがって,小売商業全体としては,経営の近代化が進んできたという判断もできる。それは,さらに事業所の法人と個人の比較をすると,1982年には法人は個人の3分の1程度であったが,2007年にはほぼ半々の比率になっていることからも判る。

また，小売業の従業者の変化をみることで，小売業の経営状態を推測することができる。表7-1-2でみられるように，小売業の従業者数は，1999年まで増減を繰り返しながらであるが，ほぼ増加傾向にあった。そして，1999年の従業者数は82年のそれと比較すると160万人以上増加している。しかし，1999年の約800万人をピークにその後は減少傾向にある。従業者数の推移は，年間商品販売額の推移との関係性は若干みられるが，法人事業所の年度別傾向により近い。したがって，小売商業の従業者数は，法人事業所の数と深い関係があるように思われる。つまり，小売業の従業者数は法人事業所の変動に左右されていると推測できる。

(2) 小売商業の規模別状況

表7-1-3　小売商業の規模別販売額と売場面積（2007年）

分類	売場面積規模		年間商品販売額 （百万円）	売場面積 （㎡）
	計		134,705,448	149,664,906
1		10㎡未満	777,536	245,691
2	10㎡以上	20㎡未満	2,513,166	1,711,144
3	20㎡以上	30㎡未満	3,029,738	2,926,247
4	30㎡以上	50㎡未満	6,751,383	7,850,406
5	50㎡以上	100㎡未満	11,916,376	14,814,229
6	100㎡以上	250㎡未満	16,005,874	20,570,131
7	250㎡以上	500㎡未満	8,757,485	16,179,008
8	500㎡以上	1,000㎡未満	11,289,766	20,693,099
9	1,000㎡以上	1,500㎡未満	4,888,268	8,197,062
10	1,500㎡以上	3,000㎡未満	9,225,768	15,308,977
11	3,000㎡以上	6,000㎡未満	6,267,746	13,227,411
12	6,000㎡以上		17,611,595	27,941,501
13	不　　詳		35,670,745	-

資料）経済産業省『商業統計』より筆者作成。

また，小売商業が規模別によって年間商品販売額や売場面積，さらには事業所数や従業者数がどのような状況にあるかを考察する。小売商業の2007年の売場面積規模別に年間販売額と売場面積を示したものが，表7-1-3である。年間商品販売額でみると，そのもっとも多いのは，もっとも大規模な売場面積に分類されている第12分類の「6,000㎡以上」の規模である。この第12分類の規模は，売場面積ももっとも多くなっている。この規模の代表的な業態には，百貨店，総合スーパー（GMS），家電量販店，ホームセンターなどである。また，年間販売額が2番目に多いのが，売場面積規模が「100㎡以上250㎡未満」の第6分類である。この規模の業態には，コンビニエンスストアが該当する。また最近では，コンビニエンススーパーと呼ばれる小型の食料品スーパーなどが出現している。この第6分類の売場面積においては，3番目になっている。年間販売額が3番目に多いのが，第5分類の「50㎡以上100㎡未満」の規模である。この規模には，衣料品店や食料品店や雑貨店など旧来からある小売業態が主体になっている。また，年間販売額が4番目に多い第8分類は，売場面積では2番目に多い。この分類は，中型の食料品スーパーが中心になっている。地方都市はもちろんであるが，都市部においてもこの規模の食料品スーパーの展開は多くみられる。

　また，小売商業の売場面積規模別に事業所数と従業者数をみたのが表7-1-4である。事業所のもっとも多いのが，第5分類の「50㎡以上100㎡未満」である。続いて多いのが，第4分類の「30㎡以上50㎡未満」である。したがって，小売商業は売場面積が30㎡から100㎡未満という小規模な事業所が多いことが判る。また，個人，法人別にみると，個人では第5分類「50㎡以上100㎡未満」より小規模な第4分類の「30㎡以上50㎡未満」

第 7 章　現代小売業の全体像

表 7-1-4　小売商業の売場面積規模別事業所数と従業者数（2007 年）

分類	売場面積規模	事　業　所　数			従　業　者　数		
		計	法人	個人	計（人）	法　人（人）	個　人（人）
	計	1,137,859	565,969	571,890	7,579,363	5,970,391	1,608,972
1	10㎡未満	42,248	9,964	32,284	106,140	48,596	57,544
2	10㎡以上　　20㎡未満	122,565	30,263	92,302	325,224	148,168	177,056
3	20㎡以上　　30㎡未満	125,399	35,508	89,891	356,880	174,874	182,006
4	30㎡以上　　50㎡未満	214,137	76,511	137,626	685,519	376,157	309,362
5	50㎡以上　　100㎡未満	216,256	117,314	98,942	969,730	681,922	287,808
6	100㎡以上　250㎡未満	143,360	99,479	43,881	1,162,015	861,600	300,415
7	250㎡以上　500㎡未満	45,281	38,979	6,302	469,239	446,681	22,558
8	500㎡以上　1,000㎡未満	28,415	27,138	1,277	551,343	545,531	5,812
9	1,000㎡以上 1,500㎡未満	6,728	6,607	121	236,224	235,684	540
10	1,500㎡以上 3,000㎡未満	7,337	7,283	54	408,749	408,468	281
11	3,000㎡以上 6,000㎡未満	3,238	3,222	16	226,718	226,654	64
12	6,000㎡以上	2,315	2,315	-	551,710	551,710	-
13	不　　詳	180,580	111,386	69,194	1,529,872	1,264,346	265,526

資料）経済産業省『商業統計』より筆者作成。

　の方が事業所の数が多い。したがって，事業所数でみると，個人経営の小規模な売場面積の事業所が多いことが判る。そして，ほぼ同じ業態であろうと思われる少し大規模化した売場面積を持つ「50㎡以上100㎡未満」の規模は，個人経営より法人経営の方が多くなっている。さらに，第4分類および第5分類を境に，小規模なものも小さくなるにしたがって少なくなり，大規模なものも大きくなるにしたがって少なくなっている。したがって，事業所の売場面積規模別にみた売場面積の多さは，法人は個人より若干売場面積規模の多い層で多くなっているが，法人，個人のその集中している傾向はほぼ同じ状態であると言えよう。

　また，売場面積規模別に従業者数をみると，第6分類「100㎡以上250㎡未満」の規模と第5分類「50㎡以上100㎡未満」の規模が多くなっている。第6分類は法人の場合，各規模の層でももっとも人数が多く，個人においては2番目に多い人数になっ

ている。法人の場合は,売場面積が第6分類より大規模になっ
てもそれぞれの事業所数と比較すると従業者数の割合はそれほど
減少していない。しかし,個人の場合は第6分類を境にして従
業者数が急激に少なくなっている。つまり,個人事業の場合はあ
る程度大規模店になっても従業者を多く保有できないという面が
ある。それに対して,法人の大規模店舗は,第12分類で判るよ
うに,僅かな事業所で多くの従業者を保有していることが判る。
半面,売場面積が「20㎡未満」の規模は,法人も個人も従業者
数が事業所数の割には少ないことが分かる。

第2節　小売形態の概況

(1) 経済産業省の分類基準

　小売業には様々な分類基準がある。まず,大まかには,業種と
業態という分類基準がある。この二つの概念はかなり混同して用
いられているが,経済産業省が業種や「業態分類の定義」を以下
のように発表している。この定義は,商業に関するもっとも大規
模で信頼性のある『商業統計』など様々な統計で用いられてれて
いるので,この分類を理解しておくのが賢明であろう。

【業種】の分類

　　各種商品小売業

　　織物・衣服・身の回り品小売業

　　飲食料品小売業

　　自動車・自転車小売業

　　家具・じゅう器・機械器具小売業

　　その他の小売業（さらに,1医薬品・化粧品小売業,2農耕用品小売業,

第 7 章 現代小売業の全体像

3 燃料小売業，4 書籍・文房具小売業，5 スポーツ用品・がん具・娯楽用品・楽器小売業，6 写真機・写真材料小売業，7 時計・眼鏡・光学機械小売業，8 他に分類されない小売業，に分類されている）

【業態】の分類

1．百貨店 （さらに規模による2分類）

2．総合スーパー（さらに規模による2分類）

3．専門スーパー（取扱品目で3分類）

4．コンビニエンスストア

5．ドラッグストア

6．その他のスーパー

7．専門店（取扱品目で3分類）

8．中心店（取扱品目で3分類）

9．その他の小売店

(2) 小売業の分類方法

他に小売業の特徴を理解するうえで，様々な分類方法とそれに該当する小売業を理解しておくことも重要である。以下で，分類方法とそれに該当する小売業態をあげる。

①店舗を保有するかどうか

まず，店舗を有するかどうかによって分類され，無店舗小売業と有店舗小売業に分けられている。無店舗小売には移動販売店(行商人，移動販売，展示会販売)，訪問販売，自動販売機，通信販売（テレビショッピング，カタログ販売，ネット販売）など，行商人のような古典的な小売業態から最新のインターネット販売などの業態がある。

有店舗小売業は，店舗を構えて商品を販売する小売業のことを総称していう。一般的に，消費者が店舗まで足を運んで商品を購入する形態である。今日の有店舗小売業の代表的な業態には，デパートやスーパー，コンビニエンスストアなどがある。また，ディスカウントストア（ディスカウントショップ）やスーパーセンター，パワーセンターなども有店舗小売業である。混同しやすいものに「店舗販売業」というのがある。これは，有店舗小売業の範疇に含まれる業態であることには違いないが，規制緩和により2009年施行の改正薬事法で新たに設けられた一般用医薬品を販売する特定の業態である。

②店舗の規模

　店舗の規模によっても分類されることがあり，大規模小売店，小規模小売店などに分類される。経済産業省が行う商業統計調査での業態分類の定義で規模別に定義されているものをみると，まず1番目に百貨店が「大型百貨店」（売場面積3,000㎡以上，都の特別区や政令指定都市は6,000㎡以上）と「その他の百貨店」（売場面積3,000㎡未満，都の特別区や政令指定都市は6,000㎡未満）に分けている。そして，2番目に総合スーパーが「大型総合スーパー」（大型百貨店の規定と同じ）と「中型総合スーパー」（その他の百貨店の規定と同じ）に分けている。3番目には「専門スーパー」があげられており，規模の規定は250㎡以上とされている。4番目にあげられている「コンビニエンスストア」の規模の規定は30㎡以上250㎡未満と小規模性の規定がされている。

③販売方式

　小売業は販売方法の違いによっても分類される。現在のように

価格が表示されている商品を販売員が顧客に説明しながら販売する方法を対面販売と呼んでいる。古くは，呉服屋等にみられた様に価格を表示せずに，販売員が顧客と駆け引きをしながら価格も決めていく販売方法があったが，それは相対販売という。それに対して，顧客が自身で商品を選択し，代金の決済場所（レジ）まで運ぶという方法がセルフサービス方式と呼ばれている。これは顧客自身が商品選択やレジまでの運搬をすることによって，店舗側からすれば，買い物時間が短くなることや販売員を少なくするなどの販売コストを節約することができる。そこで顧客自らが販売員のサービスを代位することで販売経費が少なくなり，その分だけ販売価格から控除して，消費者に安価に供給しようという販売方法である。この販売方法は，周知のように物品販売業だけでなく外食産業など多くの分野で利用されている。

④チェーン方式

小売業は，店舗をひとつだけで経営する単独店と多数の店舗を保有するチェーン店とに分けられる。店舗の規模は商圏や消費者の購買行動などの要因で一定の限界がある。そうした店舗経営の問題を，大規模資本の小売業は多店舗化で対応している。見方を変えると，それぞれの店舗が独立しているように見えるが，それらの店舗は資本という固い鎖で繋がっているという意味から連鎖（チェーン）店と呼ばれている。

チェーン店と呼ばれる業態にもつながりの強さによって大きく3つに分けられている。第1に，同一資本で多店舗展開している一般的なチェーンで，それはレギュラーチェーン（コーポレイトチェーン）と呼ばれている。大規模化した小売商業は，仕入面ではスケールメリットを利用して大量仕入れをすることが出来る

が，販売面では店舗の顧客吸引力には一定の限界があるという問題を抱えている。つまり，一般的には，店舗規模の大きさは顧客吸引力を強くすることから，小売商業は店舗を大規模化することで競争上に優位性を高めようとする。しかし，その店舗の大規模化も分散した消費者を吸引するのに万全ではない。したがって，大規模化した小売業は，店舗を一定の規模で分散させ，分散した消費者に接近しようとする。その店舗の規模は，顧客吸引力に影響する取扱商品の幅によって異なる。たとえば，ファッション性の高いアパレル専門店などのチェーン展開は，小規模な店舗で展開される場合が多いが，大型スーパーやディスカウントストアなどは大規模な店舗で展開されている場合が多い。

第2に，ボランタリーチェーン（VC: 任意連鎖店）と呼ばれる組織がある。これは独立した小売店が共同して本部を設置し，特に共同仕入でスケールメリットを得て，大規模資本との競争に対抗しようというものである。本部による加盟店への対応は，仕入面だけではなく設備投資などのスケールメリットや販売情報など大規模小売業に劣らない優位性を得ようとしている。その組織には資本的つながりがまったくなく，それぞれの店舗が組織から脱退するのは基本的に任意である。このチェーンとしての任意性が任意連鎖店と言われるゆえんである。現在代表的なボランタリーチェーンは，日本ボランタリー協会を設立しており，そこでの正会員が2015年6月現代で25団体あり，食料品を初めとして多くの分野に存在している。

第3に，フランチャイズチェーン（FC）と呼ばれる組織がある。この組織は，本部企業（フランチャイザー）による指導にしたがって，加盟店（フランチャイジー）が商標や商品・サービス，経営のノウハウを受け，事業活動を行う事業形態である。今日，もっ

とも身近な小売業態であるコンビニエンスストアはこのFCの組織である。FCも主催する企業が会員となって「日本フランチャイズチェーン協会（JFA）」を組織しているが，そこには様々な業種の企業が正会員になっている。その中でとりわけ多い業種が，ファストフード店，ラーメン店，居酒屋などの外食産業である。

　古くからフランチャイズを展開しているがJFAの正会員に名前のないのが，自動車や石油販売会社である。現在日本の自動車ディラーはほぼ直営店になりつつあるが，トヨタ，日産，マツダはフランチャイズ形式をとっていた。しかし，現在でもフランチャイズ形式を維持している企業はトヨタだけになっている。また，ガソリンスタンドも多くがフランチャイズ形式をとっている。これらの詳細は，マーケティングのチャネル政策を学習するとさらに分かり易い。

⑤集積形態から

　小売業が顧客吸引力の強化を狙って一カ所に集中した形態があるが，それは時代によって変化して存在する。古くは商店街があって，それは様々な小売業が自然発生的に集中したものである。つまり，少し商店の集まったところに人が集まり，それを狙ってさらに商店が集まるというように，自然に商店が集まって形成されたのが古い商店街である。その後，街灯や照明，アーケード（建築物）などを共同で設置し，買い物の利便性を高めるなどして，人為的に顧客吸引力を高めているのが今日的な商店街である。こうした今日的な商店街は，単に商店が集まっただけでは顧客の吸引力はなく，人が集まる駅前などに店舗が集まり，人の流れの量に影響されながら大規模化してきた。

　しかし，1970年代に入ってモータリゼーション（車社会）になっ

て購買者の流れが変わって,商店街が活気を失うばかりではなく,シャッター商店街と呼ばれる悲惨な状態になった場所もある。こうした商店街の衰退は,モータリゼーションだけが原因ではなく,郊外に進出してきた大規模小売店との価格競争力の問題や事業主の経営能力の問題などもあった。もちろん,商店街の方針など企画運営する機関として設立された組合でも活性化のための様々な活動を行ってきたが,資金力とアイデアの違いで明暗を分けている。

　たとえば,小規模な商店街が共同仕入れなどで価格競争に優位性を付けて活気を得ている代表的な商店街に横浜市(最寄駅から500メートル以上ある)松原商店街がある。この商店街は,顧客吸引力の面からみると場所的にも規模的にも決して有利な面を持っているわけではない。しかし,商店街運営のアイデアで,近隣では横浜のアメ横と言われほどの活気で,多くの顧客に親しまれている。また,人口の集中している首都圏や大阪では,活気のある大規模な商店街が多く存在している。首都圏では,アメヤ横丁,築地場外市場,カッパ橋道具街などが代表的であり,国内外からの観光地にもなっている。大阪でも多くの商店街に活気がある。なかでも,天神橋筋商店街では,アーケードーの総延長が2.6kmで,店舗数600店と日本一であり,近隣住民だけではなく多くの観光客からも利用されている。活気ある商店街として注目すべきは,香川県高松市にある高松中央商店街である。この商店街は,アーケードーの総延長では大阪の天神橋筋商店街を超える2.7kmと日本一である。商店街の調査によると,2014年12月には全店舗フロアは1,000店舗を超えるが,空き店舗率が僅か17.5％であったという。地方都市で,これだけの大規模な活気ある商店街は他にないであろう。この商店街は,商店街の活性化で全国でももっ

とも成功している例であろう。

　また，近代的な商業集積形態の代表例は，ショッピングセンター（SC）あるいはショッピングモールと呼ばれる商業施設である。その形態は，百貨店や大型スーパーを核店として複数の小売店や飲食店，さらには美容院やゲームセンターなどの遊興施設などが併設されている。それは建物形態で２つに分類されている。まず，大型百貨店などにみられるように，施設自体が大規模な１つの建物となっており，通路が建物内にあるタイプのものをエンクローズドモール形式と呼んでいる。また，店舗を結ぶ通路が屋外にあるタイプのものをオープンモール形式と呼んでいる。それぞれの形態には一長一短があるが，最近では大型建物で建設費のかさむエンクローズドモール形式より，オープンモール形式が多くなっている。とりわけ，近年各地で成功しているアウトレットモールにおいては，地価が安い地方で展開していることからほとんどがオープンモール形式である。もちろん，エンクローズドモール形式が少なくなっているというわけではなく，都市部での再開発に絡んで建設されているSCの多くはこの方式がとられている。換言すると，立地する土地の広さとその地価とが考慮されて，オープンモールなのか，エンクローズドモールなのかが決定されるとも言える。

⑥立地場所から

　交通量の多い幹線道路沿いの郊外に安価な地価や地代を求めて出店した店舗をロードサイド店と呼んでいる。このロードサイド店と呼ばれる店舗の業種は様々で，出店時期も異なっているが，いずれも都市中心部の地価高騰とモータリゼーションがきっかけになっている。小売業に限定してみると，1970年代から低価格

を前面に出したディスカウントストアや大規模専門店，あるいはホームセンターのような新業態などが出現している。さらに，1990年代に入ると開発された新業態であるコンビニやレンタルビデオ店なども自動車による客を求めて出店している。2000年代に入ってからは，大店法が規制緩和されたことで，大規模スーパーや家電量販店，さらにはスポーツ関連施設を併設した複合商業施設など大規模な店舗が出現している。もちろん，それらの商業施設には巨大な駐車場を併設し，自動車のアクセスを最優先していることは言うまでもない。

【研究課題】
1. 日本の小売商業の概況について考えてみよう。
2. 日本の小売業の時系列変化について800字程度にまとめてみよう。
3. 小売業の分類方法について考えてみよう。
4. 最近の大規模小売業はどの分類に入るのかを800字程度にまとめてみよう。
5. 低価格を前面に出した小売業態は，どの分類に属するのが効果的かを考えてみよう。

第8章

伝統的小売業から近代化へ

†

小売商業の伝統的な形態を理解し，近代的な業態への移行期の主役だった百貨店について考えてみよう。

百貨店資本の前身と今日の資本形態について考えてみよう。

第1節　伝統的小売業

　小売業は商品の社会的流通量によってその業態に変化があると言える。未成熟経済下での小売形態は，売買だけを生業とする商業と生産者が直接販売する形態があった。なかでも農産物のように生産者によって直接販売される小売形態は，高度に発展した経済下では商業に押され減少してきた。しかし，そうした生産者による直接販売の形態も完全に消滅したわけではなく，ほんの一部であるが存在している。場合によっては，小売競争間における業態の差別化として利用されている場合もある。

(1) 無店舗販売

　未成熟経済下の小売商業形態は，店舗を持つかどうかで分別できるが，店舗を保有しない小売が主体であった。店舗を保有しない業態で代表的なのが，露天商と行商である。露天商は，市が開かれるその道路脇で商品を販売する商人である。その露天商が集まる大規模な市が現在でも朝市として存在し，観光地化されている。町おこしの一環として各地で朝市が開催されるようになっているが，有名な朝市には輪島（石川県），高山（岐阜県），勝浦（千葉県），呼子（佐賀県）などがある。他に函館（北海道）や高知（高知県）の朝市も大規模である。こうした今日の市への出店者は，農業生産者や漁業者，さらには常設店舗保有の小売業者などで占められており，露天商を専業とするものはごく僅かである。

　また，主に神社仏閣のお祭りなど伝統的な行事で一時的に店が開かれることがある。そこで出店する店舗は，的屋と呼ばれる露

天商を専業とする人達である。神社仏閣の伝統的な行事だけではなく，お祭りやその他多くのイベントで見かける屋台の出店者は的屋と呼ばれる業者が多い。彼らは，お祭りや各種イベントは短期間なので，開催場所をめぐって移動することで専業としている。

　また，古くからの無店舗販売の形態は行商と言われる，いわゆる移動販売の形態があった。戦後物資が不足し，とりわけ食料が不足していた首都圏では郊外の農家から様々な農産物が行商人によって持ち込まれた。たとえば，上野駅付近は千葉県の柏駅付近から闇物資を運んできた「担ぎ屋」（カツギヤ）と呼ばれる人たちが，消費者と信頼関係を確立して長年存在していたと言われている。流通機能が未成熟の頃や，とりわけ戦後の著しいモノ不足の時期だった頃には，こうした担ぎ屋と呼ばれる行商人は全国の都市部で見られたと言われている。また，漁港の近い街では，魚屋の行商人もいまだに存在している。しかし，こうした行商を営んでいた人たちの高齢化とともにほぼ消滅状態で，「担ぎ屋のおばちゃん」という愛称で親しまれた行商人にいたっては既にみることはできない。

　また，古くから広域行商として代表的なものに「置き薬」という販売方法がある。この販売方法は，行商人が消費者の家庭を直接訪問して，くすりを消費者に預けておき，次回訪問したときに減少分を補充し，その分の代金を集めていくというものである。こうした販売方法が可能だったのは，人の地理的移動が禁じられていた藩政時代，あるいは土地移動が困難な農業中心の社会であったことが，代金未回収のリスクを少なくしたためである。それらの業者は，越中富山，大和，甲賀，肥前田代などから始まったと言われているが，富山の業者が圧倒的に有名になっていた。

現在では、薬事法で「配置販売業」として認められており、約5,000品目を扱っていると言われている。そして、全国に配置薬の協会や協議会が存在している。そうした全国の協会や協議会で組織されているのが「一般社団法人全国配置薬協会」であり、富山県に設立されている。

(2) 店舗販売の始まり

　未成熟経済下の常設店舗販売には、非常に零細規模の着物屋がある程度で、食料品の小売は生産者が生産場所の軒先で直接販売するのが一般的であった。その典型が豆腐屋、コンニャク屋、味噌屋、醤油屋などである。魚屋や八百屋も軒先で販売する小売業があったが、その多くは行商の余りを販売するというものであった。

　小売業で店舗販売が主体となるのは、社会的商品量が増加し、商品種類も多くなって消費生活がある程度豊かになってからである。人口の集中した都市部では、魚屋や八百屋など食料の専門店は早くから出現するが、高級品でも呉服の大規模店が出現する。百貨店の三越の前身である越後屋も大規模な呉服屋として当時としては大規模な店舗を開設している。この越後屋が近代的小売業に近づいたのは、規模の問題だけではなく、日本初の正札制をとったことである。これまで、店舗のほとんどが相対販売で、商品には値札がついていなく、価格は販売員と顧客との交渉で決まっていた。とりわけ、高級品の呉服などにおいては、商品の陳列すらなく、販売員が顧客に応じて奥の倉庫から持ち出してくるという販売方法が一般的であった。こうした販売方法の最大の欠点は、あらかじめ価格が分かってないことから、購買予算に余り制限のない特定の富裕層に限定されてしまうことである。経済の発展に

よる賃金の上昇で消費意欲が向上し,販売対象になりうる顧客層の幅が拡大しつつあった。小売商業にとっては,そうした新たな顧客層を形成しつつある消費者の取り込みに取り組むようになった。今まで高級品と理解されていた呉服が,店頭に陳列され値札が付くという正札制の導入によって,収入が安定し,所得が増加した新たな顧客層の開拓に役立っている。

また,主に地方では万屋(よろずや)と呼ばれる小売業態が出現している。地域の購買力と消費意欲の高まりによって,食料品はもちろん日用雑貨品や軽衣料など様々な商品を取り揃える小売店である。地域によって,一時はある程度高級な衣料品なども扱っていたが,その後衣料品などが専門店によって取扱いが特化されたことで,食料品や日用品に特化してきた。こうした業態は,食料品スーパーやコンビニに業態転換してきたが,いまでも地方でみることができる。

第2節　商業集積の始まり

(1) 商店街の成立

資本主義経済の発展は,人口が集中し大規模な都市を形成する。都市の人口は給与や賃金によって生活する労働者であり,彼らは生活に必要な物資はすべて小売業を通じて調達する。農村部のように,自ら生産したものの一部を消費して,補完的に小売業から調達するというような消費構造でもなく購買行動でもない新たな都市型の購買行動が生まれる。その購買行動に対応して小売業は,一定の場所に集まって店舗が開設されるようになる。そうして出来上がった小売店舗の多い街が伝統的小売商業の集積形態である。こうした小売商業の集積形態は,購買者にとっては商品

選択の面や購買時間の面などの利便性を高められるという利点がある。また,他方で小売業者にとっては,一定の商業間競争には巻き込まれるが顧客集客力が格段に向上するという利点がある。

小売商業の集積地の多くは,都市部では駅を中心に勤労者の帰宅経路に発生してきた。つまり,購買者の主体が勤労者になったことで,勤労者がもっとも集中する場所に小売業が集中したわけである。こうして,初期の小売集積は,駅前商店街として発展するのが一般的である。もちろん,恒常的に人が集中する場所,たとえば大規模で参拝者の多い神社仏閣の参道にも商店街は古くから存在しているのは周知のとおりであるが,観光地などに発生しているお土産屋によって形成された商店街と一般消費者の生活基盤としての商店街とは区別して考えたほうが良い。つまり,小売商業の集積形態としては同じであるが,その集積の背景が異なることによって,存立基盤も異なり,後に出現する大規模小売業との競争関係もまったく異なる。

また,地方や小さな町でも,小売商業が一定の場所に集中することで商店街を形成している。もちろん,こうした地方の商店街は,顧客の購買力がそれほど大きくないことから,大規模なものでもなく,商店街の販売環境も必ずしも優れたものではない。しかし,街灯や看板などの商店街の共同活動や各店舗の販売競争が賑やかさをもたらし,賑やかさの憧れの代名詞のように「銀座通り」などと呼ばれ,比較的広範囲の顧客吸引力を持っていた。現在でも,日本全国で「銀座通り」と呼ばれる商店街は非常に多い。

(2) 小売業の水平分化

小売商業の集積は,小売業の業種別細分化をもたらした一つの要因にあげることができる。商店街などの商業集積は,店舗経営

者における顧客吸引力に関する努力はそれほど必要ないが，商店街内での競争は激化する。しかし，商店街を構成するそれぞれの零細規模店舗では，基本的には競争するだけの力を持っていない。したがって，競争ではなく，むしろ協調行動がとられるようになる。そのひとつの形態が棲み分けを前提とした取扱商品の専門化である。たとえば，糸屋やボタン屋などのように著しく細分化した小売業も商店街ではその集客力によって存立が可能になる。また，こうした小売業の取扱商品による細分化は，その商店街全体としては顧客ニーズに応えることとなり，商店街自体の活性化につながってきた。こうして，駅前商店街の活性化と大規模化は，その駅周辺に人口を集中させ，新たな都市すら形成することにもなった。

第3節　小売商業近代化の初期

(1) 百貨店の出現

　小売商業の近代化は一般的に百貨店の出現からと認識されている。百貨店はひとつの企業がひとつの大規模な建物の中に多くの専門店を配置し，管理運営している小売業態である。ひとつの小売業が多種類の商品（百貨）を扱っているということから百貨店と言われている。こうした大規模な小売商業形態が出現した背景には，経済発展による所得の向上がある。既述したように，初期的商業集積である商店街の発展も経済発展による消費意欲の拡大が背景にあるが，百貨店出現の背景にも同様に経済発展による所得の向上が消費意欲を高めたことにある。しかし，百貨店が商店街と異なるのは，百貨店がより上位の所得層を対象にして，高級品や高額品を品揃えしていることである。こうした，百貨店が顧

客対象にする高所得層は,経済の発展とともに都市部で増加していた。

また,地方の比較的大きな万屋が自らを百貨店と名乗り,消費者も百貨店と呼んでいたこともある。そして,取扱品目を意識的に制限して,専門的な絞り込みをしているということを前面に出した小売業態を八十貨店と呼んだ時期もあった。また,近年の消費の冷え込みで百貨店業界の経営難から旧来型の品揃えに反省が向けられ,取扱商品の絞り込みから五十貨店や三十貨店という用語が用いられたことがある。

(2) 百貨店の定義

今日,一般的に百貨店と呼ばれているのは,幾つかの要件を満たした小売業態であるが,百貨店と呼ばれる企業の景気対策で若干変化することがあった。しかし,概ね次の要件を備えているのが百貨店と呼ばれている。

1 取扱品目が多数

百貨店は多品種少量の品揃えをしているが,基本的に顧客が要求するものは何でも取り揃えているという品揃えの姿勢である。

2 店舗が大規模

店舗は壮麗で大規模であること。建物は一般的にはビルディングと呼ばれる鉄筋コンクリート建てで5,6階のものが多かった。当時としては高層であったことから階ごとの移動にエレベーターが設置されていた。そして,そのエレベーターを操作しながら,店内案内を店員がするのも百貨店の特徴のひとつであった。また,売場の中央あたりから階を移動するエスカレーターも初めて導入したのは百貨店である。

現在では,経済産業省によると「大規模百貨店」を3000㎡以

上（都の特別区及び政令指定都市は6000㎡以上）と規定し、「その他の百貨店」を3000㎡未満（都の特別区及び政令指定都市は6000㎡未満）と規定している。

3　立地場所が都市の中心部

立地場所は地価の高い都市の中心部や大規模な駅の周辺が一般的である。

郊外型の特殊な例として，SCの核店として出店した玉川高島屋がある。現在では，東急電鉄2線が乗り込み交通のアクセスも良くなっているが，出店当初は交通のアクセスもそれほどよくない郊外型で集客に苦労した時期があったと言われている。

4　正札制

商品ひとつひとつに値札をつけて，購買者に価格を表示する方法である。現在のわが国ではこの価格表示は常識になっているが，かつては日本の小売業も値札をつけておらず，とりわけ高級品においては商店主と顧客一人ひとりとの交渉で価格が決まっていた。現在でも東南アジアの伝統的な小売業や観光客を相手にしたお土産屋などでは正札制がとられておらず個々の価格交渉で売買が行われているが，かつての日本もこうした売買方法が多かった。日本で，正札制が最初に採用したのが三越の前身である呉服屋の越後屋というのは既述のとおりである。

また，大規模製造業の製品は有名商品としてのブランド（NB：ナショナルブランド）を形成しており，定価と称して全国統一価格で販売されていた。そうしたNB商品も大規模小売店には一定の値引き幅が認めていたが，百貨店は店頭値引きをまったくせず，定価販売が原則であった。定価は再販制度で認められた商品と区別するためメーカー希望価格という表現に置き換えられ，大規模スーパーなどは一定の値引きは普通になっていた。しかし，百貨

店では依然メーカーの表示する価格どおりで販売していた。

しかし，百貨店の値引き販売（メーカー希望価格と実売価格を表示する二重価格表示）が，1993年に大手百貨店で家電製品の一部で行われた。百貨店の二重価格表示が大きく取り上げられたのは，関西の大手百貨店である阪急百貨店が玩具商品の二重価格をしたことにある。関東百貨店協会では二重価格表示を自主規制していたが，1994年に西武百貨店や東急百貨店が玩具商品の二重価格を開始したことである。

5 高級品の取扱い

老舗百貨店と言われてきた大規模百貨店は，もともと高級な呉服の取扱いが中心であったこともあるが，宝飾用の陶器や絵画など高額な商品も品揃えが出来ている小売店になっていた。さらに世界から逸品を集めたり，国際的な高級ブランド商品を取り揃えるなどして，百貨店の高級イメージを確立していった。また，現在でもしばしば数億円のティアラなどの宝飾品を企画販売したりしているが，これも百貨店の高級・高額イメージを維持する経営方法と言える。

6 対面販売方式

百貨店の販売方法は，店員が顧客に商品説明をし，購買の際は同一店員がその顧客から代金を預かり，商品を包装して，商品とおつりを渡すという方法である。つまり，各一人の売り手と買い手が双方の合意により取引する方法で相対販売と呼ばれる販売方法がある。しかし，百貨店の場合は販売価格を明示する正札制をとっていることから，販売員と顧客との間で価格交渉は行われず，販売員と顧客との取引形態を重視して対面販売と呼ばれている。小売業の取引形態は，一般的にはこの対面販売であったが，現在ではとりわけ大規模小売店でセルフサービス方式がとられてい

る。こうしたセルフサービス方式は有名ブランドを持つ大規模製造企業のマーケティング展開が消費者の商品知識を増加させ，店員の商品説明を販売強要に感じさせるなど，対面販売方法を不評にしている。したがって，現在では百貨店でも対面販売の方法はとっているが，過度な商品説明などによって販売強要と誤解されないよう接客に対する工夫がなされている。

7 外商

百貨店には，店舗販売以外に特定の顧客の会社（法人顧客）や自宅（個人顧客）に外商員が直接出向いて販売する方法があり，それを外商と呼んでいる。外商の販売方法は，およそ百貨店とは思えない，掛け販売や値引き販売をしている。顧客は，法人と個人に分けており，信頼関係を構築しながら販売活動を行っている。こうした顧客選定にあたっては，年間の販売額が一定額以上である富裕層を販売員が査定している。その査定では，百貨店側の販売戦略に協力することもその範囲内に入っていると言われている。たとえば，百貨店が高級イメージを維持するためにしばしば話題性の高い高額商品を企画するが，そうした商品を会員には販売協力の意味で購入させている。

こうした外商への依存度は，大手百貨店では老舗と言われる三越や髙島屋の依存度が高く，地方百貨店では少ないと言われていた。しかし，地方に定着して信頼を構築しているブランド力の高い地方百貨店も外商依存度は決して低くはなかった。1980年代中ごろの銀座百貨店戦争と言われた時期には，老舗百貨店だけではなくプランタン銀座なども外商を軸とした販売競争をしていた。日本経済新聞によると，1982年にはかつて首都圏でスーパーを展開していた忠実屋が外商に乗り出したこと，さらに1983年にはスーパーや生協までもが外商に乗り出したことを報道してい

る。こうして,バブル期には,大手百貨店ではとりわけ法人に対する外商売上は厖大なものであったが,バブル崩壊後本体経営に支障がでるほど減少している。もちろん,バブル崩壊後は法人だけではなく個人に対する売上高も減少し,2000年に入って外商部門を縮小する百貨店も出てきていた。しかし,最近はアベノミックス効果で景気が回復されたと言われ,百貨店の外商売上が増加する傾向が出てきている。

8 返品制

百貨店の仕入形態に「委託仕入れ」や「消化仕入れ」という方法がある。これらはいずれも不公正な取引とも思われる返品制度を伴ったものである。前者の委託仕入れは,卸売業者が百貨店に商品の販売を委託するという形態をとり,百貨店は商品を一定期間販売し,売れ残った商品を卸売業者へ返品するという方法である。また,後者の「消化仕入れ」は,百貨店が店頭で陳列する商品の所有権を納入業者に残しておき,百貨店で売上られたと同時に仕入に計上されるという取引形態である。したがって,この取引形態も売れ残った商品は,すべて納入業者が引き取ることになる。二つの仕入れ方法から生じる売れ残りは,あくまでも売買契約上では返品ではないが,そうした契約自体がバイイング・パワーによる不公正な要素を持っており,返品制と何ら変わるところはないと言えよう。

また,契約上では返品が生じない仕入形態で「買取仕入れ」という納入業者から商品を完全に買い取る方法がある。しかし,そうした取引であっても,売れ残りや店内で損傷した商品などの返品が普通に行われていたこともある。実際,零細企業を経営する友人からそのからくりを聞き,帳簿を見せてもらったことがある。百貨店の多品種少量の品揃えという特徴から,納入業者が零細規

模であることも多く，そこでこうした不公正な取引が商慣習化していたと言えよう。

9 その他の特徴

そのほかに，時代によって変化しているが，百貨店の特徴として，消費提案や生活提案をすることが上げられる。必ずしも百貨店特有の販売形態ではないが，消費提案の形態をとっているものに実演販売がある。もちろん，今日では百貨店内の実演販売は，消費提案というよりも，イベント性やメーカーのマーケティングの一環というものが多くなっている。しかし，高級化粧品などについては，使用方法の指導はもちろんであるが消費提案をしてきた。

また，高級輸入品や高級・高額品の取扱いも消費提案と考えることができる。高級・高級品の販売は，セレブと言われるいわゆる富裕層に向けての消費提案型であって，したがって世界各国から珍しい高額な商品を調達している。とりわけ，欧米に比べて消費水準の低かった時期には，欧米の高級品を多く扱っていた。なかでも，高級ブランド商品の品揃えは，百貨店自体がファッション性の高い業態と認識されるようになっていった。それらは，さらに有名ブランドや有名デザイナーとライセンス契約を結び，多くのライセンス生産をしたことがある。現在では，アパレル企業ではライセンス生産が多く行われているが，一時は百貨店がその主役になっていた。1970年代中頃，フランスの機内でアシスタントデザイナーをしているという日本人女性から，フランスのデザイナーにとって日本の百貨店は上得意であるという話を聞いたことがある。これは，日本の百貨店がパリの有名デザイナーとのライセンス契約が多かったという話である。

百貨店の特徴として忘れてはならないのが，レジャー施設を併

設しているということである。消費者の所得水準が上昇し，顧客を特定の富裕層から中間層へ拡大するための集客方法として，最上階に家族用のレストランを開設し，屋上には子供用の遊具施設を設置した。そのなかでも，観覧車は百貨店の象徴のように設置されたが，現在ではほとんど見かけなくなっている。しかし，阪急百貨店は，自己の存在を観覧車でアピールするほど，その設置にこだわっている。

(3) 百貨店の売上高の推移

わが国の百貨店が国内経済にどのように影響されているのかを知るために，百貨店の売上高を時系列の中から考えてみよう。経済産業省の商業動態統計による百貨店の売上高の推移を示したものが，表8-3-1である。1980年から2010年までは5年毎に表示しているので，バブル経済の崩壊した年度やリーマンショックの影響による消費の冷え込みの著しい年度など微妙な表示ができてないが，概ね推測はできる表である。この表で，もっとも売上高の多い1990年はバブル経済の絶頂期で，高級品などの消費が旺盛な時期である。衣料品などにおいては，海外の高級ブランド志向やファッション性志向が強く求められ，百貨店や高級ブティックとよばれる服飾小売専門店に人気が集中していた。表をみても百貨店の主力商品である「衣料品」の売上高も1990年が最高額であり，全体の売上高も最高額であった。また，バブル期は美術品など高額品の売上高も多かったと言われるように，「その他」の売上高も1990年の売上高が最高額になっている。

1995年にはバブル崩壊による景気低迷によって，百貨店の売上高も低下している。とりわけ高級品志向の強かった「衣料品」や「その他」の販売額の減少が，百貨店全体の売上高の低下につ

第 8 章 伝統的小売業から近代化へ

表 8-3-1 百貨店の年度別売上高の推移

(単位：百万円)

年次	合計	衣料品	：割合	飲食料品	その他
1980	6,501,253	3,187,725	49.03	1,334,019	1,979,509
1985	7,982,465	3,931,947	49.26	1,717,928	2,332,591
1990	11,456,083	5,667,560	49.47	2,351,507	3,437,016
1995	10,824,837	5,436,177	50.22	2,492,208	2,896,452
2000	10,011,462	5,065,589	50.60	2,430,185	2,515,687
2005	8,762,928	4,429,015	50.54	2,210,929	2,122,984
2010	6,841,759	3,193,546	46.68	1,969,304	1,678,909
2011	6,660,593	3,101,466	46.56	1,935,730	1,623,398
2012	6,638,937	3,097,807	46.66	1,916,244	1,624,887
2013	6,719,526	3,126,829	46.53	1,911,969	1,680,729
2014	6,827,373	3,162,035	46.31	1,928,884	1,736,453

資料）経済産業省『商業動態統計』より筆者作成。

ながっている。しかし，全体が低下し始めた 95 年から 2005 年まで，衣料品の売上高の割合は 5 割を超えている。この間の百貨店は，売上が減少しながらも衣料品の販売に依存できたと思われる。

その後，表 8-3-1 で大きな変化がみられるのが，2010 年である。売上高総額で，2005 年に 8 兆円台だったのが，2010 年には 6 兆円台まで落ち込み，この 5 年間の減少率は 20％以上になっている。周知のように，2008 年にいわゆるリーマンショックがあり，その後日本経済も急速に冷え込んできたのが影響したのであろう。また，百貨店の主力商品である「衣料品」の販売額は，2005 年と比較すると 1 兆円以上の落ち込みになっており，売り上げ全体の落ち込みの半分以上であった。また「衣料品」のもっとも売上高の多かった 1990 年と比較すると，2010 年の売上高は，約 2 兆 5,000 億円も少なくなっており，90 年の約半分程度になっている。2010 年以降の冷え込んだ経済下で，百貨店の売上高を全体的にみると，苦しい環境にあると言えよう。とりわけ，

主力商品の衣料品の売上高に占める割合の低下から，百貨店の苦戦が理解できる。

第4補節　百貨店資本

百貨店の成立史をみると，古くは呉服商を出発にしている。呉服商で江戸三大呉服商と言われていたのが，越後屋（後の三越），白木屋（後に東急百貨店と合併），大丸（関西系）である。これらが大規模化し百貨店になる過程で，様々な資本が百貨店業界に参入してきた。その分類方法にはいくつかあるが，概ね三つに大別することができる。

①旧呉服商資本

前身が呉服商で衣料品を主体とした品揃えに力を持っており，創業時期も早いことからこれらの百貨店は老舗百貨店とも言われている。この代表的な百貨店が，現在では三越伊勢丹百貨店（2011年に三越と伊勢丹が合併した），大丸松坂屋（2010年に大丸と松坂屋が合併した），高島屋がある。

②電鉄系資本

電鉄系百貨店と呼ばれ，私鉄会社の多角経営の一環としての百貨店である。私鉄経営にとって，沿線のへ人口集中は利用者の増加につながるが，沿線への人口集中には生活の利便性が必要であり，そのもっとも効果的なのが商業施設である。小売業のなかでも，特に百貨店は富裕層の取り込みにもっとも効果的である。したがって，私鉄企業は沿線の駅周辺に百貨店を誘致するというよりも，自らが百貨店を経営して駅周辺の開発にあたり，鉄道利用

第8章　伝統的小売業から近代化へ

者を増やそうとしてきた。

　首都圏で大手百貨店の範疇に入れられている代表的な電鉄系百貨店には，東急百貨店（旧呉服系の百貨店白木屋と合併して電鉄色が若干薄まっていた）と，西武百貨店がある。もちろん，その他にも首都圏に乗り入れている私鉄が経営する百貨店も多くあるが，百貨店自体の規模的な面から地方百貨店のなかに分類されている。たとえば，東武百貨店，小田急百貨店，京王百貨店，京急百貨店などがそれに該当する。

　関西圏で大手百貨店に入れられる電鉄系の百貨店は，阪急百貨店である。阪急百貨店は系列の電鉄会社の軌道のない首都圏や九州にも出店している。また，持ち株会社を通じて阪神電鉄系の阪神百貨店を傘下に入れている。こうした百貨店経営が，系列の電鉄会社とは切り離された独自の経営展開をしているということで電鉄系色を薄め，大手百貨店の範疇に入れられることになったのであろう。関西系で地方百貨店の範疇に入れられている代表的なものに近鉄百貨店や京阪百貨店がある。

　京阪百貨店は，母体となった京阪電車の軌道距離もそれほど長くはなく，百貨店自体の規模もそれほど大規模でないことから，地方百貨店の範疇に入れられる。しかし，近鉄百貨店の場合，母体となっている近畿日本鉄道は軌道距離も長く，近畿圏だけではなく名古屋や伊勢方面まで営業範囲を伸ばしているが，百貨店自体の店舗展開は鉄道の営業域から出ていない。もともと，近鉄百貨店は京都物産館の創業であったが，早くに近鉄の前身である鉄道会社の支配下に置かれている。その後，1972年に近鉄百貨店を設立して以来，近鉄の駅周辺の店舗展開だけであった。比較的大規模な百貨店である近鉄百貨店が地方百貨店の範疇に入れられるのはこのためである。

さらに，電鉄系百貨店では，名古屋に名古屋鉄道系の百貨店である名鉄百貨店や静岡県の遠州鉄道系の百貨店に遠鉄百貨店がある。九州の鉄道会社には西日本鉄道（通称：西鉄）があり，旅客運送会社としては大規模であるが，鉄道営業距離は100キロ強とそれほど長くはない。もちろん流通業も展開しているが百貨店部門は自ら展開することはなく，地方財閥系の百貨店井筒屋に出資している程度である。しかし，2015年現在では井筒屋の筆頭株主になっている。

③地方財閥系資本

　地方百貨店に分類される中でも，地方の財閥によって設立されたものがある。これらの百貨店は，必ずしも多くの店舗展開をしているわけではなく，資本的にも大規模化はしていないが，長年地元の富裕層との信頼関係を構築し，地元では高いブランド力を持っている。地方百貨店でもっとも大規模なのが岡山の天満屋で連結売上が1,200億円（2015年2月期決算）を超えている。東京で2店舗を営業しており，地方百貨店に位置づけられている松屋（銀座店，浅草店）の売上高が700億円規模であることからすると，天満屋の規模の大きさがわかる。また，売上高が500～600億円規模の地方百貨店には，埼玉を拠点とする丸広百貨店，九州地方で大分のトキハ，福岡の井筒屋，熊本の鶴屋百貨店などがある。

④百貨店資本の再編

　既述したように，2000年代に入って，バブル経済の崩壊から長引く不況の影響で多くの企業や金融機関が経営困難に陥った。経営困難に陥っている企業に政府資金を注入して支援しようとい

第 8 章　伝統的小売業から近代化へ

う産業再生機構が2003年に発足した。その最初の支援企業に百貨店が入っており，東北地方のうすい百貨店がその対象になっていた。またその 2 か月後には三重県の中堅百貨店・津松菱が支援の対象に入れられている。

　こうしたなか，大手百貨店は合併や持ち株会社の設立で経営危機を乗り越えようと業界再編があった。その方法が経営統合から合併である。こうしたことは若干既述したが，さらに立ち入って考察する。

　経営難に苦しむ大手百貨店同士の経営統合で乗り切ろうとした。戦後，独禁法で禁止されていた持ち株会社制度が1997年に解禁されたことで，この方法が用いられた。その実態を時系列でみると，次のとおりである。

・2006年にイトーヨーカドー・グループが2006年に持ち株会社「株式会社セブン＆アイ・ホールディングス」を設立し，ミレニアムリテイリング（2003年　西武とそごうが経営統合）を傘下にして，百貨店事業に参入している。その後，2009年に百貨店を営業する会社「株式会社そごう・西武」を設立している。
・2007年 9 月には大丸と松坂屋が持ち株会社「J. フロント リテイリング」を設立し，百貨店事業では2010年 3 月に「株式会社大丸松坂屋百貨店」を設立したのは既述したとおりである。
・2007年10月には阪急百貨店が阪神百貨店との経営統合を目指して持ち株会社「エイチ・ツー・オー リテイリング株式会社」を設立した。そして，2008年10月に百貨店を経営する会社「株式会社阪急阪神百貨店」を設立している。

・2008年4月には、三越と伊勢丹が経営統合を目指して「株式会社三越伊勢丹ホールディングス」を設立し、2011年には両社が合併し百貨店を経営する会社として「株式会社三越伊勢丹」を設立し、主に関東圏の三越、伊勢丹の店舗の運営を行っている。地方の百貨店や傘下に収めていた九州の有名百貨店「岩田屋」や北海道の有名百貨店「丸井今井」は、その店舗ブランドを生かして別会社で運営している。また、地方にあるそれぞれの百貨店は、株式会社仙台三越や株式会社静岡伊勢丹などのように別会社で運営している。

　また、大手百貨店の中で持ち株会社を設立していないのが、高島屋と東急百貨店である。しかし、東急百貨店は、2004年9月に東急電鉄による株式公開買い付けが宣言され、2005年4月には東急電鉄の完全子会社化している。その後、東急電鉄沿線の街づくりと連動して出店を展開するが、長引く不況で規模縮小や撤退をした店舗もみられる。それに対して、高島屋は唯一の独立系百貨店ということができる。高島屋は、以前から独立していた店舗ごとの会社を吸収合併するなどの傾向があったが、バブル経済崩壊の影響が出始めた1995年にそれらの会社の一部をさらに吸収し経営強化をしている。そして、この時期百貨店の売上高は日本一になるまでに至っている。

　最近の百貨店の売上高ランキングを都市百貨店と地方百貨店別にみると、表8-補に示すような状態になっている。連/単の項目で単と示しているのは、持ち株会社の中の会社を意味している。連と表示にあるのは、その企業が子会社等の売上を合算した連結決算を意味している。換言すると、連と表示のあるのは、持ち株会社制度を採っていない企業である。この表から分かるように、

第 8 章　伝統的小売業から近代化へ

百貨店の真の勢力を判断するのは非常に難しくなっている。たとえば，都市百貨店の 4 位に位置する三越伊勢丹には，同じ持ち株会社内に地方百貨店 2 位の岩田屋三越や 5 位には札幌丸井三越などがある。したがって，今日の百貨店の勢力を知ろうとしても，真の勢力を把握するのは非常に困難になっている。

表 8-補　都市百貨店と地方百貨店の売上高上位 5 社（2014 年度）

(単位：百万円)

順位	都市百貨店	連/単	売上高
1	髙島屋	連	912,522
2	そごう・西武	単	802,996
3	大丸松坂屋百貨店	単	671,767
4	三越伊勢丹	単	656,363
5	阪急百貨店	単	421,471
順位	地方百貨店		
1	天満屋	連	123,803
2	岩田屋三越	単	113,035
3	井筒屋	連	85,259
4	ジェイアール西日本伊勢丹	単	79,127
5	札幌丸井三越	単	63,441

資料)『日経 MJ』2015 年 6 月 24 日より筆者作成。

【研究課題】

1. 伝統的な小売形態とその特徴について考えてみよう。
2. 商業集積の始まりである商店街の生成の過程を考えてみよう。
3. 小売商業近代化の第一歩とも言われる百貨店は，どのような特徴を持っているかを 800 字程度でまとめてみよう。
4. 百貨店の品目別売上の推移から，どのような時代変化が読み取れるか考えてみよう。
5. 百貨店資本の前身が今日の経営方針にどのような影響を与えているか 800 字以内でまとめてみよう。

第 9 章

大量消費時代の小売業

†

戦中・戦後の物不足で飢えていた人々は，経済復興でまずは最低限の生活の安定のために衣食住にかかわる充実を目指した。

なかでも，食品購入のニーズは旺盛で，それに対応してきた小売業による新たな業態の典型がスーパーマーケットである。

第1節　スーパーマーケットの出現

(1) 消費水準の向上

　戦後復興の象徴には様々なとり方があるが，1964年に開催された東京オリンピックも一つの基準として取り上げられる。もちろん，終戦後約10年を経過して発行された経済白書で「もはや戦後ではない」と記述されたことも戦後復興の象徴としてとらえることもできる。さらに，オリンピックに向けての高速道路（現在の首都高）や新幹線の開業は，日本の豊かさを実感できる出来事であった。既に1950年代後半には，消費の三種の神器といわれ白黒テレビ，電気洗濯機，電気冷蔵庫の普及が始まっていた。しかし，東京オリンピックを契機に，新三種の神器と言われるカラーテレビ（他にクーラー，自動車）の普及率を一気に高めているように，消費意欲は急速に高まってきた時期と言えよう。

　表9-1-1から，1世帯当たりの平均月収をみると，1963年から1995年までの30年間以上，凄い勢いで伸びている。63年を基準にとると，75年には4倍以上になり，85年には8倍，95年には10倍になっている。2000年以降は若干減少傾向にあるが，63年当時と比較すると依然10倍近い収入である。支出においても，63年を基準として10倍を超える年はないが，ほぼ収入に連動して1995年まで増加傾向にある。このように，所得の増加に伴って消費意欲が旺盛になっていることが良く分かる。

　消費意欲の高まりを耐久消費財の取得の面からみた結果が，「三種の神器」だったり「新三種の神器」という表現でとらえられてきたが，他方で消費生活の最低限を支える衣食住にかかわる消費構造の変化も看過することはできない。もちろん，豊かさの象徴

第9章 大量消費時代の小売業

表9-1-1　1世帯当たり年平均1か月間の収入と支出の年度別推移

(単位：円)

年次	実収入	指数	実支出	指数
1963	53,298	100	45,327	100
1965	65,141	122	54,919	121
1970	112,949	212	91,897	203
1975	236,152	443	186,676	412
1980	349,686	656	282,263	623
1985	444,846	835	360,642	796
1990	521,757	979	412,813	911
1995	570,817	1,071	438,307	967
2000	560,954	1,052	429,109	947
2005	522,629	981	411,606	908
2010	521,056	978	408,985	902
2014	520,256	976	414,999	916

資料）経済産業省『商業動態統計』より筆者作成。

としての三種の神器，さらには新三種の神器は，各メーカーの様々なマーケティング政策で消費意欲が喚起されただけではなく，それぞれのメーカー系列の割賦販売会社の出現で，庶民にはより買いやすいものになっていた。しかし，その分割額は決して少なくはなく，食費や被服費など日常的なものを節約あるいは犠牲にして，豊かさの象徴である耐久消費財の購入に向けられていた。

食料と被服および履物の支出動向を表9-1-2でみると，消費支出合計は1995年まで増えているが，食料や被服および履物の支出は1990年で伸びは止まっている。また，1963年を基準にみると，消費支出合計はもっとも多い年では8倍以上になっているが，食料支出は5倍程度に留まっており，被服および履物も5倍強に留まっている。これは生活に最低必要なもの以外の支出に向けられる消費構造になっていることが分かる。しかし，食料支出と衣料費等の支出が，必ずしも同質のものとは言えない支出構造になっている。両方の項目は1990年まで増え続けるが，食料

はその後若干減少傾向にあるが,被服および履物の支出は急速に減少傾向にある。これは,被服および履物の消費が早い時期に最低必要限を超えていたことを意味する。もちろん,半面で安価な衣料製品が出てきたことやそれを供給する小売業態が出てきたことも要因のひとつである。

表9-1-2 一世帯当たり年平均一か月の支出

(単位:円)

年次	消費支出合計	指数	食料	指数	被服及び履物	指数
1963	40,246	100	15,571	100	4,332	100
1965	48,396	120	18,454	119	4,871	112
1970	79,531	198	27,092	174	7,523	174
1975	157,982	393	50,479	324	14,459	334
1980	230,568	573	66,923	430	18,163	419
1985	273,114	679	73,735	474	19,606	453
1990	311,174	773	78,956	507	22,967	530
1995	329,062	818	77,886	500	20,229	467
2000	317,133	788	73,844	474	16,188	374
2005	300,903	748	68,910	443	13,440	310
2010	290,788	723	67,717	435	11,565	267
2014	291,862	725	70,082	450	12,063	278

資料)総理府統計局『家計調査年報』より筆者作成。

(2) 流通構造の変化

消費構造に大きな影響を与えるのは,消費者の収入や所得であることは言うまでもないが,生産構造や流通構造も大きな影響を与える。

戦後の流通構造の変化は,いち早く食料品や日用品の小売業態にみられる。旧来からの商店街だけではなく,各地の自治体が流通政策に介入し,卸売市場の整備だけではなく小売店の集積施設も設置している。公設市場と言われる,食料品や日用品を取扱う小規模な店舗を集めた自治体によって設立された商業施設が庶民

の日常生活を支えていた。しかし，小売商業の近代化とも言える新たな小売業態に押されて，都市部から次第に消滅していった。依然，大規模小売商業の強い影響を受けない地方では小規模なものが存在している。現在も大規模な公設市場として残っており，地域住民の生活を支えているだけではなく，観光場所として活気を帯びているのが沖縄である。

　戦後,消費構造に大きな影響を与えた小売業態は,スーパーマーケットの出現であると言っても過言ではない。1950年代後半から60年代前半にかけて，後にスーパーの代表的な企業となるダイエーやヨーカ堂や西友ストアが出現する。これらの企業は，これまで日本にはなかった販売方式であるセルフサービス方式を採用して食料品や日用品，さらには軽衣料（下着，ソックス，子供服等）を低価格で販売し始めた。セルフサービスは，購買者自身を販売労働の一部として利用することで販売労働を削減し，販売コストを削減することで価格を安くするというものである。購買者にとってスーパーが従来の商店と違うのは，自らが商品を選択し代金を支払う場所（レジ）まで運ぶという点であるが，そこでは大量の商品が陳列されており，購買意欲を喚起する手段が多く採られている点である。したがって，それまで物不足を経験していた日本人にとっては，容易に購買意欲を喚起され，消費者が集中している都市部では急速に新たな小売形態としての地位を確立していった。

　スーパーを軸とした小売商業の近代化は，当然消費者の集中した都市部から進んでいったが，それは小売商業の限界のひとつである顧客吸引力の問題を多店舗化によるチェーン展開で可能にしている。こうした経営方法は，小売商業資本の大規模化につながり，さらには商業の近代化となって，小売商業による売上高の拡

大につなげることになった。

　表9-1-3から推測できるように，都市部と地方では商業の発達過程に違いがある。たとえば，1972年を小売商業の年間販売額を100とすると，もっとも販売額の多い東京ではその後1991年の443であり，次に多い大阪でも1991年の458である。それに対して，年間販売額のもっとも少ない鳥取県とその次の島根県は1997年や1999年まで延び続けている。鳥取県においては，1972年の5倍まで増えた年がある。これは，大都市（東京，大阪）が早くに小売販売額が飽和状態に達していることを意味し，地方では大都市に比べて緩やかに飽和状態になったということが判る。それは大都市に比べて地方で小売業の近代化が緩やかだったとも言える。

表9-1-3　小売業の都道府県別年間販売額の推移

(単位：百万円)

年次	東　京	指数	大　阪	指数	島　根	指数	鳥　取	指数
1972	4,255,116	100	2,502,175	100	177,679	100	141,301	100
1974	5,867,822	138	3,449,844	138	254,511	143	205,359	145
1976	7,661,143	180	4,556,007	182	369,989	208	297,449	211
1979	9,795,195	230	5,774,408	231	487,010	274	386,733	274
1982	12,285,218	289	7,345,165	294	594,505	335	487,501	345
1985	12,991,767	305	7,930,954	317	628,645	354	490,210	347
1988	15,151,824	356	9,197,659	368	687,149	387	550,784	390
1991	18,862,750	443	11,447,684	458	769,643	433	633,856	449
1994	17,554,791	413	10,763,640	430	793,544	447	694,436	491
1997	17,916,027	421	10,914,758	436	834,393	470	738,321	523
1999	17,410,377	409	10,418,589	416	846,347	476	703,525	498
2002	16,746,035	394	9,649,377	386	811,368	457	680,272	481
2004	16,789,065	395	9,579,967	383	788,755	444	647,755	458
2007	17,278,905	406	9,650,541	386	731,753	412	635,614	450

注）1．2007年の年間販売額の上位二つと下位二つ抽出した。
　　2．指数は1972年を100としたものである。
資料）『商業統計』より筆者作成。

第9章　大量消費時代の小売業

第2節　スーパーマーケットの大規模化

(1) スーパーの大規模化の要因

　日本の高度成長期は、大量生産体制の確立で大量流通、大量消費が必要であった。戦前の経済構造は、富国強兵を軸とした生産構造であったため、消費財の生産や流通は乏しいものであった。しかし、戦後は軍事用品の生産がまったくなくなったことで、消費財を中心とする生産体制が急激に発展し、大量消費体制の確立が必要になった。したがって、大量に生産されたものを大量に消費する体制を作るには大量流通体制を確立する必要があった。そして、1960年代後半には、政府も流通近代化に力を入れていた。

　大量流通体制の確立、流通近代化に大きく貢献したのがスーパーであることは既述したとおりであるが、それらが大規模化したことで一層拍車がかかった。そのスーパーの大規模化は、ふたつの側面から進められていった。ひとつは、店舗の面で日用品や食料品を取扱う店舗としては、これまでなかった大規模なものであった。この店舗の大規模化は、購買者にとっては豊富な商品量の陳列で購買意欲が喚起されるだけではなく、価格を安価に感じさせることにもなる。さらに、購買者にとっては、主に食料品だけの購買行動を考えても、それまでは八百屋や魚屋や乾物屋や豆腐屋など多くの店舗に行かなければならなかったが、スーパーはひとつの店舗で購買することが可能になった。食料品や日用品に限定されてはいるが、いわゆるワンストップショッピングが高級品に限定されていた百貨店以外の業態として登場したことになる。こうしたことは、一般家庭に冷蔵庫が普及するのと並行して普及し始めた安価な商品のまとめ買いなどは、購買行動の時間的

節約だけでなく,消費生活を豊かにさせることにもなった。

スーパーの大規模化のもうひとつの側面は,資本の大規模化である。一店舗当たりの顧客吸引力は,購買者の購買行動や購買環境によって規定される。とりわけ,取扱の主力商品が安価な日用品や食料品は,百貨店のような高級品や高額品と比較すると,顧客吸引力は著しく小さい。こうした問題を,スーパーは多店舗展開で対応し,遠くの消費者を引き付けるというよりは,自ら消費者の近くに店舗を開設する手段をとった。したがって,スーパーは事業規模,さらに資本規模を大規模化し,競争上の優位性を確保していった。

(2) モータリゼーション社会

店舗の多店舗化と大規模化に大きく関係していたのが,モータリゼーションである。いわゆる乗用車の大衆化によって消費者の購買行動は大きく変化した。駅周辺や旧来から発展してきた商業地でなく郊外であっても,品揃えはもちろんであるが,大規模な駐車場を完備した店舗であれば商圏は拡大し,十分な顧客吸引力を持つことができる。さらに,郊外への出店は,地価や地代が安いことや広い敷地を確保することが可能であることから,大規模な店舗の建設が可能であり,それは一層顧客吸引力を高めることになる。

表9-2-1に示すように,乗用車の各年の推移をみると急速にモータリゼーション社会になっていたことが判る。本来,モータリゼーションとは乗用車の普及ととらえるのが一般的であるが,スーパーの郊外店舗の吸引力に深く関係する二輪車も考慮に入れてその普及度をみると,1966年を基準にすると約10年後の70年には5倍以上になっている。しかし,2輪車は1966年以降若

第9章　大量消費時代の小売業

表 9-2-1　年度別自動車登録台数

(単位：台)

年	乗用車	二輪車	乗用車・二輪車合計	指数	貨物車	合計
1966	2,289,665	875,069	3,164,734	100	4,689,368	8,123,096
1970	7,270,573	693,087	7,963,660	252	8,083,108	16,528,521
1975	16,044,338	769,022	16,813,360	531	10,281,006	27,094,366
1980	22,751,052	890,206	23,641,258	747	12,697,756	36,339,014
1985	27,038,220	1,823,053	28,861,273	912	16,359,708	45,220,981
1990	32,937,813	2,715,290	35,653,103	1,127	20,943,844	56,596,947
1995	42,956,339	3,000,675	45,957,014	1,452	20,472,087	66,429,101
2000	51,222,129	2,992,921	54,215,050	1,713	18,424,997	72,640,047
2005	56,288,256	3,254,831	59,543,087	1,881	16,860,783	76,403,870
2010	57,902,835	3,517,115	61,419,950	1,941	15,533,270	76,953,220

注）指数は，1975年を基準年にしている。合計には「乗合車」「特殊車」が含まれている。
資料）自動車検査登録情報協会の統計より筆者作成。

干落ち込むが，乗用車だけでみるとその伸びは著しくその約10年間で約8倍弱になっている。したがって，スーパーが郊外に出店する理由をバイクや乗用車を使った顧客の吸引という考え方があるが，乗用車の普及を意味するモータリゼーションと考える方が適切であろう。

さらに自動車の一般家庭への普及を推測する方法に，家計調査から自動車関係費の支出の動向をみる方法がある。表9-2-2に示したように，一か月間の自動車関係の支出の動向をみると，1965年を基準にして1970年の5年間で3倍以上になり，10年後の1975年には10倍以上，20年後の1985年には28倍以上になっている。さらに，近年でも依然として増加傾向にあると言える。自動車関係費の支出は，消費支出に対する割合も増加しており，表9-2-2では2011年の割合が過年度と比較して落ち込んでいるが，ほぼ一貫して増加傾向にあることが判る。つまり，自

表 9-2-2 一か月平均の消費支出と自動車関係費の年度別推移

(単位:円,%)

年度	消費支出	自動車等関係費	消費支出に対する割合	65年を基準にした指数
1965	48,396	482	1.00	100
1970	79,531	1,756	2.21	364
1975	157,982	4,890	3.10	1,015
1980	230,568	9,530	4.13	1,977
1985	273,114	13,574	4.97	2,816
1990	311,174	16,043	5.16	3,328
1995	329,062	18,839	5.73	3,909
2000	317,133	19,675	6.20	4,082
2005	300,903	21,045	6.99	4,366
2010	290,788	21,690	7.46	4,500
2011	282,876	19,521	6.90	4,050
2012	286,408	22,456	7.84	4,659
2013	290,800	23,578	8.11	4,892
2014	291,862	24,079	8.25	4,996

資料)総務省統計局『家計調査年報』より筆者作成。

動車に依存した社会が形成されていると言えよう。

したがって,周知のように,とりわけ大型スーパーやショッピングセンター (SC) などが今日でも自動車による来客を考慮に入れた商圏を考えていることは言うまでもない。

(3) スーパーの大規模化の実態

もちろん,スーパーは,大規模化の過程で様々な分野の競争構造に影響を与えている。小売商業間のいわゆる水平的競争では,八百屋や魚屋など伝統的小売商業を廃業に追い込み,大規模スーパー間では値引き競争がし烈になっていた。こうした競争の激化は,一方では商品の調達コストの削減をめぐって卸売業や製造業者との衝突を激しくし,他方販売面では消費者を支配するための様々な手段を展開している。前者の仕入れコストの削減において

は，卸売業など中間業者を排除したり，とりわけ中小生産者からは低価格仕入を強要することで収奪の対象にしたりしていた。たとえば，農家との仕入れ契約が作付け段階で行われたこともスーパーによる収奪形態と理解すべきであろう。

　もちろん，スーパーが仕入れ過程で価格交渉力を発揮したのは，卸売業や中小製造業者だけではなく大規模メーカーに対しても同様であった。大規模メーカーの製品は，ブランドが有名になっているだけでなく，小売価格がメーカー主導でほぼ統一されているものも多く存在するようになっていた。低価格販売を前面に出しているスーパーにとっては，それらの商品の値引き率の高さが購買者への好印象になる。したがって，販売量が増加した大規模スーパーは，大規模メーカーに強く値引きを迫るようになり，大規模メーカーは大規模スーパーとの価格交渉に応じざるを得なくなった。さらに，大規模スーパー間の競争激化は，大規模メーカーによる管理価格を崩壊させ，マーケティングの戦略転換にすら影響を与えるようになっている。たとえば，大規模スーパーは，有名なナショナルブランド品を著しく低価格（時には原価を割ることもある価格）で販売することもある。いわゆるおとり商品を定期的に設定することで，顧客吸引力を強化することができる。そのおとり商品に適しているのは，購買者に対する認知度の高い有名ナショナルブランドである。かつて大規模スーパーのおとり商品として使われた企業は，主力製品の容量を替えるなど製品政策の見直しを余儀なくされたこともある。

　後述するが，1970年代中盤に大型スーパーの出店競争が激化したのと同時にスーパーの売上高も増加した。表9-2-3は1980年からのスーパーの売上推移を示したものであるが，合計額でみると，1995年ごろまでは伸びてきたが，それ以降は停滞気味

にあると言えよう。しかし,品目別にみると,衣料品は1995年を境に著しく減少傾向にある。2014年には,1980年当時の7割程度になってしまっている。その他の項目をみると,2000年まで伸びていたが,それ以降は緩やかであるが減少傾向にある。それに対して,飲食料品は1980年から着実に伸びている。合計の販売高が落ち込んだ2005年でも1兆円近く増加している。1980年と比較すると,2005年は3倍以上になっている。2014年には4倍に迫ろうとしている。

つまり,スーパーは食料品や日用品,さらには衣料品などを主力商品として扱ってきたが,衣料品に対するニーズは減少傾向にあることが判る。とりわけ,衣料品においては,低価格であるにもかかわらずファッション性の高い製品を取扱う小売業が出現したことで,スーパーに対するニーズは減少傾向にあると言える。

表 9-2-3　スーパーの項目別販売額の推移

(単位:百万円)

年度	合計	指数	衣料品	指数	飲食料品	指数	その他	指数
1980	5,683,999	100	1,933,224	100	2,416,552	100	1,334,223	100
1985	7,299,002	128	2,291,623	119	3,186,819	132	1,820,560	136
1990	9,485,850	167	2,971,950	154	4,043,820	167	2,470,079	185
1995	11,514,924	203	3,100,328	160	5,366,606	222	3,047,990	228
2000	12,622,417	222	2,731,131	141	6,457,738	267	3,433,548	257
2005	12,565,422	221	2,190,013	113	7,433,601	308	2,941,808	220
2010	12,737,304	224	1,564,938	81	8,220,866	340	2,951,500	221
2014	13,369,938	235	1,352,766	70	9,071,134	375	2,946,038	221

資料)経済産業省『商業動態統計』より筆者作成。

表9-2-4はバブル経済で消費も旺盛だった1990年当時の小売業の売上高ランキングである。上位4社はスーパーが占めており,15社中に7社のスーパーが入っている。また,売上高を個別にみると,1兆円を超えているのがスーパーの3社だけである。な

第9章　大量消費時代の小売業

かでもダイエーは，1兆8,000億円を超え2兆円に迫ろうとしていた。その売上高は，大規模な老舗百貨店三越の2倍以上の額になっている。また，西武流通グループのスーパー部門である西友は，百貨店部門の西武百貨店より上位にランクされている。

表9-2-4　小売業売上高ランキング（1990年度）

（売上高単位：百万円）

順位	社名	業態	売上高	店舗数
1	ダイエー	スーパー	1,842,088	191
2	イトーヨーカ堂	スーパー	1,355,139	140
3	西友	スーパー	1,048,466	201
4	ジャスコ	スーパー	995,396	172
5	西武百貨店	百貨店	985,393	17
6	三越	百貨店	866,679	14
7	高島屋	百貨店	767,693	10
8	ニチイ	スーパー	708,122	149
9	大丸	百貨店	606,615	7
10	丸井	百貨店	565,821	33
11	ユニー	スーパー	524,766	116
12	松坂屋	百貨店	466,378	9
13	伊勢丹	百貨店	430,948	6
14	長崎屋	スーパー	409,199	115
15	東急百貨店	百貨店	393,216	6

資料）『日経流通新聞』1991年6月29日より筆者作成。

　また大規模スーパーの特徴は，既述したがチェーン展開による多店舗化で大規模化したように店舗数も非常に多いことである。多くの百貨店が一桁程度の店舗数であるのに対して，すべてのスーパーが100店舗を超えている。もちろん，百貨店であってもスーパーであっても，店舗展開にはそれぞれの企業の戦略上の特徴があり，店舗数の多さが売上高に直接影響するものではない。売上高2位のイトーヨーカ堂は，スーパー上位4社の中ではかなり少ない店舗数であるが，これは特に出店に際してドミナント方式という特定地域に集中した出店戦略からくるものである。

第3節　大規模スーパーと社会問題

　日本の戦後の小売業界の近代化の中心は，スーパーにあったと言っても過言ではない。スーパーによる食料品や衣料品の安価な供給と店頭への大量な陳列は，国民の消費生活を精神面でも実質面でも豊かにしたことは事実であろう。しかし，反面で小売競争間の激化の中でスーパーの強引な販売政策が様々な社会問題をもたらしている。とりわけ，大規模なスーパーの出現はその傾向を一層顕著にしている。

（1）消費者からの収奪

　大規模化したスーパーによる社会問題の代表例は，取引相手や競争相手からの収奪の強化である。まず，取引相手の中で消費者を収奪の対象にしたことがあげられる。消費者からの収奪の方法は，セルフサービスを利用したことによって商品を低価格で供給するというものであったが，実際は粗悪品の供給で低価格を実現していた。長い間，戦中戦後の物不足を経験した消費者は騙されていたが，経済が豊かになると品質の客観的評価ができるようになり，スーパーの商品を「安かろう，悪かろう」と言うようになった。こうして消費者がスーパーの粗悪品を判断できるまでは，長年スーパーによって収奪の対象にされてきたことになる。

　また，スーパーは必ずしも低価格ではなく，店全体の商品の価格はむしろ一般商店より高いという調査結果が出たことがある。京都で学識経験者を含む消費者グループが60年代後半に調査した結果，スーパーの価格は1：6：3制（1割が一般商店より安く，6割が一般商店と同じで，3割が一般商店より高い）であったと発表

第 9 章　大量消費時代の小売業

したことがある。こうしたことは，大々的に低価格をアピールするチラシで目玉商品と記されている安価な商品は，高く設定している関連商品の購入を促すおとり的な意味を持ったものであり，店全体の商品が安価であるイメージを植え付ける効果もある。したがって，おとり商品は消費者が価格比較を容易にできるような有名なナショナルブランド商品が一般的には対象にされる。さらには，容量が容易に変化できるが，それによる価格比較が容易でないものも対象にされることがある。たとえば，農産物など袋詰めをする量を変化させることで，価格操作が容易になる。こうした価格設定の操作で，消費者を収奪の対象にすることで，厖大な利益を確保してきた。

　消費者からの収奪でもっとも悪質な例が，第一次オイルショックの頃に起きた売り惜しみである。こうした売り惜しみを中心になって行っていたのがスーパーで，それによって価格が高騰するだけではなく社会を混乱状態に陥れた。1973 年に始まった中東産油国の原油価格値上げと生産の削減の表明によって，石油を中東に依存しているわが国はパニック状態に陥った。翌年から始まる物価上昇は狂乱物価と言われ，政府も緊急対策をしなければならないほどの経済混乱に陥っていた。そんな中，関西の小売業が販売促進のためのチラシに原油不足によって石油関連商品が著しく不足しており，特にトイレットペーパーは著しい品薄で今後の供給が困難であるというような内容を書き，店頭陳列を制限し，わざわざ空き棚を作るという細かい販売手段をとった。

　実際は，トイレットペーパーは石油製品でもないが，消費者にとっては入手困難になることに対する不安から買い占めの行動へと走った。それは，瞬く間に全国へと波及し,トイレットペーパーだけではなく砂糖や洗剤など生産過程で石油が多く使われそうな

日用品は,ことごとく買い占めによる品薄状態になった。こうした品薄状態は,物不足に対する消費者の不安からくるものも少なからずあったことは言うまでもない。つまり,戦中戦後の極端な物不足で,特に都市部ではヤミ物資(法律を犯して手に入れた物資)なしでは生命の維持すらできないという経験をしてきた消費者が,生活の備えで買い占めに走ったためである。こうした行動は,正常な流通を破壊してしまい,一時的ではあるが店頭から商品が消えるという事態をもたらすことは言うまでもない。当時は,政府の専売品扱いされていた塩が店頭から消えたのを目の当たりにした経験がある。これは,ほんの一部の特殊な例であろうが,買い占めによる急激な購買量の増加が,正常な流通を乱した典型であろう。したがって,消費者による生活防衛のための備蓄のための購入が買い占めと非難されこともある。

しかし,トイレットペーパーや砂糖など大規模メーカーによって生産されている商品が消費生活をパニックに陥れさせるほど品薄だったのかというと,決してそうではなかった。トイレットペーパー不足が消費に混乱をもたらしたのは,トイレの水洗化が急速に進んできた都市部から始まった。つまり,水洗トイレではトイレットペーパーがなければ使用できないことから,水洗トイレが普及した都市部では主婦が連日トイレットペーパーの確保に必死で,スーパーなどで長蛇の列を作るという状況であった。その様子を,テレビがニュースとして全国放送で取り上げることで瞬く間に全国に広がり,日本中で混乱が生じるようになった。それは,既述のように,砂糖であったり,洗剤であったり,商品の種類も拡大していった。その時期,船舶1隻を所有して砂糖の運搬をしていた小規模運送業者が,スーパーでの砂糖不足を聞いて驚いていたのが記憶に鮮明に残っている。つまり,砂糖が不

足していたのは，スーパーの棚だけであって，他の流通過程では必ずしも滞っていなかったのである。したがって，スーパーなど小売業が，販売促進を目的とした売り惜しみをしたのが社会的品薄の原因であったと言われている。事実，倉庫には大量の在庫を抱えているにもかかわらず，店頭では，「おひとり様ひとつまで」とか故意に空棚を作るなどして，品薄感を強調させて，購買意欲をあおる悪質なスーパーがあった。

このころ大規模企業の買い占め問題などが多発していたことから，1973年に政府は「国民生活の安定と国民経済の円滑な運営」を目的に「生活関連物資等の買占め及び売惜しみに対する緊急措置に関する法律（通称，買占め及び売り惜しみ防止法）」を制定し，特に品目を定めて，政府介入の買い占め防止策を進めていた。その指定品目の中に，流通過程での売り惜しみなどが原因と思われるトイレットペーパーやティッシュペーパーなどが73年に指定され，さらに74年になって洗剤，砂糖，醤油と品目が拡大した。この法律で，買い占め等があると認められた場合は，内閣総理大臣が売渡しをすべき期限や数量，売渡し先を定めて，売渡しを指示するというものであった。さらに，その命令に違反した者に対しては3年以下の懲役又は100万円以下の罰金という罰則規定までできたことから，流通過程での買い占めや売り惜しみがいかに多発していたか想像ができよう。

もちろん，トイレットペーパー不足の問題は，消費者の自己中心的な買占めが問題視される側面もあったが，この問題で多くの利益を上げたのは主にスーパーなど大手小売業であった。トイレットペーパーを1年分以上買い占めたという消費者を非難の対象にしたこともあったが，一般消費者に矛先を向け，彼らを安易に非難すべきではない。なぜなら，買い占めの中心であった一

般主婦がトイレットペーパーの生産構造を詳しく知るわけではなく，水洗トイレという使用事情からやむを得ない生活防衛だったと考えるべきであろう。したがって，トイレットペーパー不足から派生して生じた，スーパーでの品不足は，その火付け役だけではなく，特に空棚を利用したあおり役と言っても過言ではないスーパーに大きな責任があったと考えるべきであろう。したがって，こうした重大な社会問題となった買い占め問題も，スーパーによる消費者からの収奪行動と理解できる。

また，これまでなかったセルフサービスによる商品の大量陳列の方法は，戦中戦後の物不足を経験した消費者には欲求を異常なほど刺激され，必要以上の購買をさせられている。もちろん，必要以上の購入であろうと，購買責任は消費者自身にあることはいうまでもないが，スーパー側の販売方法に全く問題がないとは言えない。つまり，スーパーは消費者の理性を超えた欲求を刺激することで，消費者に必要以上の購買をさせることで，消費者を収奪の対象にしてきたと言えよう。

もちろん，こうしたセルフサービスによる大量販売の方法は，消費者を収奪の対象にしているだけでなく，犯罪の誘発原因にもなっていた。つまり，購買欲求を異常に刺激されたが，購買力のない消費者は，いわゆる万引きという行為を犯してしまうことも多発した。その後も万引きは，物不足を経験した消費者だけではなく，豊かな社会に育った者達へも拡大し，さらに低年齢化してきたことは周知のとおりである。さらに今日では，消費欲求の目的ではなく，より悪質な転売目的の万引きも増加し，利益率の薄い本屋が万引き被害で倒産に追い込まれる事態も生じている。もちろん，こうした万引きという社会問題が全て小売業態の販売方法に起因するというわけではないが，少ない販売員と店舗の大規

模化による販売コストの削減に原因がないとは言えない。

（2）仕入業者からの収奪

　安価な販売価格を設定しなければならないスーパーは、より高い利潤率を確保するためには、仕入価格をできるだけ抑える必要がある。一般的に、スーパーは薄利多売で利益を確保するように理解されてきたが、競争が著しくなると利益率はさらに低下するため、仕入価格を抑えることに力が入れられた。しかし、仕入先との強引な値引き交渉は公正な取引の域を超えたものになり、とりわけ零細生産者や中小企業など社会的には弱者と言われる相手を収奪の対象にすることになる。それら収奪の対象にされる企業は、主に2つに大別される。

①卸売業者の排除と支配

　既述したように、大規模化した小売商業は仕入れ価格を抑えるため中間業者を排除して、生産者と直接価格交渉をしようとする。つまり、大規模化したスーパーは、大量仕入れによって、これまで当該商品流通に介入していた商業を無機能化し、あるいは排除し代位することで、本来卸売商業が獲得するべき利潤を獲得しようとする。こうした傾向は、卸売商業の規模に関係なく進められる。したがって、比較的大規模な卸売業だろうと中小卸売業だろうと、大規模なスーパーの商品調達過程からは排除される傾向にあった。もちろん、生産や小売りの大規模化によって卸売商業が無機能化している場合は、必ずしも卸売商業からの収奪と考えることはできない。しかし、大規模化した小売商業が自らの利益獲得のための排除は、本来卸売業が得るべき利潤を大規模スーパーが獲得することから、収奪と理解すべきである。

もちろん，小売商業による卸売商業の排除は利潤率の極大化をめぐって生じる問題であって，利潤率の低下を伴う排除は通常はあり得ない。したがって，実際は中小卸売業であっても，大規模スーパーの商品調達過程から排除されないこともある。しかし，その状態をみて，大規模スーパーがそれらの中小卸売業から収奪していないとは言えない。むしろ，表面的には存続している中小卸売業は，大規模なスーパーの商品調達機関に陥っている場合が多い。たとえば，取引条件に通常は含めない運送費の負担などが含まれていたり，倉庫費用の負担が含められたりしている場合がある。つまり，大規模スーパーが中小卸売業を通じて商品調達をするのは，商品を仕入れた後店舗に陳列するまでに要する費用を負担させる目的の場合が多い。こうした傾向は，大規模スーパーなどからの不公正な取引条件を受け入れざるを得ない中小卸売業だけではなく，排除傾向にある卸売業全般にみられた傾向である。

②零細・中小生産者との不公正取引

　低価格販売を前面に出しているスーパーがそれを実現できるのは，取扱商品をいかに安く仕入れるかにかかっている。したがって，スーパーは大量仕入れを武器に仕入先と激しい価格交渉を行ってきた。そして，大規模化したスーパーの価格交渉力は，大規模製造企業との間でも通用するようになっていた。しかし，大規模製造企業との価格交渉は，企業間の衝突というより，消費者収奪のための協調という面の方が強い場合が多かった。つまり，大規模企業の管理価格を維持することを前提に，仕入価格を若干値引きしたり，特定の商品のおとり商品とすることを認めたりする程度であった。スーパーにとって，目玉商品がおとり商品として効果的なのは，消費者がその商品の通常の販売価格（価格ライ

ン）を知っているということである。大規模製造業の有名商品の管理価格が維持されていることから，消費者はそれらの値引きには強い反応を示す。したがって，大規模製造業の有名商品は，客寄せのための目玉商品としての値引きであって，数量的には少なく，売り出し期間も短期であることから，利益の圧迫にはならない程度の値引きである場合がほとんどである。

　そこで，低価格販売であっても一定の利益率を実現するために，零細・中小生産者から様々な方法で安価な仕入方法を考える。特にスーパーの取扱商品は，食料品と日用品と安価な衣料品がほとんどである。スーパーが急成長する日本の高度成長期には，それらのスーパーが取扱う商品の生産のほとんどが零細規模企業や中小企業であった。したがって，スーパーは大量取引と継続取引などを条件に法外な値引きを要求していた。その時期，急激な経済成長で巨大化した企業は，成長から取り残された中小企業との取引で不公正な利潤を上げていることが社会的問題になりだした。そうした問題に対応して，公正取引委員会は1953年に規定されていた不公正な取引方法を1982年に全面改正している。さらに，不公正取引が大規模なスーパーなどに多くみられたことから，2005年には大規模小売業者の仕入れ取引が「特殊指定」として不当な返品・値引き等が公取委によって特に監視の対象にされるようになっている。

　また，公取委は2012年に大規模小売業者等と納入業者との取引に関する実態調査を行っている。その調査の中で，大規模小売業によって不公正な取引を要請されたという行為を類型し，その要請にどのように対応したのかを表したのが表9-3-1である。こうした大規模小売業による取引過程での地位の乱用は様々な方法で行われていることが判る。しかし，納入業者の側が，それを感

じるのが意外と低いのではないかと感じられる。行為類型の割合がもっとも高い「協賛金等の負担の要請」でも僅かに 8.4％で，他の行為類型も数パーセントに過ぎない。公取委のこの調査報告書にも指摘があるが，大規模小売業の地位の乱用形態が巧妙になっているのが原因であろう。

たとえば，公取委の調査報告書によると，もっとも多かった「協賛金負担の要請」については，決算対策や店舗の新規・改装オープン，広告などの一時的な協賛金要請もあるが，納入後に大規模小売業の配送センターから各店舗に配送する物流費も負担させられるという恒常的なものもあるという。周知のように，大規模企業の中でも特に総合スーパーなどが取り扱う商品は，価格の割には容積が大きく，重量の重いものが多い。したがって，配送料など物流費用は，必然的に高くなる。そうした問題を解決するため大規模小売業が零細・中小卸売業に負担させることは既述したが，零細・中小生産者にも要求するのが恒常的になっていた。仮に，大規模な卸売業者等が要請されたものであっても，その卸売業に

表 9-3-1　大規模小売業者による卓越的地位の乱用

(単位：％)

行為類型	回答割合	要請への対応	
		納入業者負担	取引先と共同負担
協賛金等の負担の要請	8.4	80.2	19.8
返品	5.9	73.9	26.1
購入・利用の要請	5.4	91.3	8.8
従業員等の派遣要請	3.3	79.3	20.7
減額	3.0	90.1	9.9
支払遅延	2.3	97.9	2.1
受領拒否	2.2	85.7	14.3
取引の対価の一方的決定	2.2	81.8	18.2

資料）公正取引委員会「実態調査報告書」より筆者作成。

納入する中小の零細・生産者がその卸売業からその一部を負担させられていることが判る。こうした大規模卸売業の協賛金等の負担要請は，零細・中小生産者に直接，間接的に幅広く浸透していると思われる。

また，大規模小売業者による地位の乱用による行為類型で2番目に多い「返品」においては，百貨店を論じた個所で既に述べたが，特に零細企業との取引の間ではあたかも商慣習であるかのように行われている。公取委の調査報告書では，「買取契約で納入しているにもかかわらず返品される」としているが，零細企業や中小企業の生産者は，正確な売買契約すらしていない場合が多い。多くの場合が，発注書で売買契約に代える場合が多く，そこには返品の条件など明記されていない。したがって，それらの納入業者には，理不尽と思われる理由の返品であっても，あたかもそれが商慣習であるかのように受け入れているのが実態である。もちろん，納入業者に全く不満はないわけでもなかろうが，それを抗議する証拠もないし，力もないのが一般的である。

この返品の負担を納入業者が負担する割合は，他の「行為類型」と比較するともっとも低い。つまり，大規模小売業への納入業者は，返品の負担を納入業者が仕入れた業者に負担させている割合がもっとも多い。大規模小売業への納入業者の取引先は，多くが生産者であろう。納入業者が返品の負担を大規模製造業に要請できないのは容易に理解できる。したがって，納入業者が返品の負担を要請するのは零細企業や中小企業であって，間接的ではあるが零細な生産者や中小の生産者が不当な返品を受けているということが判る。

さらに，回答割合は低くなっているが「減額」や「取引の対価の一方的決定」などは，零細・中小規模の生産者に対しては恒常

的に行われている。とりわけ,「取引の対価の一方的決定」は,大量発注や今後の取引の継続などの条件で,中小生産者は受け入れざるを得ないのが一般的である。納入業者が比較的大規模な卸売商業の場合は,取引業者と共同負担するという率が「行為類型」の中では4番目に高い。つまり,「返品」と同様に,「取引の対価の一方的決定」の対する負担は,零細・中小規模生産者に回されていることが推測できる。

③食品のバイイングパワー

スーパーは主に食品供給で大規模化してきた。今日では,食料品供給の業態は多様化し,食料品小売業の競争は激化している。そんな下で,最近特に勢力を持ってきたのがコンビニエンスストアであることは周知のとおりである。そうした大規模小売業から食品のバイイングパワーとして日経MJによってランク付けされた2007年当時の一部を示したものが,表9-3-2にあげたものである。

2007年時点でバイイングパワーの強い順に上位10社をみると,10社中6社がスーパーである。最近では,業態が多様化し,資本規模も大きな食品小売業で出現しているなか,依然スーパーの販売力は衰えていないように思われる。しかし,ランキング1位と2位はコンビニエンスストアであり,4位と6位にも入っている。コンビニの大手2社は,店舗売上も多いが「食品の売上比率」も高いことが判る。それに対して,大規模な総合スーパーであるイオンやイトーヨーカ堂は食品の売上比率がかなり低いことから,コンビニとの食品のバイイングパワーの質的な違いが感じられる。それに対して,9位のライフコーポレイションは,関西圏と首都圏の一部で245店(2015年2月現在)を展開するスー

第 9 章　大量消費時代の小売業

表 9-3-2　食品のバイイングパワーランキング（2007 年）

(単位：百万円, %)

順位	社名	業態	店舗売上	食品の売上比率
1	セブン - イレブン・ジャパン	コンビニ	1,835,479	71.3
2	ローソン	コンビニ	1,205,617	85.9
3	イオン	スーパー	1,010,082	52.4
4	ファミリーマート	コンビニ	750,748	66.9
5	イトーヨーカ堂	スーパー	670,532	45.8
6	サークルKサンクス	コンビニ	551,286	64.1
7	ダイエー	スーパー	455,100	65.9
8	ユニー	スーパー	400,643	58.9
9	ライフコーポレーション	スーパー	342,537	79.9
10	マルエツ	スーパー	289,770	92.2

資料）『日経MJ』2008 年 6 月 25 日より筆者作成。

パーで，10 位のマルエツは首都圏の一部で 280 店舗（2015 年 8 月現在）を展開するスーパーであるが，両社の「食品の売上比率」は著しく高い。つまり，取扱商品が食品に特化された店舗を展開しているスーパーである。

しかし，2015 年現在では，1 位のセブン - イレブン・ジャパンとイトーヨーカ堂は同じ持ち株会社の傘下にあり，イオンとダイエーとマルエツも同じ持ち株会社の傘下にある。また，6 位のサークル K サンクスと 8 位のユニーは同じ持ち株会社の傘下にある企業である。そして，そのユニーとサークル K サンクスを傘下に持つ持ち株会社とファミリーマートが 2015 年に経営統合することが報道されている。表 9-3-2 に示した業態ブランドは維持されていても，同じ持ち株会社の傘下にある企業同士では，商品等の共同購入の可能性は高い。むしろ，バイイングパワーを発揮した仕入をする場合は，可能な限り共同で行うのは当然である。したがって，今後さらに食品小売業は集中し，ますますバイイングパワーは強くなると思われる。

(3) 中小小売商業者からの収奪

　スーパーは出現してから多店舗展開で大規模化してきたことは既述したとおりである。とりわけ，大規模展開のスーパーとして先駆けのダイエーや西友は，60年代から70年代初頭まで，多くの店舗を出店してきた。その出店は，出店先の地域住民にはある程度歓迎されていたが，競争対象者になる商店との軋轢には凄いものがあった。特に，商店街近くに出店する場合，地元商店街に対する説明会などが行われてきたが，出店企業の一方的な説明と言われるほど簡単なものであった。こうしたことが，地元商店との軋轢を一層高めて，大規模スーパーの出店が社会問題化してきた。

　地元商店がこうした大規模なスーパーの出店に反対するのは，スーパーの低価格販売に危機感を感じていたためであることは言うまでもない。それまで，既述したように，協調傾向にある商店街では，古い商慣習ながらも一定の価格水準が定着しており，比較的安定した経営をする小売店が多かった。ある意味では，それらの小売店は安定した価格と利益の面で消費者の上にあぐらをかいていたことは否めない。したがって，スーパーの出店は，出店先の小売商業秩序を崩壊するとして近隣商店による反対運動は大きくなっていた。

　さらに，スーパーの出店に対する反対運動が大きくなり，社会問題化するまでに至ったのは，地元商店の中でも反対派だけではなく賛成派も存在していたことにも大きな原因があった。つまり，出店したスーパーと直接競合関係が発生しない商店においては，スーパーの出店でその地域の顧客吸引力が増し，売上の向上が期待されるためである。さらに，地元住民においても，スーパーの出店で買い物の利便性は高くなる一方，商品を安価に入手できる

という期待が強かった。こうしてスーパーの出店先では，賛成派も多数存在することが出店問題を一層複雑にしていた。

　しかし，大型スーパーが進出した地域では，多くの地元商店が廃業に追い込まれてきたことは事実である。古くから製造販売の形態として存続していた豆腐屋やコンニャク屋などは早いうちに廃業に追い込まれている。こうした製造販売店は，一時的にスーパーへの納品で存続できていたが，スーパーからの買い上げ価格の低さに耐えられず，比較的短期間で廃業に追い込まれたケースが多かった。さらに，スーパーのセルフサービスによる低価格の販売方法だけでなく，それまで多くなかった食料品や日用品でチラシが恒常的に用いられるなど販売促進の活動が強化されようになった。こうした当時としては近代的な販売方法が，価格面だけではなく，近隣商店との競争上，極端な優位性を持っていた。そこで，食料品を扱う伝統的な小売商業である魚屋や八百屋を廃業に追い込むこととなり，そうした零細企業の生業権が問題になったこともある。

　表9-3-3に示したのは，いわゆる八百屋・果物屋の状況を時系列で示したものである。まず，事業所数でみると，1970年代後半から漸次減少傾向にあることが分かる。1972年から76年までの僅かな増加は，経済成長による需要の増加が影響したものであろう。しかし，まだ経済成長も続き，需要も伸びていた79年から91年までででも，事業所の数は減少している。こうした需要が伸びていた時期でも事業所数が減少するということは，他の業態，つまりスーパーなどにとって代わられたためと考えられる。それは，年間商品販売額の動向からみても分かる。つまり，1991年までの好景気の時期には，廃業しなくて存続できた八百屋・果物屋が，好景気によって年間商品販売額を伸ばしてきたこ

とが分かる。

さらに,バブル経済の崩壊で景気が冷え込んだ1994年頃からは,事業所の数だけでなく,従業者や年間商品販売額や売場面積など全てが減少傾向にある。もちろん,八百屋・果物屋自体が景気低迷による消費の縮小の影響受けて減少しているという面もある。しかし,それ以上に大規模スーパーなどの競争が一段と高まり,その競争に耐えられない零細規模の八百屋・果物屋が縮小に追い込まれたり,廃業に追い込まれたりした結果ということが推測出来る。

表9-3-3 野菜・果物小売業の年度別推移

年	事業所数	従業者 (人)	年間商品販売額 (百万円)	売場面積 (㎡)
1972	65,293	179,769	753,928	1,954,353
1974	66,110	177,904	1,008,273	2,119,640
1976	66,195	178,999	1,355,603	2,219,431
1979	61,727	167,465	1,481,044	2,194,736
1982	58,785	161,852	1,712,782	2,239,625
1985	50,871	146,173	1,700,737	1,949,547
1988	50,097	152,031	1,815,496	2,145,354
1991	46,700	140,006	2,026,873	2,114,965
1994	40,073	126,711	1,798,407	1,978,690
1997	34,903	111,579	1,534,930	1,775,982
1999	34,243	118,985	1,584,881	1,800,336
2002	29,820	106,334	1,217,988	1,675,980
2004	27,709	103,774	1,214,694	1,679,551
2007	23,950	87,721	997,570	1,523,237

資料)経済産業省『商業統計』より筆者作成。

こうした,スーパーと中小小売商業の問題は,今日的なものではなく,スーパーの発展過程で各地に発生していた。そうした社会問題を背景に,1973年に「大規模小売店舗における小売業の事業活動の調整に関する法律」(通称:大店法)が施行され,

第9章　大量消費時代の小売業

1979年に改正されている。それまで大規模小売商業に関する法律は「百貨店法」があったが，スーパーの大規模な出店問題には対応できなくなり，特に出店時のトラブルを解消しようとしたのが，73年に施行された大店法である。その内容の概要は，大規模スーパーが出店を表明すると，それを協議する商調協（商業活動調整協議会）を設置し，店舗の規模などを含めて出店の妥当性を検討するというものであった。

　商調協が適切に運営されれば，公平でスムーズな出店が実現されたかもしれないが，各地で不公平と思われる調整が行われ，大きな問題になっていた。こうした問題発生の原因は，商調協のメンバーの選定にあったと思われる。商調協のメンバーは，学識経験者（大学等の研究者）と利害関係者（当該地域の小売商業者代表，消費者代表）で構成されるが，その選出と指名は当該市役所の産業課などによって行われる。したがって，商調協のメンバーが必ずしも公平に選出されたとは思えない問題が各地で多発していた。とりわけ，九州で関西系の大手総合スーパーが進出したとき，商調協のメンバーの内部で反対派の小売商業代表者が賛成派の消費者代表を恫喝し，脅迫したことが表面化したことがある。そして，その出店調整は著しく難航していたことから，九州にある大学の流通研究者有志によって九州通産局（現：経済産業省九州経済産業局）に意見書が提出されたことがある。

　こうした大店法による出店規制は，全国展開をしていた巨大規模スーパーの地方進出を阻止し，地方の中小小売業が守られたように思われる。しかし，そういう巨大スーパーの参入を阻止している間に，地元に中堅スーパーが誕生し，それらに地元の零細規模の伝統的小売業は競争に負け，収奪の対象になっていた。

　しかし，大規模スーパーによって，零細小売業者が本格的に排

除に追い込まれるのは，1991年に日米構造協議で大店法の問題が取り上げられ，商調協が廃止されてからである。これまで規制で出店ができなかった大型スーパーが，この大店法の運用の大幅緩和で，各地に大規模なショッピングセンターをつくり，地方の零細小売業はますます廃業に追い込まれることになった。

第4補節　生　　協

(1) 生協とは

通常，生協とかコープ（CO・OP）と呼ばれる組織は，一般市民が自らの生活レベル向上を目的として組織された団体で，消費生活協同組合のことである。その組織は，1948年に法律で定められた組織で，協同組合でありながら人格を持った組織である。

図9-補　生協の組合員

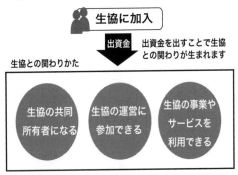

出所：日本生活協同組合連合会ホームページより。
　　　http://jccu.coop/aboutus/profile

その組合組織は，様々な目的や様々な人たちで組織され，非常に多くの組織がある。共通した人たちで組織された生協の代表的な組織に，地域生協（その地域に住む人たちによって組織されている）

や職域生協(働く職場の人たちで組織したもの),学校生協(小学校,中学校,高校の教職員で組織されているもの),大学生協(学生を含む大学関係者で組織されたもの)がある。また,特定の目的で組織された生協に医療生協(安心して医療を受けられることを目的として組織されたもの)や共済生協(生命共済,火災共済など突発的な出来事から生活を守る目的で組織されたもの)などがある。

それらの組織は,図9-補に示すように,一定の出資をすることでその組織の一員となった組合員によって構成されている。組合員になるとその生協が行う事業を利用することが出来るが,その組織からの脱退も容易である。もちろん,脱退の場合は,出資金は返済される。生協の事業の中で,特定の目的で組織された生協以外でもっとも期待されるのが商品供給事業である。したがって,商品供給事業に力を入れてきた地域生協が組合員も多くなり,大規模になっている。

(2) 生協の商品供給事業

商品流通に深くかかわっている地域生協の商品供給事業について考えてみよう。

生協の商品供給の方法は,小売環境の変化などに影響されながら変化してきた。神戸市にある灘生協(現:コープこうべ)は早くから店舗展開してきたが,多くの地域生協が共同購入という特殊な供給形態をとっていた。共同購入という供給形態は,一定の地域の組合員数人が発注する品物を取りまとめて注文し,生協から届いた品物を数人で分別するという購買方法である。この方法は,日本の商品流通としても特殊な形態であったが,生協の発生の地であるヨーロッパの生協でも見られない日本独特の方法であった。

しかし，1970年代後半になって小売商業間競争の著しい激化は，とりわけ地域生協の商品供給事業に大きな影響を与えるようになっていた。つまり，小売商業間の競争の激化によって，それまでスーパーが展開していた価格一辺倒の品揃えから品質面にも力を入れるようになり，物によっては生協の商品より品質が高いと思われるものも多くなった。さらに，大規模スーパーなどの店頭の商品管理が進められたことで，とりわけ食料品では生協より鮮度が高いものが多くなりつつあった。実際，生協の店舗を調査したとき，鶏肉のパックにはドリップが発生しており，照明に工夫のないことからより鮮度の低下したものが陳列されているように思われたことがある。多くの生協がそれまで店舗運営のノウハウを持っていないことから，店舗での商品供給は幼稚なものだった。したがって，より品質の高い生活物資を求めようとする組合員は，購買先をスーパーなどに移行させるようになり，生協にとっては商品供給高の減少だけではなく，組合員の減少の危機にもなっていた。さらに，そうした生協の危機の原因には，この頃からさらに顕著になってくる女性の社会進出で，共同購入の形態に限界が来ていたこともあげられる。

　こうした小売環境の変化によって，多くの地域生協は商品供給形態を共同購入から店舗へと転換してきた。既述したように，この店舗展開は組合員の購買をスーパーから取り戻すことであり，それがひいては組合員の減少の抑止になるというものであった。したがって，生協の店舗はスーパーとの競争に耐えうるものでなければならなかった。そこで，いち早く店舗展開に踏み切ったみやぎ生協を調査したときには，生協店舗内に企業店舗を導入して，店舗運営のノウハウを学んでいた。その後多くの生協が大型スーパーに勝るとも劣らない店舗運営の質を向上させたことで，組合

員利用率も高くなった。しかし，半面で組合員以外の利用者も多くなるという問題も発生してきた。生協の店舗から購入できるのは組合員だけであって，一般消費者の利用は禁止されている。店舗で購入する場合は，代金支払い時に組合員証を提示すること求められているが，1回だけという組合員以外の体験購入を認め，会員証を忘れた人たちの購入を認めるなど，実際のチェックを極端に厳しくすることはできなかった。つまり，員外利用者への組合員加入の政策が優先されてきた。

　こうした生協の大規模化は，80年代中頃には北海道や九州で出店を巡って中小企業とトラブルを起こしている。そして，全国商工会連合会や全国中小企業団体中央会などが，生協の出店も百貨店や大型スーパー並みの規制を要望する動きが出ていることを日本経済新聞（1984年12年17日）は報道している。当時の生協の監督官庁である厚生省からは，70年代後半頃から，中小企業との摩擦を避けるよう再三の通達を受けていたという。しかし，生協自体の販売高が巨大化したことや員外利用を促すような新聞への折り込みチラシなどが多くみられたことから，80年代中盤には政府による生協規制の検討が始まった。

　政府が生協規制の検討に時間がかかったのは，生協の商品供給事業が必ずしも大規模スーパーと同質ではなく，環境対策や生活安全などをコンセプトにした商品開発が多かったことがあげられている。つまり，それまで生協の取扱商品のコンセプトは，高度成長期でスーパーが展開してきた「安かろう，悪かろう」商品に不安を抱いて，生活安全の確保のためや環境対策のための商品供給あった。そして生協は，それらの商品開発を独自に進め，コストが多くかかった分は価格を高くして販売していた。換言すると，組合員は商品購入に価格より安全性を求めて，生協商品の購入を

するようになっていた。こうした組合員からの評判だけではなく，とりわけ環境対策の商品は社会的評価を受け，購買希望者が増加していった。たとえば，環境問題では，合成洗剤の無リン化のきっかけを作ったのは生協と言っても過言でない。1970年当時，琵琶湖の汚染が激しくなり，赤潮が発生し，水道水がかび臭いなど，事態が深刻になっていた。こうした琵琶湖の汚染源を，「消費者ネット・しが」によると，1970年に琵琶湖湖畔の大津生協が合成洗剤による泡公害を問題視したことから始まり，1975年には大津生協や湖南生協などが合成洗剤を使用しないよう行政へ要望したりしている。さらに，1978年に日本生協連は，大手化学製品製造会社と合弁会社（株式会社コープクリーン）を設立し，自ら洗剤を開発し製造を始めている。

こうした生協の環境に優しく，健康にも優しい製品開発の取り組みには，消費者の間でも魅力的になりつつあった。しかし，多くの生協が商品供給の中心を共同購入においていた。共同購入への参加は，在宅主婦でなければ不可能であることから，生協商品に興味があっても購入することが困難であった。そんな中，多くの生協が店舗展開することで，購買希望者からすればその商品が非常に近くなった。そして，その頃にはスーパーなどの店舗間競争も激しくなっていたことから，消費者の購買行動は店舗の使い分けをするのが一般的になっていた。つまり，スーパーは食料品のワンストップショッピングを狙ったものであったが，消費者はより良い品質の商品を求め，場合によってはより安い商品を求めて，ひとつのスーパーだけでなく幾つかのスーパーで買い物をするという購買行動になりつつあった。そのひとつに生協が入れられるようになったのが，生協の員外利用の拡大につながったとも言えよう。もちろん，中小企業団体等が指摘するように，員外利

用を排除する体制を強化すべきだったのであろうが，既述したように組合員加盟のための体験購入という面からするとやむを得ない面もあったかもしれない。

(3) 生協の大規模化

表9-補　生協の売上高ランキング

（単位：百万円）

順位	生協/年次	2009	2010	2011
1	コープさっぽろ	244,192	254,440	261,860
2	コープこうべ	258,840	241,858	261,850
3	コープとうきょう	159,285	157,102	158,468
4	コープかながわ	141,145	135,778	133,364
5	さいたまコープ	106,306	105,187	108,013
6	みやぎ	104,514	101,824	103,973
7	ちばコープ	88,313	88,596	92,159
8	京都	70,661	71,334	72,472
9	大阪いずみ市民生協	61,005	64,970	69,926
10	パルシステム東京	69,321	67,594	68,206

注）売上高は生協の「総事業高」である。
資料）株式会社 オフィス・ジェイ・ワンの資料より。
http://www.officej1.com/bank/tables/op01.html

1980年代に入って小売競争間の競争が激化するなか，地域生協の多くが店舗展開を強化してきたことは既述のとおりである。その店舗間競争では，仕入のスケールメリットが経営全体に大きな影響を与える。大手スーパーとの店舗間競争においては，高価格の生協商品では対応できなくなっていた。そこでとられた政策が，生協の事業連合である。生協は地域や職域と言われるように，活動域が法律で制限されていた。われわれが特に取り上げている地域生協は，県単位で活動が制限されていた。しかし，取扱商品のスケールメリットを狙って，地域生協同士が事業を連合して活動を始めた。地域生協の共同化でもっとも早かったのは，1986

年に北関東3県で10の生協が共同センターを設立したことである。その後，地域生協だけではなく大学生協も事業連合を設立している。こうした事業連合による活動は，1990年代から2010年代にかけて活発に行われている。とりわけ，仕入管理，商品管理，配送センターの共同利用などが大々的に行われ，流通体制の合理化がより広域的に行われている。

半面で，あたかも企業間の競争による淘汰のように，生協の中でも統廃合が多くみられる時期でもあった。たとえば，コープさっぽろは北海道内の多くの生協を統合し，2009年から2011年までは生協の売上高ではトップになっている。この頃，北海道では廃業や解散に追い込まれた生協もいくつかあった。また，大型の統合では，コープネット事業連合に加盟していたちばコープとさいたまコープとコープとうきょうの3生協が統合し，コープみらいを設立している。このコープみらいは2015年の売上高が3,702億円で，2位のコープさっぽろの2,683億円をはるかに超え，生協の中では群を抜いて首位になっている。そして，全小売業の中でも34位に位置し，食品スーパーとしては大規模なマルエツの売上高を超えている。

こうして，域外を超えた活動が可能になった生協は，その規模も表9-補に示すように，売上ランキング上位6位までは1,000億円を超える大規模な組織になり，そのうち上位6社は日経MJの2011年度（2012年2月期決算）の全小売業の売上高ランキングで100以内に入っている。生協売上高で1位のコープさっぽろにおいては，小売業全体で単独45位に入っている。また，生協売上高で2位のコープこうべは，小売業全体で48位である。因みに，この年の49位には東急百貨店，50位にはサミット（スーパー：東京）が入っている。こうしたことから，生協がわが国小

売業の中でも大規模な組織ということが分かる。

【研究課題】
1. スーパーマーケットが出現してきた経済背景について考えてみよう。
2. スーパーマーケットが大規模化した経済背景を800字程度でまとめてみよう。
3. 大規模総合スーパーが消費者から収奪する方法について考えてみよう。
4. 大規模総合スーパーと中小商業問題の歴史を簡単に800字程度にまとめてみよう。
5. 商品供給機関としての生協について考えてみよう。

第 10 章

飽和市場と小売商業

†

日本の小売市場が飽和状態にあり，さらにデフレ不況と言われ消費は冷え込んでいるが、その中で小売商業はどのような状況におかれているかを考えてみよう。

第1節　高度成長と小売市場の成熟

　戦後の産業構造の特徴は，消費財生産に中心が置かれてきたことである。もちろん，戦後復興の中心は鉄鋼や機械などの基幹産業であったこと言うまでもないが，戦前それらを支えていた軍需産業の需要が皆無になったことで，民生品の生産が急速に拡大した。もともと技術水準の高かった企業の民生転換は素早く，国内市場だけではなく輸出産業としても急成長する企業も少なくなかった。とりわけ，1ドルが360円という為替の下で，対米輸出によって経営の地盤固めをした企業が多かった。

　他方で，国内では様々な種類の消費財が発明されたり開発されたりして，一般消費者の消費意欲が刺激されていた。もちろん，消費は産業の発展より若干遅れてであるが，賃金が上昇し購買力も増えつつあった。しかし，急速に発展し，大規模化した製造企業は，これまでなかった販売手法を用いて，消費者の購買意欲を喚起してきた。その大規模製造業によって展開された消費者への新しい働きかけの総称がマーケティングである。このマーケティングの導入期には「消費者は神様である」などと言われ，大量消費の体制を作ることに向けられていた。

(1) マーケティングと大量消費体制

　消費者が衣食住に関する消費がある程度確保されるようになると，豊かさを感じる消費財が出現してきた。とりわけ，家電製品の出現は，保有することへの憧れから，三種の神器と呼ばれるほどであった。この三種の神器と呼ばれた憧れの家電製品は，白黒テレビと電気洗濯機（電気以外で作動する洗濯機があった）と電気

冷蔵庫（電気を使わず，氷を入れて冷やす冷蔵庫があった）があったが，一般的な給与所得者にとっては決して安価なものではなかった。とりわけ，それらが普及する過程では，製品種類も少なかったことやそれらの製造企業の価格戦略から，一般庶民には到底手が出る価格ではなかった。しかし，家電メーカー各社は都市部の販売店の店頭にテレビを据え付け，消費者の憧れをあおり，購買意欲を喚起させる政策をとっていた。

　一般的な消費者が高価な家電製品を手に入れることが出来るようになったのは，家電メーカーが販売店を通じて分割払いの制度を始めてからである。とりわけ，都市部では給与所得者が増加してきたことから，都市部の消費者は比較的早くから家電製品を手に入れることが出来た。それに対して，地方での普及が遅くなったのは，所得も低いこともあったが，農業所得者など不安定な収入の人が多く，家電メーカーの分割払い制度を利用することが困難であったためである。したがって，家電メーカーは，都市部で一定の普及した後に，新たな需要を開拓するために価格の見直しや製品種類の拡大などでさらに販売を強化しようとする政策をとってきた。

　一定の市場に普及したことで価格を下げて，他の市場を狙うという価格政策がマーケティングで言うところの上層部吸収価格政策である。また，製品の普及度に応じて製品種類が多くなるのも市場の細分化に伴う製品の細分化政策というマーケティング政策のなかの製品政策の一部である。こうした，家電メーカーのマーケティング政策の展開が消費意欲をあおり，消費者信用の形態である分割販売制度の導入で高額な家電製品を普及させてきた。

　こうした三種の神器と言われる憧れの商品が1950年代後半から10年も経過しない1960年代中ごろには，カラーテレビ（Color television),クーラー (Cooler),自動車 (Car) がそれぞれの商品の頭文字をとって3C商品と呼ばれ,さらに「新・三種の神器」とも呼ばれて庶民の憧れの的となった。もちろん,その背景には,それらのメーカーのマーケティング政策の展開によるところが大きい。そして,消費の拡大に新たな産業として自動車が加わったことも特徴的である。この3種類の商品の中で格段に高い自動車がクーラーより早かったことは,自動車メーカーによるマーケティング展開の上手さや,高額でも憧れの商品の入手が容易な分割支払い制度があったためであろう。

　かつてアメリカにおいても,世界で初めてのオートメーション生産を始めたとして注目されていたフォード自動車でもマーケティング展開で遅れを取り,GMから首位の座を奪われてしまっていた。この時,フォードは自動車を低価格で供給することだけを考え,徹底した標準化によって車種も1種類のみであった。それに対して,GMの製品政策は多様な需要に対応して,車種を増やし,それに伴って高額な製品も多かった。もちろん,高額な車種は,購買力のある高所得者に向けた製品であったが,それ以上に購買者に資金を貸し付ける制度を構築して販売金融会社を早くに設立している。フォードがGMとの競争の中で後れを取ったひとつとして,顧客向けの販売金融の対応の遅れがあげられる。

　日本の高額な消費財である家電や自動車は,メーカー自身の販売金融で対応してきた。しかし,小売企業間競争が激しくなったころは,家電を販売する小売業はメーカー系列店だけではなく,ディスカウントを前面に出した大規模店が出現してきた。こうした大規模な家電販売店は,この頃急成長しつつあった消費者金融系のカード会社と組んで,消費者の購買を一層容易にしていた。バブル全盛期には,そうした信販系だけではなく,クレジット会

社系や大手小売業系など多くのカード会社のローンで需要は著しく高くなっていた。とりわけ，バブル時代の消費は，高品質，高ファッション性がもてはやされ，海外の有名ブランド商品や海外のデザイナーのブランドなど高価な商品に対するニーズが高かった。そのため，それほど所得の高くない若年層の購買意識を刺激していた。そこで，カードローンを利用した無計画な若者が多く出現し，その後返済が困難になり，返済資金を求めて高金利の消費者金融（サラリーマン金融：サラ金）に走り多重債務者に陥り，最悪の場合自己破産に追い込まれるということもあった。

しかし，クレジットカードが一般家庭に本格的に利用されるようになったのは，2000年代に入ってからである。2007年のサブプライム問題が発生してから，カードの未払いが多く発生していたが，反面で日用品の購入など利用傾向はますます拡大しつつあった。ある面では，冷え込んだ不況のなかで，消費者はクレジットをうまく利用した購買行動に変わりつつあったと言えよう。こうした背景には，1990年代後半には電子マネーが一般消費者でも使えるようになり，キャッシュレスの買い物の利便性が一層浸透してきたこともある。とりわけ，交通系のICカードがクレジットと連動し，自動販売機やコンビニなどで商品購入ができるようになったことは，消費者のキャッシュレスの購買行動に拍車をかけたと言えよう。そして，長引く不況の中で，キャッシュレスとクレジットを連動させて購買の利便性を前面に出した購買方法が，消費者の囲い込みの手段に用いられた。

表10-1-1から勤労者世帯の1ヶ月平均の借金返済額をみると，住宅ローンや高額耐久消費財の分割購入に対する返済は2000年から2014年まで大きな変化はない。このことから，住宅や高額耐久消費財の購入はほぼ一段落していることが判断できる。それ

に対して,「一括払購入借入金返済」額は,2000年から10年間で1.6倍以上になっており,2014年には2倍以上になっている。これは日用品など少額購入にカードが利用されることが多くなったことを意味している。

表10-1-1　勤労者世帯の借入金の1ヶ月平均返済額

(単位：円)

項目/年次	2000	2005	2010	2014
土地家屋借金返済	101,770	98,717	101,985	96,891
他の借金返済	5,041	3,459	3,022	3,031
分割払購入借入金返済	10,525	9,131	9,259	10,767
一括払購入借入金返済	19,435	21,510	31,745	38,966

資料）総務省統計局『家計調査年報』より筆者作成。

(2) 大量流通体制の確立

①物流網の発達

　大量流通の体制が確立されたひとつの要因に,物流網の発達があることは既述したとおりである。とりわけ国内輸送におけるトラック輸送の発達著しく,消費生活の幅を広げるほど社会に大きな影響を与えている。そのトラック輸送は大きく分けて二つの面から発達してきた。

　まず,第1に陸上輸送を飛躍的に伸ばしたトラック輸送に関するインフラが急速に整備されたことがあげられる。なかでももっともトラック輸送の効率を高めたのが,道路網の整備である。全国の幹線道路網が整備されたのはもちろんであるが,高速道路の総延長が著しく伸びたことがあげられる。トラック運送にとって高速道路利用の利便性が高くなることで,トラック輸送会社の配送センターや輸送基地が高速道路のインターチェンジ付近に多く設立されるようになり,長距離輸送の効率が飛躍的に上がっていた。つまり,街中の運行には適切でない大型トラックや牽引ト

ラックが大量に荷物を積んで高速道路を走り，目的地のインターチェンジの輸送基地まで運ぶという方法が可能になった。しかも，輸送基地としてのインターチェンジ付近は，街中と比べて地価は安く，大規模な土地が確保できるというメリットがあった。

また，高速道路を利用した物流は，高い鮮度が要求される生鮮食料品運送に使われることで，消費生活の幅をより広げることに貢献している。とりわけ，鮮魚の輸送においては，高速道路を用いたトラック輸送が遠距離の消費地までの輸送を可能にしている。さらに，輸送時間が短縮化されたことで，活魚輸送すらも可能にし，都市部の消費地でも遠く離れた水揚げ港と変わらないものが手に入るようになっている。つまり，トラック輸送にかかわるインフラ整備が，全国的な消費量を変化させただけではなく，消費構造の質的変化ももたらしてきたと言える。

第2に，情報技術の発達と並行して，物流がシステム化されたことがあげられる。

近年，物流に対しては，商品輸送費の削減を目的としたコスト面からだけではなく，発注管理や在庫管理さらには配送管理まで幅広い要求がある。とりわけ，小売業の大規模化で店舗はチェーン展開が大きくなっている。もちろん大規模な小売業の仕入れは一括仕入れであるため，各店舗に配送する必要がある。そうした店舗への分散配送は，仕入先が担当することもあるが，より合理的に行うために多くの企業が配送センターを設立し，各店の在庫状況を把握しながら自ら配送することも多い。この配送センターの設立自体が，物流のシステム化の始まりと言っても過言ではない。

配送センターは，本部が仕入れた商品が一旦ここに集められる。そして，各店舗から納入指示があった場合速やかに仕分けし，店

頭に陳列できる状態にして各店舗に納入する。こうすることで，各店舗では必要以上の在庫を保有する必要がなく，販売面積の有効利用ができる。したがって，配送センターは輸送機能と保管機能を有機的に結合した機能を持つことになる。こうしたことが可能になったのは，大量なデーターを管理できるコンピューターを利用したシステムが開発されたことにある。

　また，物流に大きな影響を与えたシステムにPOSシステム（販売時点情報管理）と呼ばれているものがある。このシステムは，各店舗のレジが本部のコンピューターにつながっており，販売時点（店員がレジを打った時点で）システムに組まれている情報（店舗の名前，商品の種類，単価，個数，さらには購買者年齢層など）が集計されるようになっている。したがって，それらの情報を分析することで，売れ筋商品の絞り込みや重要な発注資料にもなる。また，店舗ごとの発注状況も把握することが出来ることから，合理的な配送ができるようにもなる。とりわけ，コンビニのように倉庫を持たず，店舗が小規模であるにもかかわらず，コンビニエンス（convenience：便利なもの）としての本来の目的を備えておくには多種類の商品を揃えておかなければならないという問題がある。さらにそうした問題は，発注のタイミングが著しく難しく，店舗の責任者の高度な経営知識が要求される。しかし，コンビニの店舗はほとんどがフランチャイズ契約によって開店していることから，店舗責任者に高度な専門知識を要求することは困難である。こうした問題を，POSシステムで集計された情報を本部の専門家が分析し，各店舗を指導する方法で解決している。さらに，その情報をもとに配送を合理的に行うことで，物流費の削減はもちろんであるが，店舗での欠品を最小限に抑え，販売チャンスの喪失を最大限押さえ込んでいる。

第 10 章　飽和市場と小売商業

②小売商業の大規模資本化

　小売業によって大量流通体制が確立されているという判断は，小売業の従業者規模別に年間販売額がどのように変化しているかをみることで可能になる。表 10-1-2 は商業統計で，小売商業を従業者規模別に 8 段階に分けて，各年度の年間販売額を示したものである。この表から，もっとも年間販売額の多いのは，1994 年時点だと「5 〜 9 人」である。次いで 2 番目が「10 〜 19 人」の規模で，3 番目にもっとも従業者数の多い「100 人以上」になっている。しかし，1999 年では，年間販売額の多いのが「10 〜 19 人」の規模になっている。そして，この「10 〜 19 人」の規模は，2004 年も 2007 年も年間販売額がもっとも多くなっている。また，1994 年，1999 年と年間販売額では 3 番目だった「100 人以上」の規模は，2004 年と 2007 年の年間販売額が 2 番目になっている。このことから，1994 年当時と 2007 年の小売業の構造に大規模化の変化があったことが推測できる。

表 10-1-2　小売業の従業者規模別年間販売額

(単位：百万円)

従業者規模／年次	1994	1999	2004	2007
1 〜 2 人	13,331,874	10,830,297	8,411,303	7,250,670
3 〜 4 人	20,054,382	15,463,926	12,645,969	11,890,587
5 〜 9 人	28,999,487	26,304,556	23,395,399	24,012,461
10 〜 19 人	23,826,273	27,050,383	26,253,188	27,487,926
20 〜 29 人	12,170,040	13,253,707	12,655,740	12,731,084
30 〜 49 人	11,749,226	12,520,048	11,788,958	12,122,464
50 〜 99 人	9,998,161	12,807,304	13,841,409	14,637,638
100 人以上	23,195,622	25,602,331	24,286,665	24,572,617
合計	143,325,065	143,832,551	133,278,631	134,705,448

資料）経済産業省『商業統計』より。

また，各規模の各年度の販売額の動向をみると，もっとも小規模な従業者が「1～2人」の規模では，1994年から2007年まで著しい減少で，2007年の年間販売額は1994年当時の半分程度になっている。また，「3～4人」の規模でも，年間販売額は確実に年々減少傾向にあり，2007年は1994年の6割弱まで減少している。3番目の規模に分類されている「5～9人」の規模は，前の2つの規模より年間販売額の減少傾向は顕著でないが，1994年と2007年を比較すると減少している。したがって，従業者の少ない小規模な小売商業は，1994年から2007年にかけて減少してきたことが判る。

　反対に，年間販売額が1994年から2007年の間でもっとも顕著な伸びをしているのが，分類上2番目に大規模な「50～99人」の規模である。それぞれの年度の年間販売額が，過年度のそれを超えており，2007年度には1994年当時の約5割増しに近い額になっている。また，年間販売額が1994年から2007年まで伸びている。そして，2007年には1994年より増加しているが，2004年では一旦減少しており，2007年には2004年より伸びている。こうした傾向は，従業者規模が10人以上で分類されている規模にみられる。したがって，大規模小売商業の大規模化は成熟状態にあるが，中堅企業の大規模化が加速してきたと考えることが出来る。

③小売商業の長時間営業化

　また，小売商業が大量流通を担っていると判断するのに，営業時間別にみて，その規模から判断するのもひとつの方法である。かつて大規模小売店の規制のひとつに営業時間が加えられ，中小商業者との公正な競争の手段として考えられていた。つまり，大

規模小売店の近隣の小規模店は，大規模小売店の営業開始前や営業終了後に集客することで公正な競争が行われるという考え方である。もちろん，中小商店の生業権だけを考慮に入れた考え方だと，決して間違っていた政策とは言えない。しかし，この政策は消費者の店舗の選択権を無視したものである。なぜ，消費者が大規模店を選択するのかがまったく考慮されていなかった政策とも言える。既述したように，大店法のもとで出店調整がされた商調協のメンバーに消費者代表が選ばれているが，消費者の意見があまり吸収されていなかったことは，出店調整で混乱のあった事案ほど顕著であった。こうした，大規模小売店の営業時間の規制は，大量流通の阻害の要因であったことは否めない。

しかし，大規模小売店の営業活動を規制していた大店法が2000年に撤廃されてから，大規模スーパーや百貨店などが営業時間帯を伸ばしてきた。消費者にとっては，これまで営業時間によって制限されていた大規模小売店での購買が可能になった。つまり，消費者にとっては，大店法で規制されていた頃から購買行動が制限されていたが，ライフスタイルの多様化や購買行動の多様化で，ますます大規模小売店の営業時間の制限が購買行動の阻害になっていた。したがって，消費者の側からは，購買先の店舗選択が自由になり，今まで制限されていた流通が円滑になったとも言えよう。

表10-1-3は商業統計によって2007年現在の小売業を営業時間別に分類し，その状態を示したものである。営業時間別分類は不明のものも含めて7階級に分けられている。その階級の中でもっとも事業数が多いのは，営業時間が「10時間以上12時間未満」の階級である。この階級は，他に従業者数，年間販売額，売場面積ももっとも多くなっている。なかでも売場面積は全体

の45％を超えるほど多く，年間販売額においては全体の37％を超えている。したがって，日本の小売業の営業時間は，一般的に10時間から12時間ということが判る。

しかし，近年急成長しているコンビニは，ほとんどの店舗が終日営業であることは周知のとおりである。事業所数でみるともっとも少なく，売場面積でみても営業時間が「8時間未満」を除くと，もっとも少ない。しかし，「終日営業」の階級の事業所単位の年間販売額（年間販売額を事業所数で割った額）は2億5,700万円であり，もっとも営業時間が一般的である「10時間以上12時間未満」の階級のそれが1億2,050万円であることからすると，事業所当たりの年間販売額は2倍以上であることが判る。また，「終日営業」の階級の売場面積1,000㎡当たりの年間販売額をみると15億9,750万円であり，「10時間以上12時間未満」の階級が7億4,480万円であることからすると，売り場効率も倍以上勝っていることが判る。したがって，終日営業の小売業は，今日の大量流通を支える新しい小売業態であることが推測できる。

表10-1-3　小売商業の営業時間別規模（2007年）

営業時間階級	事業所	従業者数（人）	年間商品販売額（百万円）	売場面積（㎡）
計	1,137,859	7,579,363	134,705,448	149,664,906
8時間未満	66,831	180,737	1,265,928	2,338,894
8時間以上　10時間未満	372,427	1,776,338	35,739,092	33,204,569
10時間以上　12時間未満	418,110	2,545,845	50,401,977	67,673,597
12時間以上　14時間未満	154,830	1,211,926	21,583,508	26,731,940
14時間以上　24時間未満	51,102	656,110	11,791,701	12,223,982
終日営業	46,563	790,184	11,968,673	7,491,924
不詳	27,996	418,223	1,954,569	-

資料）経済産業省『商業統計』より筆者作成。

(3) 外国小売商業の参入
①米トイザラスの参入

　外国の大規模小売業が日本市場へのきっかけを作ったのは，アメリカのおもちゃ販売のチェーンストアの「トイザラス」と言っても過言ではない。トイザラスの日本への進出は，1989年にハンバーガーチェーンの日本マクドナルドと提携して日本進出を表明し，その年に100％出資（後に第三者割当の株を発行し，トイザラス80％，日本マクドナルド20％）で日本の現地法人「トイザらス」を設立した。そして，1992年には新潟に出店をすることを表明している。その新潟の店舗は，当時東京にある日本でもっとも大規模なおもちゃ屋の売場面積の2倍近くあり，新潟県全体のおもちゃ屋の売場面積に匹敵する規模であると言われていた。そして，日本での1号店が茨城県阿見町に開店したのは，表明からほぼ2年が経過した1991年12月末になってからである。この間に川崎に大規模な物流センターを設けるなど，日本での店舗展開に向けての効率的な物流体制の構築を準備していた。しかし，出店表明から実際の出店までの2年間は，大店法による出店規制の撤廃を日本政府に迫る行動の方が多かったように思われる。換言すると，トイザラスは日米構造協議を通じてアメリカ政府の支援を受けながら出店してきたと言える。

　つまり，1989年に始まった日米構造協議は，貿易不均衡の是正が目的であったが，アメリカからの要求はその枠を超えたものも多かった。アメリカは対日赤字が拡大する原因は，日本の閉鎖的な経済構造にあるとし，経済構造の改革と市場開放を求めてきた。その中のひとつに日本の大店法がアメリカの大規模小売業の参入の障害になっていると，撤廃を強く要求していた。その頃，アメリカの小売業で日本進出を表明していたのはトイザらスだけ

であったことから，アメリカは日本との協議にトイザらスの出店をかっこうの材料にしてきた。つまり，アメリカは，トイザらスの出店の状況から，日本小売市場の閉鎖性を議論の対象にしようとしていた。

　しかし，トイザらス日本の小売市場への参入は，あたかも黒船の来襲と言われていたように，確かに日本の伝統的な商慣習とは違ったシステムを導入していた。それまで日本の小売業にはなかった典型が，業態と商品の調達方法であった。トイザらスの取扱っている商品は，おもちゃだけではなく，スポーツ用品や菓子や自転車などと幅広く，日本にはない新しい業態であった。また，トイザらスの商品調達の方法もこれまでの日本の商慣習とは異なっていた。それまでの日本の商慣習では，小売業は卸売業から仕入れるのが一般的だったが，トイザらスは卸売業を通さず，メーカーから直接仕入れる方法をとっていた。そして，商品の調達の物的流通面もこれまでの日本にはない方法が採用されていた。これまでの日本の慣行では，メーカーや卸売業が物流を担当し，小売業の店頭に並べるまでの運送費等は小売業が負担していなかった。しかし，トイザらスによるアメリカ式の方法は，自ら物流センターを設立し，メーカーから直接仕入れた商品は一旦物流センターへすべて納入させ，その後各店舗への配送は自らが行うという方法であった。

　なかでも，各店舗への配送方法は，そのころスーパーなど大規模店がチェーン展開をしたことで，店舗への配送問題が起きていた。とりわけ，大規模小売業が売り場効率を上げるため，店頭在庫の削減を目指して，多頻度小口配送をメーカーや卸売業に求めていたことがある。その頃の商慣習では既述したように商品納入にかかわる運送費等がメーカーや卸売業の負担であったため，

メーカーや卸売業の反発が強かったことから制度改革の可能性が強くなっていた。

そして，トイザらスは，開業して僅か5年目の1996年には51店舗を保有し，売上高は約750億円となり，日本のおもちゃ小売業界で首位になった。しかし，日本の激化する小売環境下で必ずしも競争優位にあったわけではない。1995年に日本企業の赤ちゃん本舗の出店にトイザらスが大店法の出店規制を盾に異議を唱えたことがある。それまで，トイザらスは一貫して大店法の出店規制の緩和を訴えてきたが，赤ちゃん本舗がトイザらスと同じような商品を扱っているにもかかわらず，大店法の規制を受けていないというのがその理由であった。その訴えに通産省（現：経済産業省）は，赤ちゃん本舗を大型小売店と認め，売場面積の削減だけでなく，年間休日や出店手続きをとることなどを指導している。もちろん，トイザらスが訴えるように赤ちゃん本舗の業態が大店法の対象にならないことはないが，アメリカ政府をバックにして日本政府に圧力をかけた行為と考えられないこともない。その解釈は異なっても，トイザらスには日本企業に強い競争相手がいたことには違いない。

②海外小売業と日本市場

トイザらスの日本出店が成功したことで，1996年になって海外の小売業の日本進出や進出表明が目立ってきた。アメリカのスポーツ専門店の「スポーツオーソリティ」が1996年に1号店を名古屋に開店させ，アメリカのオフィス機器・文具の専門店チェーン「オフィスデポ」は1996年に日本出店を表明していた。また，アメリカの会員制低価格店の「プライス・コスコ」（現：コストコ）もこの頃出店を表明している。

しかし，1990年代に出店してきた海外の小売業は，日本経済新聞（2001年12月7日）によると，数社が撤退している。たとえば，99年に三菱商事と合弁で日本に出店したドラッグストアのブーツ（イギリス）は2001年末には撤退が決まった。また，ジャスコと合弁で，1997年に日本に進出してきた事務機器・用品専門店の「オフィスマックス」（アメリカ），1998年に日本に進出してきた家具専門店「ルームズ・ツー・ゴー」（アメリカ）の2社も2001年末で撤退している。また，1999年にはフランスの化粧品専門店「セフォラ」が1号店を銀座松屋の並びに出店し，その後7店舗を開業していたが，2001年末には撤退している。こうした1990年代末に出店してきた企業の撤退理由にはいくつかあるが，総じて品揃えの面で日本の消費者に受け入れられなかったことがあげられる。

　2000年に入って，小売業では世界2位の売上で，世界に9,000店舗を持っていたフランスのカルフールが上陸してきた。1号店が千葉県幕張に開店し，低価格を前面に出した外資系総合スーパーということで，開店当初は多くの客で殺到したと言われている。出店当初は，それまでの外国の小売業の日本出店例は，取扱商品が限定されたいわゆる専門店チェーンであったが，カルフールはダイエーやイトーヨーカ堂のように取扱商品幅の広い総合スーパーであることから，国内小売業の競争構造に大きな変化を与えると思われていた。しかし，その後，南町田・光明池・狭山・箕面・尼崎・東大阪・明石の8店舗を展開していたが，上陸して僅か5年もしないうちに，業績悪化を理由に「カルフール・ジャパン」はイオンに売却されている。

　こうした世界的に大規模なカルフールが日本で業績を伸ばせなかった背景には，日本の商慣習になじめなかったことと日本の消

費者ニーズに応じられなかったことがあげられる。とりわけ，前者の日本の商慣習になじめなかった問題としては，仕入先のメーカーがカルフールからの直接取引に応じなかったためと言われている。カルフールとしては，完全中間業者排除によって仕入れ価格を抑え，その分小売価格を安くするという販売方法で臨んでいた。しかし，それが日本の商慣習が障害になって，思うような仕入れができず，価格競争力が付かなかった。さらに，後者の場合は，フランスの店舗であることからフランス製品などの品揃えが期待されていたが，その期待に沿っていなく，顧客に飽きられたとも言われている。

カルフールは，バブル時代に日本への出店を考えていたが，地価の高さによって一旦出店を諦めていたと言われている。しかし，この出店に際しては，日本の地価だけではなく，日本の消費動向など詳細な調査をしていたとも言われている。しかし，こうした総合スーパーのような業態が，もっとも重要な商品調達の体制を確立できなかったということは，アメリカから指摘されていた非関税障壁の高さが痛感される。

そのほかに，国際的な有名小売業の日本からの撤退例として，イギリスの大手小売業である「テスコ」が2003年に「テスコジャパン」設立して進出してきたが，2011年には撤退した事例がある。

③今日の国際小売業

世界の大規模な小売業が日本に進出しているのは，日本進出に成功したと言われている「トイザらス」だけである。その背景には，0歳児から3歳児までを対象とした育児用商品を総合的に取扱う別業態「ベビザらス」を展開し，複数業態で対応したことにある。しかし，2004年7月期の中間決算では赤字を計上し，さ

らに 2006 年には最終決算で赤字を計上することになっている。その原因には，おもちゃのヒット商品がないということもあげられるが，家電量販店や大型スーパーが玩具の取扱いを強化したことがあげられていた。換言すると，日本の小売業の競争激化に巻き込まれた結果であると言えよう。

また，世界でもっとも大規模な小売業であるアメリカのウォルマートは，2005 年に西友を子会社化することで，日本進出を果たしている。その西友は，業績が 2000 年以降決して良好ではないが，全国に 346 店舗を配置してスーパー業務を展開している。

最近，外資系の小売業で出店数を増やし，営業成績の目立つ企業がコストコやイケアや H&M であろう。H&M（スウェーデン）については SAP 業態として後述するが，コストコやイケアの伸びには注目に値するものがある。

イケアはスウェーデンの家具を中心とした家庭用品の販売店で，ヨーロッパ 222 店舗，ロシア 14 店舗，アジア 23 店舗，北米 51 店舗，オーストラリア 5 店舗を持つ世界的に大規模な小売業である。イケアの日本進出は，1974 年に三井物産や東急百貨店などの日本企業と合弁会社を設立したのが初めである。しかし，1986 年には日本から撤退している。その後，2002 年に日本法人「イケア・ジャパン」を設立し，2006 年に 1 号店が千葉県船橋に出店され，2015 年時点では日本全国に 8 店舗を出店している。そして，すべての店舗に活気がある。

また，アメリカに本社を置いて，低価格で商品を供給する会員制倉庫型店を日本で展開するコストコも成長が著しい。コストコの経営形態が通常の店舗ではなく，倉庫に客を入れることで店舗に要する費用を節約し，その分だけ価格を安くしようというものである。したがって，コストコでは，店舗と呼ばず「倉庫店」と

いう呼び方をしており，商品のロットも卸売で取引される単位になっているものが多い。こうした，日本にあまりなかった（衣料品専門の卸売などにはあったが）業態であることから，一般消費者に徐々に受け入れられつつあり，倉庫店数も伸びている。コストコの 2015 年の倉庫店数（同社 HP, 2015 年によると）は，米国（43 州）＆プエルトリコで 480 倉庫店，カナダ（9 州）で 89 倉庫店，メキシコ（18 州）で 36 倉庫店，イギリスで 27 倉庫店，そして日本では 23 倉庫店があり，その他の国や地域で 32 倉庫店，世界で 687 倉庫店が展開されている。そして，会員数は個人法人を含めて，7,870 万人である。その売上規模は，2014 年度実績で 1,126 億ドル（約 11 兆 5,900 億円）であり，2014 年度の日本の小売業ランキングで 1 位であったイオンの売上高 2 兆 1,172 億円と比較すると，コストコの規模の大きさが分かるであろう。

第 2 節　小売業態の多様化

(1) 小売業による市場開拓

　小売市場の成熟化によって小売商業間の競争は一層激化している。その競争は顧客の争奪競争であって，その方法は値引き競争だけではなく，多岐にわたる競争が強いられている。そのため旧来の販売方法や旧来の取扱商品だけで対応できないことが多くなっている。つまり，小売商業は相対的に少なくなった顧客を他の小売業者から奪うということではなく，新たな顧客を如何に創造するかが課題になっていた。

①メーカー支配型の小売形態

日本の小売商業は一般消費財の製造業が発展する過程で，問屋

経由の古くからの流通体制が商慣習として維持されていた。こうした流通体制が維持されてきたのは，メーカーと問屋との協調による利潤率確保のためであったことはいうまでもない。しかし，メーカーと問屋との協調関係はすべての産業界で同一という訳ではなかった。それはそれぞれの産業の発展による資本規模などの力関係で決まるのではなく，その発展過程で出来上がった商慣習が強く影響していた。

こうした古い商慣習にそれほど強く影響されなかったのが商品として歴史の浅いものである。その典型が，家電や自動車である。それらの商品は古くからある商品（たとえば，食料品や衣料品）のような取引形態の商慣習が定着する前にメーカーが大規模化することによって，メーカーにとって都合の良い独自の流通が構築された。しかし，それらの流通機構は，既述したように商業の完全排除ということではなく，末端の小売業を含めて協調関係を確立している。もちろん，協調関係と言っても，メーカーや流通業者の間で公平な協調関係ではなく，力関係によってバランスのとれた協調関係である。その典型ともいえる方法がたとえば特約店制度や専売契約である。つまり，大規模メーカーは，自社の製品の販売を特定の商業に限定したり，自社の製品以外の取扱いを禁じたりすることで，流通業者に自己の製品の販売努力を集中させようとする。この関係における流通業者の立場は，大規模メーカーとの取引が量的な面でも，取引の継続性の面でも安定しているというメリットがある。したがって，大規模メーカーによる独自の流通網は，ある面では流通業者の支配形態ということもできるが，ある面では協調形態ということが出来る。

こうして出来上がっている商慣習や流通構造に沿わない取引をしようとしても俄かには受け入れられないのが一般的である。既

述したように，海外の小売商業が日本で成功しなかったのは，こうしたメーカー主導の硬直した流通組織が大きな原因であった。したがって，とりわけフランスのカルフールにみられるように，多種類の商品を日本で調達する必要のあった総合スーパーなどは，商品調達網を構築すること自体が困難であった。とりわけ，協調関係の出来上がった日本の取引構造に参入すること自体が困難であるにもかかわらず，既存の流通構造を破壊させようとする行為は，メーカーや卸売業にとっては感情的に受け入れられないものがあった。

　また，日本企業の中でも，伝統的な商慣習によって既存の流通経路から受け入れられなかった典型的な事例がある。デジタル化が一般消費者の中に出現した典型例が音楽CDと言っても過言ではない。音楽がデジタル化したことでその再生機器も急速に発展し，今では音楽の記憶媒体としてのCDは古くなり，珍しくなっている。このCDの出現当時の音楽の記憶媒体の主流は長い間レコードであった。したがって，音楽の配信にかかわる企業をレコード会社とか，レコード販売店と呼ぶのが一般的であった。レコードに変わる記憶媒体で音楽を配信する企業が出現したが，その企業は著作権の切れたレコードの音楽をデジタルしたうえで，CDに書き込み販売を開始した。販売当初は，音楽配信ということから，それまで主流であったレコードの唯一の流通経路である街のレコード店で販売をしていた。しかし，そのレコード店へ大規模なレコードの制作会社から取引中止の圧力がかかって，それらのCDはレコード店から消えてしまう。こうした事例もレコード制作会社とレコード販売店との協調関係が業界の商慣習としてあったことによるものである。

　もちろん，こうしたメーカーによる流通支配や流通企業との協

調関係は流通に安定性をもたらしていたが,反面では価格を硬直化させていた。その傾向は,製造業が大規模化することでより顕著に表れ,消費を制限し,市場の成熟化を早める要因にもなっていた。

②ディスカウントストア（DS）の台頭

経済の発達によって刺激された消費者需要は,ますます増加する傾向にあった。既述したように,購買意欲を刺激された消費者は,分割払いなどの信用制度を用いて,消費生活の豊かさのための購買をしてきた。しかし,そうした消費者の購買意欲を刺激し,需要を拡大させることが出来るのは,一部の大規模メーカーが製造する高額製品に限られていた。つまり,消費者の需要を刺激し,場合によっては需要を創造できるのは,マーケティングを展開できる大規模メーカーだけである。もちろん,大規模メーカーが自ら消費者への働きかけをするのは,その製品から得られる利益額によって異なる。したがって,それは製品価格によって異なることになる。つまり,自動車や家電のような高額品はひとつの製品あたりの利益額が高いことによって,メーカーによる消費者への働きかけは一層強くなる。

それに対して,日用品などの比較的単価の低いものは,消費者の需要喚起に対する働きかけは強くない。それらの大規模なメーカーであっても,消費者に対する需要喚起は全体的な対応しかできない。半面で,消費者に信頼されるほどのブランドを構築した企業が出現すると,販売価格はメーカー主導によって高い価格が維持管理されることになる。そうした大規模メーカーの価格は,協調関係にある卸売業によって維持され,大規模小売業ですら協力するのが商慣習と思われていた時期がある。

第10章　飽和市場と小売商業

　伝統的な流通構造の中で高い価格が維持されたものをより安い価格で販売しようという業態が出現した。それがディスカウントストア（DS）と呼ばれる業態である。出現当初のディスカウントストアは生鮮食品以外のあらゆる商品の品揃えをし，通常価格より2割から3割以上低い価格で販売することを前面に出していた。したがって，地価の安い郊外や農地をつぶして大規模な駐車場を併設し，大規模な店舗で展開されるのが一般的であった。もちろん，ディスカウントストアが通常より大幅な値引きを可能にしたのは，こうしたスケールメリットや店舗に関する費用の削減に努力したこともあるが，それ以上に安価な商品の調達方法を開発したことにある。

　通常「バッタ屋」と呼ばれる小規模な格安店が既にみられたが，そうした店は倒産寸前の企業から買い叩いて商品を調達するというのが一般的であった。しかし，こうした商品は必ずしも大量に入手できるわけではなかったので，大規模な店舗で販売するほどのものではないことから，バッタ屋自体は小規模で展開する以外はなかった。さらに，正規の流通品でないことを理由にメーカーからの品質保証が外されたり，品質保証がされていない類似品などが混ざったりしていた。したがって，正規の流通業者からだけではなく，消費者からの信頼は薄く，バッタ屋の取扱う商品を「バッタもん」という呼び方で品質の悪い代名詞に使われ，一部地域では偽物の代名詞にも使われていたこともある。

　しかし，社会的な商品量の増大と企業間競争の激化は，正規の流通品以外の商品を増加させることになった。つまり，経済の発達によって流通企業も大規模化し，経営困難や倒産寸前で資金難にあえいでいる企業も大量な在庫を抱えた企業が多くなっていた。そうした企業の在庫品を大量に買い叩けるのは，豊富な資金

力を持ち，大量の商品を販売できる体制を持った企業に限られていた。かつて，家電製品の販売店を経営していた社長が，購買チャンスを逃さないために大金を持ち歩いていて，その危険性から警察に警告を受けたことがある。この社長は，仕入のための大金を持ち歩いているという噂を利用しながら，激安の仕入チャンスを狙っていたと言われていた。そして，当座の運転資金の確保のためにこの社長が来るのを待っていた企業もあったと言う。

　また，経済成長期には，中小卸売業においても自社倉庫を保有し，正確な在庫管理に手が回らないほど売上が好調な時期があった。特にその頃は，発注業務や受注業務が手作業だったため，とりわけ俄かに取引高が拡大したような中小企業においては在庫管理に手が回らず，倉庫の残った商品の種類はもちろん，量も把握できていない企業も多く存在していた。そうした倉庫の在庫品をディスカウントストアのバイヤーが買い漁っていた時期がある。倉庫の所有者にとっては，何年も売れ残っている商品はごみ同然であり，金をもらって掃除をしてくれるという程度にしか考えていなかった。したがって，DSのバイヤーにとっては，如何に安く買い叩けるかということと，その在庫品の販売価値を見分ける能力が必要であった。DSの店舗で，目玉商品にされていた商品は，その倉庫で一定の数がそろわなかったものが利用されるという時期があった。

　その後，ディスカウントストアという業態が社会で受け入れられるようになると，販売量が増加し，それまで正規流通を取扱っている業者からの取引依頼も増えている。たとえば，流通業者からは季節用品の在庫処分であり，メーカーからは新製品投入に伴う型落ち品（旧モデル）の早期処分などで取引規模は増加した。日本の製造企業の大規模化とそれに伴うマーケティング競争の激

化は，様々な分野で新製品投入の競争とモデルチェンジが多数展開されることになり，型落ち品の処分が課題になっていた。こうした流通事情から，今日のディスカウントストアは決してアウトロー的な存在ではなくなっている。

(2) スーパーの多様化

　前章で述べたように，スーパーというアメリカ式の小売業態が日本国民の消費生活の向上に深くかかわってきた。そして，消費市場が成熟し，小売業間の競争が著しく激化し，大規模スーパーでも経営困難に落ちる企業すら出てくるようになった。1960年代初めにスーパーとしては初めて上場した長崎屋は，全国で店舗展開をする衣料品を主力商品にした大規模スーパーであったが，2000年に会社更生法の適用申請をしている。そして，2007年からドン・キホーテの傘下に入って，一部残っていた店舗ブランドの長崎屋がドン・キホーテに転換されている。小売業の年間売上高でスーパーが上位を占めていた1989年では，長崎屋のランキングは13位であったが，店舗数は430店舗ともっとも多かった。この年の売上高ランキングで1位のダイエーが189店舗で，2位のイトーヨーカ堂が138店舗であることから，長崎屋の店舗がいかに多かったかが分かる。

　また，1989年に小売業の売上高ランキングが8位だったニチイも姿を消した大規模スーパーのひとつである。ニチイは1980年代後半に成長に陰りが出て，1990年には総合スーパーのニチイをサティ，ビブレへと業態分割した。この頃低品質で低価格の商品が消費者には受け入れられなくなっていたことに対するニチイの業態転換であった。サティは，スーパーより高級志向を前面に出し，スーパーと百貨店の中間的な位置を目指していた。また，

ビブレはターゲット層を若者に絞ってファッション性の高さを前面に出した新たな業態を目指していた。しかし，それらの業態を運営する法人マイカルは民事再生法を申請し，2003年にはイオンの完全子会社になっている。しかし，ビブレは現在イオンリテールで店舗ブランドとして残っている。

かつては小売業の売上ランキングで1位を続け，小売業で初めて売上高が1兆円を超えたダイエーも2015年にはイオングループの完全子会社に陥っている。ダイエーも成長過程で付いた「安かろう，悪かろう」というイメージを払拭出来ず，客離れが続いていたことが経営危機につながったと言える。もちろん，ダイエーもそれまでの低価格低品質のイメージの払拭の目的で百貨店事業に乗り出したことがある。それがフランスの百貨店オ・プランタンとの提携で，神戸三宮から出店を始め，4番目の店舗が1984年に出店した銀座プランタンであった。しかし，ダイエーも2002年には銀座プランタンから撤退し，百貨店事業には失敗している。そして，ダイエーは，2000年にローソンの売却からはじまり，多くの流通企業を清算し，売却を繰り返し，現在では自らもイオングループの傘下に陥っている。

しかし，ダイエーが全盛期の頃，創業者である中内功氏が神戸に流通科学大学を設立している。企業が大学を設立したケースはいくつかあるが，流通業を営んでいた人が私財をなげうって大学を設立した例は少ない。かつて石炭商であった安川敬一郎氏が鉱山会社の明治鉱業を設立し，自ら鉱業技師の養成のために設立した学校を国に寄付して，現在では国立大学（九州工業大学）になっているケースがある。企業が大学を設立し教育に貢献してきた例はいくつかあるが，そのなかで流通業者が大学を設立した例はこの二つである。したがって，ダイエーは日本の流通の発展に教育

面からも貢献した企業でもある。

　スーパーはその大規模化の過程で，大規模スーパーは取扱商品幅を増やし総合スーパー（GMS）と言われる業態が出現してきた。そして，さらに百貨店並みに取扱商品を増やし，店舗も百貨店並みに大規模にした業態も出現してきた。店内はエレベーターやエスカレーターなどの設備も充実し，セルフサービス以外は百貨店と変わるところはなかった。したがって，そうした業態をセルフサービス制割引百貨店，あるいはセルフデパート（SSDDS：self-service discount department store）と呼ばれ，主に人口の集中する都市部やショッピングセンターの核店で展開されていた。

　こうした総合スーパーの業績が近年著しく落ち込んでおり，閉店に追い込まれるケースも多い。表10-2-1から分かるように，総合スーパーの落ち込みが著しいことが良く分かる。2014年の年間販売額は，1994年当時と比較すると6割強まで落ち込んでいる。なかでも，中型総合スーパーの落ち込みは，2014年に若干盛り返してはいるものの，2004年には著しく減少し1994年当時の4割以下になっている。もともと，中型総合スーパーは，1994年当時でみると全体の1割強と割合的には多くなかったが，2014年にはその割合がさらに減少している。こうした総合スーパーの近年の落ち込みは，商品の品揃えの面で消費者ニーズに応えられなくなっているのが原因と推測できる。とりわけ，中型総合スーパーは，大型総合スーパーと比較して商品の品揃えに限界があることが，店舗の魅力を喪失しているのであろう。

　それに対して，比較的小規模な店舗で展開しなければならないスーパーが，取扱商品を充実させるために，取扱商品を絞り込んで専門化したスーパーがある。これらは専門スーパーと呼ばれ，表10-2-1に示すように，大別して3つの業態がある。

表 10-2-1　スーパーの年間販売額

(単位：百万円)

業態分類 / 年度	1994	1999	2004	2007	2014
総合スーパー	9,335,933	8,849,658	8,406,380	7,446,736	6,074,292
大型総合スーパー	8,069,330	8,264,234	7,949,605	6,947,294	5,335,496
中型総合スーパー	1,266,603	585,424	456,775	499,442	738,796
専門スーパー	10,426,521	23,729,509	24,101,939	23,796,085	22,263,733
衣料品スーパー	540,920	1,270,681	1,544,556	1,680,800	2,080,234
食料品スーパー	7,740,234	16,747,995	17,046,994	17,106,2651	14,536,101
住関連スーパー	2,145,367	5,710,834	5,510,389	5,009,020	5,647,399

資料）経済産業省『商業統計』より筆者作成。

　こうした専門スーパーの年間販売額が1999年には1994年の2倍以上になっている。その後2004年まで若干伸びるが，またその後には僅かであるが減少傾向にある。しかし，2014年実績は，依然として1994年当時の2倍以上の年間販売額である。1999年の年間販売額が急速に増加した原因は，専門スーパーの範疇に含まれる新たな業態が開発され，消費者ニーズに対応できていたことが推測される。こうした，専門スーパーの業態開発は，バブルの崩壊で商業間競争が激化したことが原因である。つまり，バブル崩壊で投資先を失った多くの資本が，バブル崩壊の影響を敏感に受けていない消費に直面した小売業に参入してきた。そうした傾向は，特に住関連スーパー（たとえば，ホームセンター）が1999年の年間販売額が1994年当時の2.5倍以上になっているが，その後大きな変化がないことからみても判る。

　それに対して，衣料品を専門にしたスーパーは，消費者ニーズの変化に支えられた業態であると言えよう。衣料品スーパーの年間販売額をみると，1999年には1994年より倍以上になっており，その後増加傾向にあり，2014年には1994年当時の4倍近くになっている。こうした傾向から，衣料品スーパーはバブル崩

壊後の激化した資本間競争の結果によるものではなく，その後の消費者需要に支えられた業態であることが判る。つまり，バブル崩壊後は，衣料品の購買先が品揃えの少ない総合スーパーからは離れ，品揃えの充実した専門スーパーに移行していると言える。もちろん，バブル崩壊によって，衣料品の価格志向が強くなった要因もある。

このように，バブル崩壊後の景気後退で，小売業は一方で他の産業部門の遊休資本が参入し，また消費者ニーズの変化に対応するため様々な業態が開発されてきた。

(3) 専門店の大規模化
①低価格専門店の出現

小売市場が飽和状態になると，小売業が消費者ニーズにより細かい対応をするために取扱商品を絞り込んだ業態が出現してくる。もちろん，取扱商品を絞り込んだ小売業態は専門店といわれ，古くから存在していた。とりわけ，食料品における魚屋や八百屋や肉屋は専門店の範疇に含まれるが，衣料品の分野で紳士服や婦人服が主として専門店と言われていた。食料品の場合は，スーパーマーケットの出現で統合され，業態転換されてきた。しかし，衣料品においては，下着など一部軽衣料は総合スーパーの取扱商品になり，衣料品を主力商品とする専門のスーパーによって販売されていた。

しかし，景気の低迷で購買力は低下してくる中で，決して消費者ニーズは低下してない商品を専門に取扱い，低価格で販売する業態が様々な分野で出現してきた。たとえば，衣料品では，それまで専門店としては存在していたが，新たな業態として低価格を前面に出したこれまでの衣料品店とは異なった業態が出現し，売

上高を伸ばしてきた。価格面で需要が抑え込まれていた紳士服では, 広島に本社を置く青山商事が展開する洋服の専門店である「洋服の青山」や横浜市に本社を置く AOKI ホールディングスの完全子会社である「株式会社 AOKI」や横浜市に本社を置く「株式会社コナカ」が低価格を前面に大規模化してきたのが典型である。現在,「洋服の青山」の単体の売上高（2015年3月）が1,814億8,000万円で,「AOKI」のファッション関係のみの売上高（2015年3月期決算）が1,126億7,500万円で「コナカ」の売上高（2014年9月期決算）が374億400万円の規模である。

また，低価格の衣料品を比較的小規模な店舗で全国展開して，大規模化した専門店に表10-2-2に示すように，「ユニクロ」と「しまむら」がある。両社は衣料品の専門店という点と店舗展開に類似点があるが，販売される商品のファッション性や調達構造に違いがあった。しかし，大規模化する過程で両社は今日ではかなり似通っている。たとえば，取扱商品の調達面でユニクロが一貫してSPAといわれる製造小売り（この業態の詳細については，次章で述べる）であるのに対して，しまむらは問屋からの仕入れであった。しかし，しまむらもPB商品の開発などで若干SPA化する傾向がある。また，取扱商品においては，しまむらは低価格な商品ながらファッション性にこだわっており，店舗ブランドも「ファッションセンターしまむら」にしてきた。それに対して，ユニクロは価格と機能性の面が追及されており，ファッション性はそれほど高くなかった。しかし，最近ではファッション性の高いCMを流し，商品自体もファッション性が高くなっている。

また，医薬品中心に安価な化粧品や日用品を割引価格で販売する業態がドラッグストアである。現在，ドラッグストアの取扱商品は，生鮮食料品以外のほとんどがスーパーと同じである。とり

第 10 章　飽和市場と小売商業

表 10-2-2　専門店売上ランキング（2015 年）

(単位：百万円，％)

順位	会社名	主力商品	連/単	売上高	前年比
1	ヤマダ電機	家電		1,664,370	-12.1
2	ビックカメラ	家電		892,833	3.0
3	ユニクロ	衣料	単	715,643	4.7
4	エディオン	家電		691,216	-9.8
5	ヨドバシカメラ	家電	単	651,588	-5.7
6	ケーズデンキホールディングス	家電		637,194	-9.1
7	しまむら	衣料		512,828	2.0
8	マツモトキヨシホールディングス	医薬		485,512	-2.0
9	サンドラック	医薬		445,812	-0.4
10	ドン・キホーテ	総合	単	419,910	-

資料)『日経 MJ（流通新聞）』2015 年 6 月 24 日。

わけ，化粧品と日用品の区別が困難になった高級なトイレタリー商品が開発され，健康志向の高まりから健康食品など機能性食品が市場に出回ることで，スーパーとの競合関係は一層強くなった。ただし，医薬品を取扱うには，その店舗に薬剤師が常駐しなければならなかったため，多くのスーパーでは医薬品の取扱いが出来なかったことから，競争上はドラッグストアの方が優位であった時期がある。

しかし，2006 年の薬事法の改正で，2009 年から医薬品の取扱いが緩和され，ビタミン剤やドリンク剤など一部の商品においては，薬剤師がいなくても販売されることとなり，スーパーやコンビニが一斉に取り扱いを始めた。したがって，ドラッグストアは，2009 年以降新たな競争構造に巻き込まれ，多くの多業態と熾烈な競争をしなければならなくなっている。こうしたドラッグストアの代表的な企業が表 10-2-2 に示すようにマツモトキヨシやサンドラッグがあり，その他にツルハドラッグも大規模な展開をしている，また，全国のドラッグストアのなかでチェーン展開をしようという企業も決して少なくなく，それらの企業によって

日本チェーンドラッグストア協会（通称：JACDS）が設立されている。

この他に，低価格の専門店として大規模化した業種には，カー用品（代表的な企業にオートバックス，イエローハットなどがある）や靴（ABCマートやチヨダなどがある）などでみられるが，もっとも大規模な専門店が家電製品の販売を中心とする家電量販店である。表10-2-2に示すように，家電量販店の売上高は専門店ランキングで上位6社のうち5社を占めている。しかも，首位のヤマダ電機は2位のビックカメラの2倍近い売上高である。しかし，周知のように，家電量販店と言われる代表的な企業のほとんどが，今日では家電専門店と言えないほど家電以外の多様な商品を取扱っている。

③経営的特徴

こうした専門店の大規模化の特徴は，それぞれの企業の成長過程で資本的に大規模化したことが共通している。もちろんその背景には，経済発展によってそれらの分野が専門店としての業態でも経営が成り立つ需要があったからである。しかし，その需要の質の違いによって大規模化の過程が異なっている。それはとりわけ店舗展開の違いにあり，その後の商品の品揃えにも影響してくる。しかし，大規模小売店である以上，店舗の大規模化には自ずと制限があることから，多店舗化によるチェーン展開がされている。

多店舗展開する場合，出店する店舗の規模は商品の特性によって規定されるのが一般的である。単価の高い商品では，消費者の購買範囲が広くなるのが一般的である。したがって，家電製品のような高い単価の製品を取扱う家電量販店は，商圏を広く設定し

て，なおかつ顧客吸引力を上げるために取扱商品を増やすことで，店舗は大規模化する。その典型がヨドバシカメラで，売上高は専門店で5番目であるが，店舗数は僅かに21店舗（2014年4月現在）で表10-2-2のランキング10社中もっとも少ない。したがって，店舗当たりの売上高がもっとも多くなっている。同様に，ビックカメラも売上高では2位になっているが，店舗数では34店舗と少なく，店舗当たりの売上高もヨドバシカメラに次いで多くなっている。

これに対して，店舗数の多いのがヤマダ電機やエディオンやケーズデンキである。ヤマダ電機においては，売上高は2位のビックカメラの倍近くあるが，店舗数（2014年3月時点）においては国内直営店だけでも960店舗，フランチャイズ店や海外店舗を含めると実に4,401店舗もある。また，売上高ランキング4位のエディオンにおいては，2014年3月末で直営店が432店舗でフランチャイズ店も含めると1,212店舗である。ケーズデンキにおいても，2015年3月末には直営店が437店舗で，フランチャイズ店も含めると448店舗であった。家電量販店においても，こうした多店舗の展開をしているのは，強い顧客吸引力を必要としない住宅地近郊に中規模店で出店する形態をとっているためである。さらにこうした店舗展開をする企業は，いずれもフランチャイズ店を保有している。つまり，地域の電気店とFC契約をすることで，比較的小さな市場を獲得しようという方法をとっている。

これに対して，単価の比較的低い衣料品においては，商品の品揃えによって顧客吸引力を高めることは容易でない。とりわけ，低価格販売を前面に打ち出した店舗ではなおさらである。したがって，衣料品の低価格販売を展開しようとしたユニクロやしまむらは，小規模な店舗で，分散した消費者の下に店舗を出店させ

る方法をとっていた。しかし，しまむらは取扱商品の構成上，店舗を著しく小規模にできないことから，主に地価の安い地方のロードサイド店として出店を展開していた。それに対して，ユニクロはSPA業態であることから取扱商品の種類に限界があるため店舗は小規模でも問題がなく，比較的地価の高い都市部の郊外でも出店していた。さらには，2005年に横浜三越が撤退するまで，テナントとして百貨店内に入っていたこともある。

　こうしたことから，ユニクロは2015年7月には，フランチャイズ店も含めたユニクロ店は1,611店舗で，別業態のGUやセオリーなどを含んだ店舗数は2,961店舗にもなっている。また，しまむらにおいては，2015年2月20日現在で，しまむらブランドの店舗が1,321店舗で，アベイルやバースデイなどの他の業態の店舗が610店舗であった。

　また，ドラッグストアも取扱商品の商品単価が低いことと，商品自体にそれほど強い顧客吸引力がないことから，店舗の大規模化に限界があり，多くの店舗展開をしなければならない。したがって，ドラッグストアの中でもっとも大規模であるマツモトキヨシは，2015年6月1日現在で722店舗を展開している。また，サンドラックは2015年3月末で直営店593店舗とフランチャイズ店52店舗を展開している。

　このように，大規模化した専門店は，主に取扱商品の特性によって店舗展開の方法が異なっていることが分かる。

④専門店とボランタリーチェーン

　大規模化した専門店の多くがチェーン展開していることは既述したとおりである。大規模化に取り残された小規模な専門店は，大規模専門店が展開する低価格販売との競争で著しく不利な状態

にあることは言うまでもない。つまり，大規模専門店の大量仕入れによる仕入れコストの削減など，様々なスケールメリットに対抗できない。したがって，家電量販店やドラッグストアでフランチャイズ店があるのは，大規模小売店のフランチャイズ店としてしか生き残ることが出来ない企業である。

そうした取り残された小規模の専門店を集めて，メーカーや卸売業，さらには小売業が主体となってボランタリーチェーン（VC：任意連鎖店）を組織している。ボランタリーチェーンについては既に述べたが，それぞれの専門店がチェーンを運営する組織に加入することで，仕入や設備購入などを共同で行うことでスケールメリットを利用しようというものである。組織されたボランタリーチェーンによって作られた協会があり，表10-2-3に示すような業種にボランタリーチェーンがある。こうした，ボランタリーチェーンによって，小規模な専門店が大規模化したのと同様の状態になっている。

表10-2-3　今日のボランタリーチェーン（2015年8月現在）

業種	チェーン名
食品	全日食チェーン，セルコチェーン，ＣＧＣグループ
ドラッグ	オールジャパンドラッグチェーン，ジョヴィ
衣料	ウイング北陸チェーン，東日本衣料チェーン
ギフト	シャディ，ジャパンギフトチェーン
家具	ジェフサチェーン，ニッポンインテリアチェーン，エースインテリアチェーン，リビンズ，瀬戸内ファニチャー
寝具	西川チェーン，大阪西川チェーン，ロマンスチェーン
眼鏡・宝飾・着物	オールジャパンメガネチェーン，ウインクチェーン，ジュエラーズジャパン，日本おしゃれ着物チェーン
その他	エコールチェーン（文具），キャムズ・チェーン（カー用品）

出所）日本ボランタリーチェーン協会のホームページより。

第3節 近代的無店舗販売

　小売商業には、古くから常設店舗を持たない形態である無店舗販売が存在していたことは既述したとおりである。しかし、小売商業形態の発達や店舗間の競争の激化で無店舗販売の形態は、しばらく影をひそめていた時期がある。もちろん、その間無店舗販売の形態がまったくなくなったわけではなく、古い商慣習に守られたなかでの販売形態として維持されていた。しかし、経済の高度な発展によって小売市場が成熟化するに伴って、小売商業間競争が激化し、販売方法の開発にも向けられた。それは業態開発にも向けられ、様々な小売業態が出てくる中で、店舗を有しないいわゆる無店舗販売の近代的な手法が開発された。

(1) 近代的無店舗販売の種類

　近代的な無店舗販売には、大別して通信販売と自動販売機による販売方法がある。

　通信販売は、消費者が通信を用いて商品の注文をし、小売業である受注者がそれを消費者に発送するという方法である。この販売方法では、小売業と消費者の間で取引上のトラブルが発生しやすく、また今日でも取引上の様々な問題が生じている。かつて、通販の先進国でもあるアメリカのカタログで「万能ハンガー＄0.99」という表示があり、注文して送られてきたのが「釘3本」だったという経験談を聞いたことがある。こうした悪質な取引は継続して行われるわけではないが、多発することで消費者の被害は拡大する。日本では、1960年代後半から訪問販売で悪質商法が多発し消費者被害が拡大したことから、1970年代中盤に訪問

第 10 章　飽和市場と小売商業

販売法が制定され，通信販売も含めた取引から消費者を保護する体制が出来上がった。その後，とりわけ通信販売業の発達と並行して，悪質商法が後を絶たず，消費者被害の件数が多くなり多様化することで，同法は何度となく改正されている。

　通信販売のなかで，もっとも早くからある形態がカタログ通販である。日本では 70 年代後半から 80 年代前半にかけて，大規模な通販会社が出現してくる。それらの大規模な通販会社は，綺麗な写真で構成され分厚い冊子になったカタログを購買経験者に向けて無料で配布するという方法をとった。それらの企業の大規模化の過程で，取扱商品の種類が限られ，購買者が増加する傾向にある頃には，各社でカタログの豪華さが競われてきた。その頃の消費者は，女性の社会進出が急速に増加したことや大店法の規定が強く大規模小売店の営業時間が限られていたことなどで，店舗で購買する時間が著しく限られていた。こうした小売環境の中で，カタログ販売は，とりわけ家事量の多い子育て世代の層に広く受け入れられ，取扱商品の種類も大幅に拡大した。

　しかし，カタログ販売の大規模化には，カタログ製作費用が大きな問題になってきた。もともとカタログ販売は，商品の消費者への伝達手段はカタログだけである。そのためにカタログは，商品情報を伝えるための手段だけではなく，消費者の購買意欲を喚起する効果も必要である。したがって，商品情報は価格や規格（大きさや重さ）なども必要であるが，視覚に訴えるのがもっとも重要になってくる。そこで高品質な写真を掲載し，高品質な印刷をすることでカタログ製作にかかる費用は増大する。つまり，カタログ一冊当たりの製作費は非常に高価なものになっていた。

　そうしたカタログ自体は一部販売もしていたが，基本的には無料配布するのが一般的であった。しかも取扱商品を拡大すること

で，配布するカタログの量は非常に多くなる。そして，カタログの利便性を考えると，たとえば子供服の冊子，下着の冊子，婦人服の冊子，キッチン用品の冊子というように，商品の分野ごとの冊子を作成しなければならず，それぞれの冊子でも必要に応じて分冊したりする必要がある。さらに大量に制作された多種類のカタログは，どのように配布するかも重要な問題になる。つまり，無作為な配布は，経費を拡大させることになるが，配布先を著しく絞り込むと販売チャンスが減少するというジレンマがある。こうしたところにカタログ販売に斜陽の原因があったと推測できる。

　また，テレビショッピングと言われるテレビ放送を通じて商品を紹介し，電話で注文を取るという方法がある。テレビでの放送形態は，短時間の放送枠で有名タレントを使って商品説明をする方法や比較的長い時間を使ってドラマ風に作られたものなど様々である。一般的に短時間で放映する商品は，数量に限定があるとか，限定価格で安いとか，購買を強くあおるものも多い。とりわけ，さくらとも言われる有名タレントを使ってのテレビショッピングでは，この傾向が顕著のように思われる。現在では，それらの有名企業の多くがウェブ上に仮想店舗を保有していることから，数量限定などの真偽が明白である。さらに，テレビショッピングに関する詳細は後述する。

　また，百貨店など大規模小売店の通販部の売上高も多くなっている。百貨店の通信販売は比較的古くからお中元やお歳暮戦線で利用されてきた。しかし，今日では，後述するインターネット販売の割合も多くなっている。こうした傾向は，大規模小売店だけではなく，中堅の小売業も展開している。

　無店舗販売の形態として自動販売機がある。自動販売機も比較

第 10 章　飽和市場と小売商業

的古くからある無店舗型の販売形態であるが，本格的に普及し始めたのは飲料販売が活発になってからである。日本自動販売機工業会によると，自動販売機の種類を，飲料自販機，食品自販機，たばこ自販機，券類自販機，日用品雑貨自販機（プリペイドカードや新聞，おもちゃなど）に分けている。さらに工業会では，両替機やコインロッカーなどを含めた自動サービス機も含めている。それらサービス機も含めた 2014 年の台数構成比は，飲料自販機が 51％ともっとも多く，その内 43.7％が清涼飲料水の自販機である。2 番目に多い機種は，自動サービス機で全体の 25.0％を占めている。3 番目に多いのが日用品雑貨自販機で 17.1％であった。しかし，商品別の年間販売額（2014 年）では，飲料がもっとも多く 2 兆 1,935 億円で全体の 44.3％であり，券類が 1 兆 7,681 億円で全体の 35.7％であり，この二つの品目で全体の 80％を占めている。

　また，同工業会の統計によると，自販機の普及台数は 2005 年をピークに減少傾向にある。2014 年には 2005 年当時より 1 割程度減少している。しかし，自販機の金額面では 2014 年には 2005 年当時の 3 割程度少なくなっている。つまり，自販機は減少傾向にあると同時に，安価な機種になりつつあると言える。こうした自販機の減少傾向に拍車をかけたのが，2011 年に発生した原発事故による節電ムードの高まりである。とりわけ関東の自販機設置の多さと，自販機の高機能化による使用電気量の多さが批判の的になり，郊外の自販機をすべて撤去すべきという乱暴な意見もあった。その後，若干ではあるが台数は増えるが，2014 年には 2011 年当時より少なくなっている。

(2) 商業統計からみる無店舗販売の実態

表 10-3-1 は，経済産業省の『商業統計』で，無店舗小売業の年間販売額を 2012 年と 2014 年の比較でみたものがある。これによって，無店舗小売業の今日的な規模の概略を把握できる。

年度比較は僅かに 2 年間の間隔しかないが，無店舗小売業全体の販売額をみると，2012 年には 6 兆円台であったのが，2014 年には 11 兆円台になり，実に 71.6％の伸び率である。そして，その販売額の大半を占める法人の伸びが，全体の伸び以上に高い。近年の無店舗販売は，インターネットの著しい普及で，通販環境が大きく変化している。とりわけ，ネット販売の開設は個人でも比較的容易になり，個人のビジネスチャンスの業種のひとつになっている。しかし，法人の伸び率をみると，法人が無店舗販売に相当力を入れてきていることが判る。

表 10-3-1 無店舗小売業の年間販売額

	年間商品販売額 計			法人			個人		
	2012 年 (百万円)	2014 年 (百万円)	伸び率 (％)	2012 年 (百万円)	2014 年 (百万円)	伸び率 (％)	2012 年 (百万円)	2014 年 (百万円)	伸び率 (％)
無店舗小売業	6,654,036	11,415,993	71.6	6,558,105	11,314,757	72.5	95,931	101,236	5.5
通信販売・訪問販売小売業	5,057,382	8,306,569	64.2	4,994,189	8,239,288	65.0	63,193	67,280	6.5
自動販売機による小売業	994,524	1,487,283	49.5	982,627	1,480,697	50.7	11,897	6,586	▲44.6
その他の無店舗小売業	602,130	1,622,142	169.4	581,289	1,594,771	174.4	20,841	27,370	31.3

資料）経済産業省『商業統計』より筆者作成。

表 10-3-1 から無店舗小売業の内訳をみると，販売金額の多いのは「通信販売・訪問販売小売業」で，2014 年では全体の 7 割を超えている。しかも，その販売額は増加傾向にあり，2012 年と比較すると 64.2％も伸びている。また，法人個人でみると，法人の販売額が圧倒的に多く，伸び率では全体よりも高くなっている。したがって，「通信販売・訪問販売小売業」の販売額は，

第 10 章　飽和市場と小売商業

組織化された小売業によって増加させられていると言えよう。

　また,「その他の無店舗販売小売業」は 2014 年には全体の 1 割強と構成比では少ないが, 伸び率が 169.4％で非常に高い。そして, 2012 年の販売額では,「自動販売機による小売業」より少なかったが, 2014 年にはそれより上回っている。それを法人個人の区分でみると, 他の小売業と同様に売上の構成比も伸び率も法人の方が圧倒的に多いが, 個人の伸び率は他の小売業の中ではもっとも高い。したがって, 無店舗販売の多様化が, 法人だけではなく個人からも進みつつあることが判る。

　自動販売機による小売業の販売額も 2014 年は 2012 年と比較すると, 5 割近く伸びている。既述したように, 自動販売機は台数の面でも金額の面でみても 2014 年は 2012 年より減少していることから判断すると, 自動販売機の利用率は上がっていることが判る。また, 個人の販売額が減少していることから, 自動販売機の設置に法人が積極的になり, 効率の良い設置場所へ集中してきているように推測できる。こうした傾向は, 電気料金の値上げなど維持費の高騰で, 採算性の悪い設置場所にある個人所有の自動販売機が撤去されたためと推測できる。

(3) 無店舗販売企業の代表例
①カタログ販売

　1980 年代に売上を大幅に伸ばしたカタログ販売の企業は, 2000 年以降の消費低迷で売上が減少し, 経営困難に陥る企業もあり, 合併や統合などの再編で, 今日で代表的な企業は表 10-3-2 に示す 3 社である。事業展開の面で見ると, 2014 年の売上高が 2 番目になっている千趣会が創業面でも, 上場においてももっとも早い。総合カタログを開始したのはニッセンより 1 年

遅れているがほぼ同時期だったと言える。それに対して、2014年の売上高のもっとも多いニッセンは、創業では表に示す3社のうちもっとも遅いが、総合カタログ販売を開始したのはもっとも早い。そして、ニッセンは、カタログ販売が全盛期の頃、主力商品が下着で急速に伸びてきたセシールと激しいカタログ配布の競争をするほど、カタログ販売では代表的な企業である。それに対して、ベルーナは創業や上場においてはニッセンより早いが、総合カタログ販売の開始はかなり遅れている。他の2社と比較すると、総合カタログへの参入は7、8年程度の遅れであるが、この時期の7、8年の遅れは、相当後発企業と言える。

また各社の最近の売上高動向をみると、伸びているのはニッセンだけである。ニッセンの伸びは、僅かであるが漸次伸びており、2014年には2011年の5割近く伸びている。しかし、ベルーナや千趣会は4年間で売上高の多い年は2012年だったり、2013年だったりしている。こうしたことから、カタログ販売の市場は飽和状態にあることが判る。もちろん、今日ではこれらの企業の売上高がカタログによるものではなく、ネット販売によるところも多い。しかし、反面ではこれだけデジタル化が発達した社会でありながら、依然カタログの効果が大きいことが疑問の対象にもなっている。

表10-3-2 カタログ販売大手3社の沿革と売上高

(単位:百万円)

	創業年	総合カタログ開始年	東証上場	売 上 高			
				2011年度	2012年度	2013年度	2014年度
ニッセン	1970	1975	2002	140,715	176,613	196,467	208,370
千趣会	1955	1976	1990	137,261	145,750	141,552	142,526
ベルーナ	1968	1983	2000	110,300	117,884	125,412	120,689

注) ニッセン、千趣会は12月決算であるが、ベルーナは3月決算であるため年度表示を前年にしている。
資料) 各社の有価証券報告書より筆者作成。

②テレビショッピング

テレビショッピングで現在の大手企業は、表10-3-3に示したとおりである。売上高のもっとも多いのは、創業者自らがテレビ出演し、独特な口調で商品を紹介して人気が出ているジャパネットたかたである。ジャパネットたかたは、テレビなど家電製品を低価格で販売することで消費者に受け入れられてきたが、現在では健康関連商品など若干商品幅を増やしている。資本系列は、持ち株会社の「株式会社ジャパネットホールディングス」（資本金：1,000万円）の傘下の中核企業である。創業者色が非常に強く、現代の社長は二代目で創業者の長男が継いでいる。しかし、初代の社長が自らテレビ出演して有名になったことで、ジャパネットは先代の社長の印象が強く、先代の社長の印象を薄めた事業展開は困難なほどである。もちろん、ジャパネットたかたの事業展開は、テレビショッピングだけではなくウェッブ上にも仮想店を持っており、インターネット販売の売上部分も多い。

表10-3-3 テレビショッピング大手5社の状況

会社	項目	値	大株主1	大株主2
株式会社ジャパネットたかた	資本金	1億円		
	大株主		株式会社ジャパネットホールディングス	
	売上高	1,538億		
ジュピターショップチャンネル株式会社	資本金	44億円		
	大株主		住友商事株式会社 50%	株式会社BCJ-10 50%
	売上高	1,365億円		
株式会社QVCジャパン	資本金	115億円		
	大株主		米国QVC, Inc.（60%）	三井物産株式会社（40%）
	売上高	962億円		
オークローンマーケティング	資本金	14億6753万円		
	大株主		株式会社NTTドコモ 51%	
	売上高	571億円		
株式会社テレビショッピング研究所	資本金	1000万		
	大株主		***	
	売上高	206億円		

資料）各社のホームページ等（2015年8月）より筆者作成。

売上高が2番目に多いジュピターショップチャンネルは，住友商事の子会社として1996年に設立され，CATV放送，衛星放送などを通じて多種類の商品を販売する通販会社である。2012年に住友商事がジュピターショップチャンネルの保有株の50%をアメリカの投資会社ベインキャピタル社が運営するBCJ-10社に売却したことで，2社が株主になっている。また，売上高が3番目のQVCジャパンは，2000年にアメリカの大手通販会社QVCの出資比率60%，三井物産40%で設立された企業である。そしてこの企業は，資本規模がもっとも大きいのが特徴である。取扱商品はファッショングッズからキッチン用品に至るまで幅広く，ケーブルテレビやBS放送などを通じて24時間365日の放送を目指した販売形態をとっている。また，売上高4位のオークローンマーケティングは，1993年に海外映像を用いたテレビショッピングとして設立された企業である。2009年にはドコモと資本提携し，現在では「ショップジャパン」としてのブランドで，寝具，キッチン用品，掃除用品を主力とした品揃えで，とりわけエクササイズマシンの販売には力を入れている。

　売上高が5番目になっているテレビショッピング研究所は，ダイレクトテレショップとしてテレビCMなどを通して通信販売を行う会社である。この企業の前身は異色で，1969年に畳表の資材販売会社数社によって設立された企業が，1998年にテレビショッピングを開始し，現在の会社名になっている。そして，他の通販会社と比較すると，資本金が著しく少ないのも特徴である。

第4節　商業集積の近代化

　小売商業間競争の激化の中で従来からある商業集積の形態であ

る商店街を含めて近代化がすすめられてきた。とりわけ,大店法で出店が規制されていた大規模小売業は,規制緩和と同時に新たな業態開発と出店の強化で市場に対応し,競争上優位に立とうとしていた。とりわけ,大店法の規制下で様々な新業態が開発され,大規模小売業にとっては苦しい展開になっていた。

(1) ショッピングセンター

　近代的な商業集積の代表的な形態は,ショッピングセンター(SC)と呼ばれ,一般的には核店と呼ばれる集客力の強い大規模店を中心に,専門店など小規模な店舗がひとつの集合体になった施設である。日本ショッピングセンター協会によると,1)小売業の店舗面積が1,500m^2以上,2)核店を除くテナントが10店舗以上,3)核店の面積がショッピングセンター面積の80％程度を超えない,4)商店会等があり,共同催事等の共同活動を行うこと,などの取扱い基準を決めている。しかし,今日では核店があるかないかはSCの要件にはなっておらず,同協会が集計するSCの中には,2014年現在で766存在し,全体の24.2％になっている。核店に関しては,1店舗だけの場合が全体の62.8％ともっとも多いが,複数の場合も全体の13％ほど存在する。

　日本でショッピングセンターが多くみられるようになったのは,1990年代初頭の大店法の規制の緩和がみられた頃からである。80年代には,大型スーパーを中心とする大規模小売店の競争が著しくなっていたが,大店法によって出店が規制されることで,新規市場開拓が困難であった。しかし,限られた市場の中での小売商業間競争は,一方では既存業態が大規模化し,他方では新業態が開発されるなど一段と厳しくなっていた。そんな中,日米構造協議で小売業に対する規制緩和の傾向がみられるように

なった1990年には,大型店の出店届け出が急増している。

この頃には,出店規制で押さえ込まれていた大規模小売店,とりわけ大型総合スーパーを展開している代表的な企業が,郊外へ4万m^2から5万m^2の大規模なショッピングセンターの計画も始まっていた。さらに,SCの展開では規模の面からではなく,業態の差別化が図られ,新業態が生まれたのもほぼこの時期である。もっとも一般的なSCは,コミュニティ型ショッピングセンター（CSC）と呼ばれる形態で,主に総合スーパーによって展開されたSCである。1990年代後半に大手5社と言われたダイエー,イトーヨーカ堂,ジャスコ,西友,ニチイは出店件数を大幅に増加しているが,その多くの業態がSCであった。そのSC展開には,新たな業態であるネイバーフッド型ショッピングセンター(NSC)と呼ばれる,食品スーパーなどを核店とした小規模なSCも多く含まれるようになった。こうした業態開発のために,イオンの前身のジャスコでは既に90年代初めに小型ショッピングセンターの開発目的でデベロッパー会社を設立している。また,90年代中ごろには,ドラッグストアを核としたNSCも出現している。

1990年代中盤になると,消費の冷え込みも加速したことで,小売業間の競争は一層激化し,とりわけ大型スーパーはそれまでの店舗展開の見直しが迫られていた。それは新業態の開発と不採算店のスクラップアンドビルドであった。新業態開発では,総合スーパーはさらに低価格で需要の拡大を目指し,ディスカウントを前面に出した総合スーパーであるハイパーマーケットと呼ばれる新しい業態を開発している。そして,そのハイパーマーケットを核店としたSCが「パワーセンター」と呼ばれ,新しい業態として開発された。

こうした大規模な総合スーパーを中心としたSCの開発競争が

激化する中,とりわけ大店法規制の中で展開してきた総合スーパーや専門店の中規模店舗に限界が見え始めた。90年代中頃を過ぎると,中規模店舗が大量に閉鎖され,高度成長に開発されたニュータウンや地方都市では買い物が不便になるほどスーパーなどの閉店が増加していた。こうした小売環境の変化は,総合スーパーなどによる業態転換によるスクラップアンドビルドの結果である。たとえば,日本経済新聞（1998年6月28日）によると,SCの展開に積極的であったジャスコ（現：イオン）は,1997年度までの5年間で新規出店数が約80店であったのに対して閉鎖した店舗が約40店にも上っていたと言われている。

今日ショッピングセンターは,全国に様々な規模で3,169も存在している。そして,そこに出店する店舗数は2014年末現在で15万7,164店と言われるほど大規模なものになっている。表10-4-1から,売り場面積と立地場所からみたSCの特徴をみると,売り場面積別では「10,000～30,000m²未満」の規模がもっとも多く,全体の42.9%であり,立地場所では郊外店がもっとも多く全体の56.2%である。したがって,今日のSCは郊外で展開する10,000～30,000m²規模のものが一般的であることが判る。

表10-4-1　ショッピングセンターの売場面積別・立地別店舗数（2014年末）

	中心店	周辺店	郊外店	総計
5,000m²未満	135	177	272	584
5,000～10,000m²未満	180	225	446	851
10,000～30,000m²未満	243	309	809	1,361
30,000～50,000m²未満	38	47	156	241
50,000m²以上	16	18	98	132
総計	612	776	1,781	3,169

出所）日本ショッピングセンター協会のホームページより。
http://www.jcsc.or.jp/data/sc_state.html

また,立地場所からみると,それぞれの売場面積規模のSCが商業地の中心ほど少なくなっている。これは,SCが規模の大小

にかかわらず，地価や地代の安い場所での開発が主に行われたことが判る。それは，多くの SC が低価格指向の消費を拡大させてきたことも推測できる。とりわけ，こうした展開を強化していたイオンは，出店経費や SC の運営コストを抑えるために，90 年代中頃には賃貸による SC 作りを開始した。つまり，SC 建設のための土地購入のための有利子負債を抑えることで，地価の比較的高い周辺店や中心店の開設が可能になり，さらにテナント料も抑えることで質の高い SC 作りを狙っていたと言われている。

(2) アウトレットモール

衣料品や宝飾品など比較的高額な有名ブランド商品の傷物や型落ち品などを低価格で販売するアウトレット店を一カ所に集めたショッピングセンターがアウトレットモールと呼ばれている。

大規模製造業は成熟化した市場にブランド戦略や高価格政策などで製品イメージを高めながら需要を開拓し，高利潤の獲得を目指してきた。その過程で，大規模製造業にとって問題となったのが，小売価格の維持と流通過程での製品の損傷である。つまり，高級感を持たせた製品は品質管理が重要であり，流通過程での僅かな傷でも販売が不可能になり，正規の流通ルートから外される。もちろん，その傷は製品自体にはまったくないが，パッケージの一部に僅かにあるものまで含まれることから，正規以外の流通品としてアウトレットとして市場に残ることになった。こうした，傷物は恒常的に出る性質のものではないが，型落ち品はファッション性の高い商品においては恒常的に出ることから，アウトレット品を取扱う店舗が出現するようになる。

かつて，バブル時期には，一般消費においてもブランド志向やファッション志向を前面に出した高級品が持てはやされていた。

第 10 章 飽和市場と小売商業

しかし,ファッション性によって高級品を製造する企業には,製品のライフサイクルの短縮化の問題があった。つまり,ファッション性の維持のためには,常に新しいモデルを開発しなければならない宿命にあり,新しいモデルの開発によって生じる在庫品は増加するというジレンマがある。しかし,有名ブランドに育成した製品が,在庫品としてバーゲン販売の対象になると,ブランドは一気に失墜してしまい高い価格も崩壊してしまう。こうしたことから,バブル時期には,ファッション性の高い有名ブランを構築していたアパレルメーカーでは,販売より季節終わりの在庫品の回収に力を入れていたことがある。つまり,地方の商店街の専門店などによって,季節終わりのバーゲン品にされ,製品イメージを低下させられることを嫌っていたためである。こうして,回収されたファッション性の高い衣料品が,メーカーの名前部分が切り取られ,大量にゴミ捨て場で発見されたことが社会問題になったことがある。

　こうした有名メーカー品の型落ち品が市場に早くに出回ってきたのは家電である。現在の家電量販店は,家電メーカーが需要創造のためのモデルチェンジによって生じた型落ち品を低価格で販売することで売上を伸ばしてきたと言っても過言ではない。したがって,家電量販店は,消費者には低価格販売店と印象付けられてきたが,型落ち品以外の製品(いわゆるメーカーの新製品)は決して,メーカーが希望する価格帯が破壊される程の低価格ではなかった。これによって,消費者に対するブランドイメージは,新製品の価格が維持されており,値引きの根拠が明確であれば,崩壊されることがないことが分かってきた。したがって,比較的高額な衣料品や宝飾品など高級ブランド商品のアウトレット品を取扱う店が出現してきた。

また他方で，消費者にとっては，バブル時代に散々あおられた高級ブランド品が著しく安価に手に入れることが出来ることで，アウトレット品が受け入れられた。もちろん，それ以上にアウトレットモールと呼ばれる，アウトレット品を取扱う店舗を多数集めた，新たな小売の集合形態が出現したことが，消費者を引き付けることになった。

　日本ショッピングセンター協会によると，こうしたアウトレット用品を取扱うSCは1993年にみられるが，現存しているアウトレットモールの1号店は，表10-4-2に示すように，1995年に大阪市鶴見区に三井不動産によって開設された「三井アウトレットパーク大阪鶴見」である。続いて同年に，プリンスホテルによって，軽井沢に開設され，90年代には開設から5年間で6カ所開設されている。それらのアウトレットモールは，郊外の広大な敷地にお洒落に店舗配置をし，近隣の購買客というより余暇を楽しむ観光客をターゲットにした店づくりをしているのが特徴である。

　そして，2000年には1年間に7カ所も開設され，2014年末には北海道から沖縄まで全国38カ所に開設されている。その多くは，高速道路のインターチェンジ（IC）付近に開設され，週末などは特に遠方からの観光客を吸引している。とりわけ，2000年に開設した静岡県御殿場の「御殿場プレミアム・アウトレット」は，富士山の裾野に位置することから眺望もよく，都心からのアクセス時間も短いという好立地に支えられて，活気のあるアウトレットのひとつである。そして，この御殿場のアウトレットは，マイカーだけではなく，都心からの高速バスや東京からの日帰り観光地の立ち寄り場所にもなり，単なる商業施設の域を超えたレジャー施設と言っても過言ではない状況になっている。

第 10 章　飽和市場と小売商業

表 10-4-2　2000 年までに開業されたアウトレット

No.	SC 名称	開店日	所在地	管理運営
1	三井アウトレットパーク大阪鶴見	1995 年 3 月 16 日	大阪府	三井不動産（株） 三井不動産商業マネジメント（株）
2	軽井沢・プリンスショッピングプラザ	1995 年 7 月 22 日	長野県	軽井沢プリンスホテル 西武プロパティーズ（株）
3	三井アウトレットパーク横浜ベイサイド	1998 年 9 月 4 日	神奈川県	三井不動産（株） 三井不動産商業マネジメント(株)
4	マーレ（ATC タウンアウトレット）	1999 年 3 月 19 日	大阪府	アジア太平洋トレードセンター（株）
5	岸和田カンカンベイサイドモール	1999 年 9 月 25 日	大阪府	住商アーバン開発（株）
6	三井アウトレットパークマリンピア神戸	1999 年 10 月 1 日	兵庫県	三井不動産（株） 三井不動産商業マネジメント(株)
7	グランベリーモール	2000 年 4 月 21 日	東京都	東京急行電鉄（株） 東急モールズデベロップメント
8	御殿場プレミアム・アウトレット	2000 年 7 月 13 日	静岡県	三菱地所・サイモン（株）
9	三井アウトレットパーク多摩南大沢	2000 年 9 月 1 日	東京都	三井不動産（株） 三井不動産商業マネジメント(株)
10	アウトレットモール　クールス・モール	2000 年 10 月 12 日	愛媛県	（有）レスパスコーポレーション
11	マリノアシティ福岡	2000 年 10 月 20 日	福岡県	福岡地所（株）
12	三井アウトレットパーク幕張	2000 年 10 月 26 日	千葉県	三井不動産（株） 三井不動産商業マネジメント(株)
13	りんくうプレミアム・アウトレット	2000 年 11 月 23 日	大阪府	三菱地所・サイモン（株）

出所）日本ショッピング協会のホームページより。
http://www.jcsc.or.jp/data/outlet/popup/outletmall.html

　全国 38 所のアウトレットモールのうち，三井不動産が開設，運営している「三井アウトレットパーク」が実に 11 カ所もある。次いで，かつてアメリカのアウトレットモール管理会社と三菱地所と双日の 3 社によって設立された今日の会社「三菱地所・サイモン」が開設・運営している「プレミアム・アウトレット」が全国で 9 カ所開設・運営している。その意味で，この 2 社が日本のアウトレットモールの 2 大勢力とも言われている。

(3) 商店街の近代化

　古くからある商業集積形態である商店街は，小売商業環境の急速な変化や消費者の購買構造の変化によって急速に衰退化していった。もちろん，商店街の衰退の原因には外部環境だけではなく，小規模小売店の集合体としての弱点が全体に大きな悪影響を及ぼしていた。いわゆる，シャッター商店街と言われる寂れた商店街の中でも，経営力のある商店が存在しないことはなかった。しかし，商店街の中の店舗が閉店し，そのままの状態になっている店舗がいくつか存在すると，商店街自体が寂れた雰囲気になり，客離れに拍車がかかる。しかも古くからの商店街では，そうした店舗の所有者が個人であることから，新たに店舗を出店させるのは容易ではない。もちろん，古くからある大規模な商店街では，組合を結成し，街灯の設置やアーケードの設置などで集客力を高める活動はしてきた。それらの組合は，廃業する店舗を商店街の施設として利用したり，買い物客への駐車場として利用したりする努力をしていたが，必ずしも組合の政策やイニシアティブに問題がなかったとは言えない。

　もちろん，既述したように，現在でも大阪の天神橋筋商店街や香川県高松市の高松中央商店街など大規模で活気のある商店街がある。また，小規模で集客面で立地にも恵まれていない横浜市の松原商店街が活気を持っていることも既述した。これらの活気ある商店街は，多くの場合が商店街の特色を出し，客寄せのイベントを開催するなど，組合に強い指導力がある場合が多い。多くの人口を有しているが，その分小売商業間の競争も激しい東京でも，古くからある下町の商店街では客離れの激しかった時期もある。しかし，昔ながらの商店街の様子を残しながら活気ある商店街が東京都北区にある東十条商店街(店舗数約160)や十条銀座商店街(店

舗数約200）である。この商店街では，様々なイベントを開催するなどをして，テレビ放送などで認知度を高め，今日活気ある商店街の典型となっている。

厳しい競争環境にある商店街を構成する中小商業者に配慮して，国は経済産業省，各経済産業局，中小企業庁を通じて，商店街活性化の施策の提案や補助などを行っている。その中で，関東経済産業局が関東甲信越静地区の商店街の取り組みのアイデアや成功例60事例を取り上げて，商店街の活性化に役立てようという試みがある。その内の神奈川県の代表例7件について，紹介されているのが表10-4-3に示したものである。各事例については，PDFで1ページであるが，事例研究には参考になる資料が組み込まれている。この他に中小企業庁からは，「がんばる商店街77選」として商店街のアイデアを集めたものや「がんばる商店街30選」など推奨される商店街活性化の活動例が紹介されている。

表10-4-3　神奈川県における商店街の取り組み事例

所在地	商店会名	事例
横浜市	元町クラフトマンシップ・ストリート	元町地区と隣接する山手地区との回遊性向上のため歩車道整備を実施。フードフェアなどソフト事業との連携でまち全体の魅力向上
横浜市	元町エスエス会	都内や近隣商店街との競争激化，みなとみらい線の開通など周辺環境が変化する中，独自の事業展開で元町ブランドの地位を確固たるものに
川崎市	モトスミ・ブレーメン通り商店街	商店街として積極的に環境問題に取り組んだ一店一エコ運動
川崎市	モトスミ・オズ通り商店街	大学と連携して，空き店舗を活用した「街なかボランティア・ピース」による商店街のコミュニティ機能の強化と活性化
川崎市	登戸東通り商店会	商店街イベント「わくわくナイトバザール」とＮＰＯ法人の空き店舗を活用したコミュニティ施設の設置による，幅広い世代の地元住民との交流の促進。
厚木市	まち元気アップ委員会（構成5商店街）：中央通り名店会，厚木なかちょう大通り商店街，あつぎ商和会，旭町商工クラブ，厚木一番街商店街	5商店街が連携して，夏と冬に季節を意識した集客イベントを実施することによる中心市街地の賑わいの拠点作り
厚木市	厚木なかちょう大通り商店街	「地球に優しいまちづくり」に取り組む商店街として，地元大学や農家と連携し，循環型のリサイクルシステムを構築

出所）経済産業省関東経済産業局のホームページより。
http://www.kanto.meti.go.jp/seisaku/shougyou/60sen/2006071160sen.html

【研究課題】

1. 小売市場が飽和状態になった経済背景を考えてみよう。
2. 外国小売業の日本市場参入の過程と現状について800字程度でまとめてみよう。
3. 小売業が多様な業態を開発している経済背景を考えてみよう。
4. 近年拡大してきた無店舗販売の業態を考え，その実態を800字程度にまとめてみよう。
5. 近代的な商業集積形態をあげ，その実態を考えてみよう。

第 11 章

新たな小売形態

†

消費が低迷しているなかで,成長著しく,今後も流通過程で中心になると思われる小売形態について考えてみよう。

第1節　コンビニエンスストアの展開

(1) コンビニエンスストアの勢力

　小規模な店舗で日用品と食料品を品揃えし，長時間営業する業態が出現したのは意外と早い時期で，1970年代初頭である。その後，宅配便の取次サービスや公共料金収納代行サービスなど各種サービス，さらにはPOSシステムの導入などで今日的なコンビニエンスストアが展開されだしたのは1980年代に入ってからと言っても過言ではない。その後，取扱商品（サービスを含む）の選定と出店戦略を二本柱にして勢力を伸ばしてきた。

表11-1-1　コンビニの販売額と店舗数の動向

(単位：百万円)

	販売額			年末の店舗数
	合計	商品販売額	サービス売上高	
1998	6,049,221	5,827,833	221,388	32,248
1999	6,383,316	6,135,679	247,637	33,627
2000	6,680,389	6,389,365	291,024	35,461
2001	6,845,688	6,517,261	328,425	36,113
2002	6,979,813	6,631,175	348,638	37,083
2003	7,096,444	6,760,199	336,245	37,691
2004	7,289,193	6,970,853	318,340	38,621
2005	7,359,564	7,042,373	317,191	39,600
2006	7,399,009	7,106,507	292,502	40,183
2007	7,489,523	7,176,708	312,815	40,405
2008	7,942,692	7,620,274	322,418	40,745
2009	7,980,861	7,644,954	335,907	41,724
2010	8,113,612	7,761,839	351,773	42,347
2011	8,774,704	8,401,833	372,871	43,373
2012	9,477,188	9,044,383	432,805	47,801
2013	9,872,416	9,391,379	481,037	50,234
2014	10,423,230	9,890,455	532,775	52,725

資料）経済産業省『商業動態統計』より筆者作成。

第11章　新たな小売形態

　経済産業省の商業統計では，コンビニを売場面積30m^{2}以上250m^{2}未満で営業時間が1日14時間以上と規定し，表11-1-1に示すような統計が出ている。この表から，コンビニは1990年代末から販売額や店舗数は前年度比で減少したことはなく，漸次増加していることが判る。また，販売額の内容をみると，商品販売額もサービス売上高も減少している年はない。そして，2014年には年間販売額が10兆円規模に成長している。

　コンビニが成長を続けてきている要因には様々なものがあるが，主なものは大別して二つある。

　第1は，店舗展開の柔軟さにある。コンビニは店舗が小規模であり，撤退のリスクもそれほど大きくないことから，ニーズの変化に合わせて出店と撤退を安易に展開してきているように思われる。かつて，都市近郊の住宅街では駐車場がなかったり，あっても狭かったりしていた店舗が廃止され，近くに比較的大規模な駐車場を持った店舗が出現している。もちろん，そうした店舗の撤退と出店の問題は，コンビニの経営形態の多くがフランチャイズであることから，店舗経営者（フランチャイジー）とフランチャイズチェーン本部（フランチャイザー）とのリスク分散の場合も稀にあるが，多くがフランチャイザー負担になっている。つまり，駐車場がなく売上の伸びない店舗経営者には，大幅赤字になる前の廃業を促し，周辺で新たな店舗経営者を探すという方法がとられている。

　さらに店舗展開の特殊性として，高速道路内のサービスエリアへの出店があげられる。コンビニのサービスエリア内への進出は，利用者の時間的利便性を高めることになった。つまり，それまでの高速道路利用者の店舗利用は，サービスエリア内の売店や飲食店の営業時間に制限されていた。飲食店を含む多くの店舗が24

時間営業するということはなかったからである。しかし、コンビニの出店で、高速道路やサービスエリアの深夜の利用の利便性が格段に上がり、高速道路の長距離利用が便利になっている。

また、様々な施設内でもコンビニの利便性が評価され、出店範囲を拡大させている。代表的な例が、駅舎の中やさらには構内にも出店している。かつては新幹線などを使った比較的長時間の移動では、食堂車で食事をしたり、車内販売で弁当やお茶を買ったり、場合によっては駅弁を買って乗ったりするのが一般的であった。しかし、最近では食堂車がなくなり、車内販売の利用者も著しく少なくなっている。新幹線などの長距離移動での軽食がおにぎりになるなど、コンビニの影響は大きい。

さらに、入院設備のある大病院にもコンビニが出店している。病院の売店は、入院患者だけではなく、面会人や病院のスタッフにいたる幅広いニーズがある。かつて病院内には主に入院患者のニーズに対応するための売店があった。しかし、品揃えなどの販売環境が決して充実していたとは言えず、利便性の低い販売店であった。一定の需要を見込んだ総合商社が病院の売店を展開する企業と共同で事業展開したこともあるが、病院内の売店は幅広いニーズには対応できていなかった。しかし、今日の病院には、コンビニが出店し、院内での購買の利便性を高めている。こうした、コンビニの特別な施設内への出店は、その他に市役所や区役所などの公共施設内や大学構内など多岐にわたっている。

コンビニが成長を遂げている第2の要因は、取扱商品やサービスの開発がある。つまり、各店での取扱商品が消費者ニーズに対応しており、あらたな取扱商品やサービスが常に計画され、変動する消費者ニーズに対応しているだけではなく、消費提案すらしている状況である。コンビニがこうした細かい消費者ニー

第 11 章　新たな小売形態

ズに対応できるのは，大規模なフランチャイズ組織であるためである。つまり，フランチャイザー（経営本部）は，POSシステムで各店から吸い上げられる大量な情報をもとに，消費者の需要傾向や購買行動を緻密に分析し，商品開発や店舗の販売指導に用いている。

　とりわけ，商品開発においては，需要創造をする製品開発の域に達しており，小売業の商品計画（マーチャンダイジング）の範疇を超えている。かつて，健康・美容志向から若い女性を中心に米飯の消費が減少傾向にあった。しかし，コンビニのおにぎりの普及は，減少傾向にあった米飯の回帰をもたらし，社会的な消費構造すら変化させたと言われている。こうしたコンビニのおにぎりの普及は，所得の減少に伴う消費の節約傾向によるところも大きいが，海苔が湿ってない新しい食べ方が提案されたことにも一因があった。現在では，海苔が湿ってない「パリパリ海苔のおにぎり」が「コンビニ風おにぎり」と言われるほどである。また，海苔のしっとりしたおにぎりのニーズがあることを表面化させたのもコンビニであり，今日ではおにぎりは海苔をめぐって「パリパリ派としっとり派」がいるほどになっている。

　また，商品開発においては，PB（プライベートブランド）商品のアイテム数も非常に多くなっている。かつては，ダイエーにみられるように大規模な総合スーパーが開発したPBを系列のコンビニで販売する程度であったが，今日ではコンビニ商品としてのPBが開発され，コンビニ利用者へのニーズにより細かく対応している。さらに，NB商品であっても，容量を制限するなどコンビニ対応の商品も多くみられる。つまり，メーカーブランドを表面には出しながら，コンビニの購買者のニーズに応えた商品を品揃えしようとしたものである。

また，売上高の割合としてはそれほど多くないが，コンビニが展開するサービスも利用者にとっては利便性の高いものである。とりわけ，女性の社会進出や単身者の増加によって，各種の料金の振り込みや宅配便の発送や受取などの24時間対応は，利便性を一層高くしている。そうした利便性の高いサービスを供給することで，商品販売の顧客を誘導している。もちろん，こうしたサービス供給は，有料のものもあるが，無料のサービスで顧客ニーズをとらえたものがある。ニーズの高いサービスを無料で提供することで顧客の誘導に効果が出ているのが，トイレの使用サービスである。郊外や住宅地近郊には公衆トイレがほとんどなく，公園に併設しているトイレがあったとしても，必ずしも清潔とは言えず，危険性さえ感じるところが多い。また，大規模商業施設のある中心地は，それらの施設の営業時間内であれば，清潔な管理の行き届いた安全なトイレが利用できるが，営業時間外になると郊外や住宅地と同様に利用できるトイレがないのが一般的である。そうした今日的なトイレ事情から，コンビニは清潔で安全なトイレの利用を前面に出して，購買者の吸引を図っている。

　また，地価や地代が安く，広大な土地が確保できる場所では，広い駐車場を準備し，大型トラックによる利用も可能にしている。そして，それらの駐車場の利用は，物品販売のための利用だけではなく，休息のための駐車も拒んでないようである。つまり，食事のための弁当やおにぎりなどの食品を買って，車中で食べる需要を狙うための手段である。こうした大規模な駐車場の利用方法については，北海道などの観光地で宿泊ともいえる長時間駐車を認めているところがある。キャンピングカーなど自動車での旅行者の休息場所に「道の駅」という施設があるが，その施設や施設内の店舗の営業時間は一般的には短い。したがって，自動車を利

用した旅行者には，24時間営業のコンビニは非常に便利であり，長時間駐車が可能な大規模駐車場を備えることで顧客吸引力は強くなっている。

(2) 新たな業態としての期待

　コンビニエンスストアの大規模化は出店競争の結果である。しかし，出店には多くの克服しなければならない問題がある。たとえば，フランチャイジー（店舗経営者）探しをしなければならないことはいうまでもないが，その他に一般的な出店のための要件だけではなく，出店後の配送体制も考慮しなければならない。とりわけ，コンビニの場合は，店舗が小規模であることから，小口の商品納入で配送回数を増やすことで対応しなければならない。それだけでなく，日配品と言われる賞味期限の短い商品を主力にしていることから，物流費が増加するため，効率的な物流ができることも重要な課題になる。セブンイレブンはイトーヨーカ堂が展開していた出店手法であるドミナント方式によって店舗を拡大してきている。つまり，いきなり全国展開で出店するという方法ではなく，一定の地域を定めて，その地域に集中して出店し，その地域である程度店舗が充実してくると，次に新たな地域を設定し出店するという方法である。コンビニ業界では，もっとも大規模なセブンイレブンが四国に初出店したのが2014年で，高知県への初出店は2015年と著しく遅い出店であることもドミナント方式によるためである。

　しかし，コンビニ間の競争は出店競争で好立地場所をめぐって出店攻勢をかけていた。したがって，道路を挟んだ向かい側と道路は挟んだ隣にコンビニが出店しているというような場所もある。このように極端に隣接した例でなくても，コンビニ間の競合

が著しいであろうと思われる出店は多くみられる。こうした店舗間の競争で優位に立てるのは，品揃えと取扱商品の企画であろう。換言すると，コンビニ本部が企画した商品にどれだけの魅力があるかが，競争に影響してくる。そして，繰り返しヒット商品を投入することで店舗ブランドが構築され，店舗数の多さで知名度を上げるのと同じように競争上の優位性が生まれる。さらに，店舗ブランドが高くなると店舗間の販売競争だけではなく，本部が展開する出店競争も優位になり，多店舗展開が容易になる。

　こうしたコンビニの店舗間競争の激化は，スーパーやファーストフードの市場を取り込み，大規模化している。しかし，その大規模化の傾向は，表11-1-2に示すように，売上高上位5社に顕著にみられる。表に示す10社だけでも，コンビニの規模は2極化されていることが判る。1位のセブンイレブンの売上高は，10位のセイコーマートの51倍以上であり，6位のポプラと比較しても15倍以上である。また，10社中下位企業5社中3社が前年度伸び利率が低下している。それに対して，上位企業は唯一サークルKサンクスが僅かに低下しているが，ローソンを除くと伸び率が高い。また，2015年にはファミリーマートとサークルKサンクスが統合されることが発表されている。表11-1-2で単純に集計しなおすと，コンビニ業界では2位の売上高になる。店舗数では，ファミリーマートの1万1,450店舗（2015年8月末）とサークルKサンクスの6,353店舗（2015年2月末）を合わせると1万7,803店舗になり，1位のセブンイレブンの店舗1万6,319店舗（2015年2月末）を上回ることになる。さらにミニストップはイオンの子会社で，イオングループの小規模店事業の一翼を担っている。イオンの小規模店展開では，東京，神奈川，千葉と限定した地域で「まいばすけっと」というミニスーパーを展

開している。この業態がコンビニと異なるのは，コンビニで展開されているようなサービスの取扱いはないが，商品はコンビニより安い割引価格で販売され，手軽な買い物先として浸透しつつある。現在では1都2県で4,694店に達している。今後イオンの小規模店事業の展開の方針によっては，ミニストップの潜在力も大きいと推測できる。したがって，コンビニ業界の集中度は一層高くなる傾向にあると言える。

表11-1-2　コンビニエンスストアの売上高ランキング

(単位：百万円，％)

順位	会社名	連/単	売上高	前年伸び率
1	セブン‐イレブン・ジャパン	単	736,343	8.4
2	ローソン		497,913	2.6
3	ファミリーマート		374,430	8.3
4	ミニストップ		162,123	11.0
5	サークルKサンクス		148,110	-0.3
6	ポプラ		48,764	-12.1
7	シー・ヴイ・エス・ベイエリア		28,726	-4.9
8	セーブオン	単	24,090	8.9
9	スリーエフ		20,990	-6.4
10	セイコーマート	単	14,256	4.2

出所)『日経MJ（流通新聞）』2015年6月24日。

コンビニの加熱した出店によって，都市部ではすでに飽和状態にあると言われてきた。しかし，依然コンビニの勢力が衰えず，総合スーパーでは店舗の整理をしなければならなくなっている昨今でも，大規模なコンビニ各社は成長を続けている。

また，セブンイレブンが根付かせたと言われているコンビニコーヒーは，ドーナツなど新たなヒット商品を生み，店舗内に飲食ができるスペースを作る店も出ている。店舗内での飲食スペースは，土地や店舗面積に余裕のある場所では早くから設けられていた。しかし，最近では，比較的地価の高い都市近郊でも設けら

れ,さながら簡易のカフェとして利用される傾向もある。コンビニが憩いの場として顧客を誘い込む傾向が出たことで,安価なコーヒーなどで顧客を吸収していたファーストフード店の利用者が減少傾向にあるほど,消費者の購買行動に変化を与えている。

また,コンビニの業態は,単なる物品販売業としてではなく,災害時などに様々な面で社会的な意義を持つ業態になっている。2011年に発生した東日本大震災で,被災地への商品供給は全国展開をするコンビニならではの対応があった。被災地では,未曽有の被害で食料品や衣料品の工場は生産停止し,物流網も寸断されたことでその日の生活にも困る状況だった。もちろん,コンビニも大手5社が茨城県と東北地方で1,650店舗を休業しなければならない状態になっていたが,その復旧は早く3月末には1,430店舗以上が営業を再開していると日本経済新聞(2011年3月30日)が報道している。こうした普及の速さは,コンビニならではの物流拠点と商品確保の体制があるからである。たとえば,セブンイレブンは,関東の商品を茨城東北の被災地に回し,関西の商品を関東に回すという方法で,商品流通を安定させている。その分,当然であるが物流費が増加したことはいうまでもないが,商品供給を最優先にしたコンビニの対応であった。

コンビニにおける災害時の利益を度外視した商品供給,いわゆる物資の支援ともいえる活動は,2014年の大雪で高速道路が閉鎖され商品供給網が寸断された山梨や長野にヘリコプターで輸送した例がある。セブンイレブンの輸送品目が袋ラーメンやパンであったことからすると,輸送コストが著しく高くなるのは明白である。したがって,それらの物資は,通常の商品ではなく支援物資という捉え方もできるであろう。純粋な支援物資としては,2015年9月に起きた鬼怒川決壊による大水害でも,コンビニが貢献してい

第11章　新たな小売形態

る。朝日新聞（2015年9月11日デジタル版）によると，大手コンビニは，カップ麺や飲料水，おにぎりを供給した例がある。

　また，2011年の東日本大震災で，多くの交通機関がストップし，帰宅困難に陥った人たちは，総理府の調査によると首都圏1都4県で515万人に達したと言われる。そうした人の中で，都心から郊外の住宅地まで5時間から7時間かけて徒歩で帰らざるを得なかった人たちがいた。もちろん，かつて経験したことのない過酷な帰宅の中で，肉体的にも精神的にも救いになったのがコンビニと言われている。徒歩による長距離の移動で生じた空腹と喉の渇きを癒してくれたのがコンビニだったと経験者は言っている。さらに，自宅近くになったころには深夜になっていたことで，夜間の不安を和らげてくれたのがコンビニの明かりだったとも言われている。こうした，いわゆる災害時の帰宅困難者の対応を2012年に東京都は条例化しているが，そうした中で多くの自治体がコンビニへの協力要請を締結している。換言すると，コンビニは，社会から要請される新たな機能を持つに至っている。

　また，災害時でも正常な商品物流を可能にするため，セブン＆アイホールディングスは埼玉県に配送用トラックの燃料基地を設立している。首都直下地震のような大規模災害を想定した備えであるが，小売業としては初めての試みであることはいうまでもない。

第2節　インターネット通販の拡大

(1) インターネット通販

　近年のインターネットを利用した通信販売，いわゆるネット販売が非常に多くなっている。ネット上で商品を探し，ネット上で

商品の注文ができるという手軽さから、利用者が急拡大している。半面で、インターネット上に簡単に店舗（サイト）が開設できることから、詐欺も多発しており、社会問題になっている。反対に、消費者の中にもクーリングオフを悪用した悪質な者もおり、業者側の対応も代金決済の方法に慎重になっている。ネット通販は、制度的には未だ多くの問題があるが、その成長には勢いがある。こうしたネット販売が伸びる理由には大別して次の3つがある。

①ハードの普及

表 11-2-1 インターネット利用機器（2013 年）

	集計世帯数	比重調整後集計世帯数	自宅のパソコン	携帯電話(PHSを含む)	スマートフォン	タブレット型端末
世帯主年齢	世帯	世帯	%	%	%	%
20〜29歳	469	1,307	72.3	36.9	89.7	21.0
30〜39歳	1,394	2,334	84.7	42.5	84.2	29.8
40〜49歳	2,034	2,447	87.8	53.0	77.9	26.9
50〜59歳	2,758	2,499	89.6	53.3	71.7	22.6
60〜64歳	1,755	1,481	85.7	46.1	56.9	20.0
65〜69歳	1,458	1,073	88.3	39.4	46.7	16.2
70〜79歳	1,761	1,470	83.3	39.0	40.7	16.0
80歳以上	828	638	82.8	43.3	44.6	18.2
世帯主性別						
男性	10,842	11,313	86.4	45.7	68.9	23.7
女性	1,615	1,936	77.5	45.7	65.4	17.5

注）対象：過去1年間に少なくとも1人はインターネットを利用したことのある世帯。
資料）総務省「平成 25 年通信利用動向調査」より筆者作成。

ネット通販が普及したひとつの理由に、インターネットへの接続機器が普及したことにある。表 11-2-1 に示すように、インターネット利用機器の総務省調べでは、インターネット利用者の多くがパソコンを自宅に所有していることが判る。こうしたパソコンの所有が多くなっているのは、パソコンが安価になったとこと、

第11章　新たな小売形態

操作が簡単になったことがあげられよう。とりわけ，プロバイダー（インターネット接続業者）契約を条件付けた超低価格のパソコンが一部通販業者で販売されたことも，パソコンを急激に普及させた要因にあげることが出来る。そして，家庭内に設置されているパソコンの使用は，男性の使用が主体になっていることが判る。

インターネット利用機器は，多様化されており，パソコン以外にも表11-2-1 に示すように携帯電話やスマートフォン，タブレット端末がある。携帯電話は早くから普及していたこともあり，幅広い年齢層でインターネット接続が行われているが，その使用割合は低いが男女に差がないのが特徴である。また，タブレット端末の使用割合は，30歳代と40歳代が他の年齢層と比較すると若干高いが，使用割合そのものでは低いことが判る。また，スマートフォンの使用は，20歳代の使用率が89.7％で，他の年齢層や使用機器においてももっとも高い比率である。また，30歳代のスマートフォン利用割合も決して低くはない。しかし，スマートフォンの使用率は年齢層が高くなるにしたがって低下している。また，スマートフォンの利用率においては，男女の格差が少ないことも特徴である。とりわけ，女性の使用率の高さは，ネット通販の普及にも大きく影響する可能性がある。

さらに，スマートフォンの普及状況が内閣府によって調査されている。携帯電話としてのスマートフォンの普及状況を示したのが表11-2-2 である。今日，携帯電話の普及率が高いのは，表でも94.4％と高い比率であるように，周知のとおりである。しかし，スマートフォンとスマートフォン以外とでは，その普及度に違いがある。まず，もっとも大きな違いがあるのが年齢層による違いである。スマートフォンは，若年層ほど普及度は高く，年齢層が高くなるほど低くなることは，表11-2-1 に示すように，2013

年のインターネット使用機器のスマートフォンの割合と大きな違いはない。つまり，スマートフォンは若年層での普及が顕著で，29歳以下の普及率が94.6％で，全体の普及率の60.6％を超え，携帯電話全体の普及率の94.4％をも超えている。また，60歳未満の年代層のスマートフォンの普及率は，すべてが全体の普及率を超えている。対照的にスマートフォン以外の携帯電話の普及率は，50歳代以上が全体の普及率を超えている。したがって，携帯電話でスマートフォンとスマートフォン以外の分かれ目が50歳代ということが出来よう。

表11-2-2 携帯電話の普及状況（2014年）

	世帯数	全体		スマートフォン		スマートフォン以外	
		普及率	保有数量	普及率	保有数量	普及率	保有数量
一般世帯　全体	4,119	94.4	230.7	60.6	116.4	69.8	114.3
世帯主の性別							
男性	3,739	94.6	234.8	60.0	117.4	70.4	117.4
女性	380	91.8	190.5	66.6	106.3	64.5	84.2
世帯主の年齢階級別							
29歳以下	37	97.3	245.9	94.6	200.0	32.4	45.9
30～39歳	328	99.1	224.1	91.2	167.1	43.0	57.0
40～49歳	621	98.1	276.0	83.3	178.7	60.7	97.3
50～59歳	743	98.7	302.6	81.8	189.9	69.3	112.7
60～69歳	1,054	96.1	231.4	55.1	92.1	80.5	139.3
70歳以上	1,336	87.6	170.4	34.1	51.0	73.7	119.5

注）保有数量は100世帯当たりの台数である。
資料）内閣府「消費動向調査」の統計より筆者作成。

また，スマートフォンの普及度を性別でみると，女性の割合が高いということも特徴的である。スマートフォン以外の携帯電話の普及については，普及率も保有台数も男性が多いことを考えると，スマートフォン世代になって女性の携帯電話の普及が広がったと推測できる。こうしたことから，女性のインターネットの利用がより手軽になり，ネット通販の拡大につながる環境が出来上

第 11 章　新たな小売形態

がっているとも言える。

②通販環境の充実

　ネット通販が伸びた理由に、通販サイトが充実したことがあげられる。大規模な通販サイトは、「楽天市場」や「Yahoo! ショッピング」に代表されるインターネットショッピングモールと言われる大規模な仮想店の集積形態があげられる。これらには出店者も非常に多く、取扱商品幅が広いことによって、利用者も非常に多くなっている。さらに、ショッピングモールの利用を高める手段は、それぞれの運営者によって様々な方法で展開がされている。その代表的なのが、ポイント制の導入である。楽天市場は運営者によって独自のポイント制を保有しており、出品者にポイントを付けさせ、利用者は楽天市場内で共通してポイントが利用できるようになっている。楽天市場内で獲得したポイントは、楽天市場内商品を購入する際には代金の返済の一部に充てることが出来ることができる。したがって、利用者にとってのポイントは値引きを意味し、販売促進に効果がある。もちろん、こうしたポイント制度は、楽天市場特有のものでもないが、小規模店を多数集めているインターネットショッピングモールには、顧客誘導の制度としては効果のより高い制度である。また、Yahoo! ショッピングは 2013 年にそれまでに提携をしていた T ポイントとの関係を強化し、Yahoo! ショッピングが管理運営するようになっている。もともとレンタルビデオ店の会員証として発足した T カードであるが、コンビニやファミレスなど幅広い業態の加入で、利用会員数が多くなっていたことが、Yahoo! ショッピングにとって魅力になったのである。

　また、アメリカの大手通販会社であるアマゾンが 2000 年に開

設したAmazon.co.jpは，今日では日本のインターネット販売を手掛ける会社の中でもっとも大規模な会社である。同社の設立当初は，書籍のみの取扱いであった商品が，今日では車やバイクさらには住宅のリフォームまで幅広く手掛ける総合サイトを運営している。こうした，大規模な小売業のネット通販への参入は，テレビショッピングで有名になっていた企業や大手家電量販店，さらには大規模百貨店などの参入で，ネット通販市場は大規模化している。有名な大規模小売業は，通販サイトの信頼性を高めることで，ネット販売の利用者は急拡大している。

　さらに，ネット通販環境が充実してきたひとつに，配送時間の短縮化があげられる。ネット通販会社の競争が激化することで，配送時間の短縮化が競われることになった。注文した翌日には商品が届くというサービスは，幅広いニーズが生まれてくる。さらに，配送体制の強化は，配送時間の指定や配送料が購入金額にかかわらず無料化されるようになり，日用品など幅広い商品の購買手段としてのニーズが生まれている。そして，とりわけ子育てで多忙な主婦においては，買い物時間を削減する便利な購買先になっている。

③商品・店舗評価の充実

　消費者にとっては，ネット通販に限らず，現物商品を手にとって吟味できない通信販売では，商品に対する不安は残る。かつて，カタログ販売では，そうした消費者の不安によって売上が抑制される対策として，返品送料を消費者に負担させない制度を導入してきた。しかし，消費者の側からすれば，ネット販売では対象商品幅も広がり，比較的高価なものなども多くなり，かつてのカタログ販売ほど返品が自由に認められるというものでもなかった。

したがって，特に購入経験のない商品の購入では，ネット通販に対する不安は拭いきれなかった頃があった。一時の購買行動として，現物確認は店舗で，実際の購買はネットでと購買先を悩ませていたのも，通販が持つ消費者不安の表れのひとつであろう。

しかし，販売業者の提供する商品情報だけではなく，Amazon.co.jp が展開するカスタマーレビューのように，購入者の声や評価が参考にできる体制を作ることで，商品に対する不安が解消されるようになっている。さらには，そうした購買者や使用者の声は，販売業者とは関係のない別サイトで展開されていることも，購買者の安心につながっている。そして，商品だけではなく，販売業者を評価するサイトや，特に悪質サイトなどをリスト化しているサイトもある。こうした，ネット販売業者だけではない商品評価や業者評価のどのサイトの出現で，ネット販売はさらに拡大傾向にあると言えよう。

(2) 商業統計でみたインターネット販売

日本の無店舗販売の実態を，2014 年の商業統計により販売形態別にみたのが表 11-2-3 である。小売業の全体の年間販売額が約 128 兆円規模であるが，無店舗小売業の年間販売額約 11 兆円であり，構成比としては 1 割に達していない規模である。無店舗小売業の中でもっとも割合の多いのは，もっとも古くからある訪問販売の形態で無店舗販売全体の 39.8％である。自動販売機小売業やその他の無店舗販売を除いた通販・訪販の中では 53.4％と，半分以上を占めている。続いて，構成比の割合が高いのは，販売形態としては訪問販売につづいて早くからある通信・カタログ販売で，その構成比は無店舗販売全体で 21.7％である。そして，通販・訪販の中での構成比は 29.2％である。

インターネット販売の額は1兆円を超えた程度で，小売業の全体の販売額に中では僅かに1%程度に過ぎない。さらに，無店舗販売小売業の売上の中でも10%台で，通販・訪販小売業の中でも僅かに16.9%の構成比に過ぎない。しかし，インターネットの販売額は，自動販売機による小売業の年間販売額を1,000億円近く上回っている。その限りでは，もっとも新しい販売形態であるインターネット販売については今後看過できない。

表11-2-3　無店舗販売の販売形態別年間販売高（2014年）

	小売合計	商品販売形態別					
		訪問販売		通信・カタログ販売		インターネット販売	
	年間商品販売額（百万円）	年間商品販売額（百万円）	構成比（%）	年間商品販売額（百万円）	構成比（%）	年間商品販売額（百万円）	構成比（%）
無店舗小売業	11,006,180	4,374,402	39.8	2,388,295	21.7	1,389,828	12.6
通信販売・訪問販売小売業	8,166,667	4,362,511	53.4	2,380,595	29.2	1,383,139	16.9
自動販売機による小売業	1,281,821	3,382	0.3	146	0.0	112	0.0
その他の無店舗小売業	1,557,691	8,508	0.5	7,554	0.5	6,577	0.4

資料）経済産業省『商業統計』筆者作成。

(3) ネット販売業者の勢力

日経MJの調査による，2014年の通信販売ランキングは表11-2-4に示したとおりである。インターネット販売のアマゾンジャパンが圧倒的に大きな売上高である。2位以下の会社はテレビショッピングやカタログ通販を主力とする企業である。もちろん，それらの企業もインターネットを通じた販売はしている。その他に，百貨店やスーパー，さらには家電量販店など店舗展開をする企業もインターネット販売は利用している。2014年の商業統計では，百貨店スーパーのネット販売額が903億2,200万円で，各種商品小売業のネット販売額が914億6,100万円であっ

た。その二つの売上高を合計してもアマゾンジャパンの売上高の5分の1程度である。したがって，如何にアマゾンがネット販売で独壇場にいるかが分かる。また，日本ではもっとも大規模なインターネットショッピングモールの運営会社の楽天市場は，インターネットサービスに関する2014年の売上高が3,627億5,100万円(同社の有価証券報告より)であった。楽天市場のその売上高は，セグメント売上高であることからアマゾンとは単純比較はできないが，規模の違いはある程度理解できよう。

また，2位のジャパネットたかたの売上高の多いのは，テレビショッピングからネット販売へ上手にシフトしたためと言える。ジャパネットたかたは，ネット経由の売上高が2010年度に初めてテレビを抜き，全体の3分の1を超えている。また，売上高3位になっている千趣会も，スマートフォンの利用をした販売方法で売上を伸ばしたとも言われている。つまり，カタログ販売やテレビショッピングにおいても，ネット販売への対応が売上高に影響している。

表11-2-4 通信販売会社の売上高ランキング (2014年)

(単位：百万円)

順位	社　名	連／単	本社(本部)	決算月	売上高
1	アマゾンジャパン	単	東京	12	840,000
2	ジャパネットたかた	単	長崎	12	153,800
3	千趣会	-	大坂	12	142,526
4	ベルーナ	-	埼玉	3	120,689
5	ディノス・セシール	単	東京	3	117,380
6	ニッセン	単	京都	12	106,993
7	QVCジャパン	単	千葉	12	96,200
8	オークローンマーケティング	単	愛知	3	64,483
9	スクロール	-	静岡	3	63,555
10	スタートトゥデイ	-	千葉	3	41,182

資料)『日経MJ』2015年6月24日より筆者作成。

ネット通販業界でアマゾンの勢力が強いのは，アマゾン自体が多くの品揃えをしているが，出店商品に対しても責任が明確化しており，消費者からの信頼が高いことがあげられる。表11-2-5に示したのは，総務省がアマゾンの売上高の内訳を示したものである。Amazon.co.jpが日本で販売を始めた時には書籍だけであった。しかしアマゾンの2007年にはエレクトロニクス及び一般商品が3分の1以上を構成するようになっており，2010年にはエレクトロニクス及び一般商品がメディアの販売額を上回っている。その2年後の2012年には，エレクトロニクス及び一般商品の売上高は，メディアの売上高の2倍近くなっている。こうして，アマゾンは取扱商品の総合化で，ネット販売では世界的企業になっている。

　Amazon.co.jpも取扱商品幅は広く，その象徴とでもいうべきものが各小売業の開発したPB商品を取扱っていることである。PB商品は一般的には大規模小売業によって開発されたものであって，開発された商品は系列企業でも販売されるが，基本的には自社のみで販売されるものである。もちろん，最近では卸売業が中小小売業向けに開発しているケースもあるが，大規模小売店が開発した有名PBが系列店以外の小売店で販売されることはない。しかし，Amazon.co.jpはプライベートブランドストアを設置し，多くの有名PB商品を取扱っている。

表 11-2-5　Amazon の売上高の内訳

(単位：100万ドル)

商品 / 年	2007	2008	2009	2010	2011	2012
エレクトロニクス及び一般商品	5,210	7,540	11,082	18,363	28,712	38,628
メディア	9,242	11,084	12,774	14,888	17,779	19,942
他	383	542	653	953	1,586	2,523
合計	14,835	19,166	24,509	34,204	48,077	61,093

出所）総務省「O2Oが及ぼす企業活動の変化に関する調査研究」（平成25年）より。

2015年になってからアパレル産業や百貨店がネット通販の取り組みを強化している。大手アパレルでは売上が低迷気味にあるが，その改革案にネット販売の強化を上げている。多くがショッピングモールのようなサイトを設置しているだけで，売上割合も少ないことから，サイトの工夫などで購買者が使いやすいようにする改革が進められている。さらに，百貨店においては，スマートフォンから簡単に商品が閲覧できるようにするなど，お中元やお歳暮戦線に備えるというところも出ている。さらには，2015年のお中元戦線では，基本的には割引価格は使用しないのが百貨店であるが，ネット販売に関しては5％から15％を割引するというところもあった。したがって，今後大幅な消費回復の見通しが少ないことから，商業間競争はますます激化し，消費者の囲い込みが購買の利便性に向けられ，ネット販売が拡大してくる可能性は高いと思われる。

第3節　製造小売り（SPA）

(1) SPA

近年，SPA（specialty store retailer of private label apparel）と呼ばれる製品の企画から製造，小売までを行う企業の業績が目立っている。もともとはアパレル産業でのビジネスモデルを指す用語であったように言われているが，今日では製造小売り全般を指している場合が多い。したがって，国内のSPA企業と言えばユニクロが代表的であるが，家具のニトリやホームセンターのコーナンなどもSPAに含められる。また，外資ではギャップやH&M，ZARAなどのアパレル系は有名であるが，家具など家庭用品を扱うIKEAもSPAの中に含めて考えられる。

しかし，SPA の利点をもっとも反映できるのがファッション性をより要求されるアパレル業界である。衣料品市場は早くから飽和状態にあり，業界は新たな需要を創造する競争が激化いていた。その競争のひとつの手段がファッション性を軸にした流行である。その流行は，今日では製造業者によって作られたものだけではなく，敏感になった消費者の集団的意識の中で形成されることも多い。したがって，たとえ大規模企業や有名ブランドを持つ企業の消費提案であっても，消費者の感性に合わず，受け入れられないことも多い。そうした消費者に受け入れない商品を作り，販売していると企業は多大な損失を被ることになる。

　とりわけ，敏感に流行に対応しなければならないにもかかわらず，その対応に限界があるのが小売業である。つまり，小売業がたとえ正確な消費者ニーズを把握できたとしても，自ら生産をしてない限り，既存商品の中から選択せざるを得ない。したがって，小売商業は，店頭に如何に消費者に受け入れられる商品を陳列するかという限られた消費者対応しかできない。そうした小売業の需要創造の限界を自ら製造を行うことで，解決しようというビジネスモデルが生まれる。そのような企業は，小売の中からより正確な消費者ニーズを把握し，その情報を製品に反映させることを企画し，自ら製造することで，より細かい消費者ニーズに対応した商品を市場に投入できるようになる。さらに，自らその製品を販売することによって，その製品の販売動向や消費者の反応などをフィードバックすることができ，より敏感に消費者需要に対応できる。

　しかし，ファッション性の高い商品を取扱う小売業が俄かに製品の企画から製造を自ら行うことは容易なことではない。一般的には，ファッション性は製品の品質に連動する。製品に求められ

第 11 章　新たな小売形態

る価値は，本来的には物質的価値の裏付けが要求される。衣類の場合は，素材の品質や機能性などが前提にあって，デザインなど心理的要素が加わって信頼のブランドが構築されている。もちろん，ブランドそのものも商品価値を構成する心理的要因ではあるが，一層心理的要因の強いファッション性を需要創造として効果的に展開する場合は，有名ブランドであったり高額品であったりする可能性が高い。換言すると，ファッション性で需要創造できるのは，有名ブランド商品や高額品に限定され，小売業がにわかに製造業に参入するのは容易ではない。

しかし，近年アパレル業界には，ファストファッションという業態が出現し，それらの企業はSPA形態である。ファストファッションは，2000年代中頃にスペインのZARAが出店を加速させ，2000年代後半になってスウェーデンのネス・アンド・モーリッツ（H&M）や，米国の衣料品店フォーエバー21などの外国資本によって急速に浸透し始めた。その頃日本にもファッション性を前面に出して低価格で衣料品を販売する企業があったが，こうした外資の参入によって，低価格商品のファッション性に対する競争が強化され，ファストファッションの業態になっている。

もちろん，ファストファッションが浸透した背景には，海外のファッション性の高い企業に影響されたという訳だけではない。消費者がファッション性に敏感に対応できるのは，商品価格が安価であることから，買い替えが容易であるのが大きな理由である。さらに，商品の品質が決して高いものでないことから，消費者にとっては廃棄に抵抗がないこともファストファッションが受け入れられる大きな要因である。つまり，ファストファッションは，低価格商品でファッション性を楽しむという消費者の新しいライフスタイルを構築してきた。

表 11-3-1　ファーストリテイリングとしまむらの規模比較

(売上高単位:百万円)

		2010年	2011年	2012年	2013年	2014年
ファースト リテイリング	売上高	813,141	817,930	926,270	1,140,739	1,380,495
	店舗数	2,203	2,088	2,222	2,449	2,753
しまむら	売上高	440,100	466,405	491,091	501,898	511,893
	店舗数	1,678	1,742	1,808	1,860	1,931

注) 売上高, 店舗数ともに連結ベース。
資料) 各社の有価証券報告書より筆者作成。

　日本の企業でファストファッションを展開する代表的な企業は, ファーストリテイリングとしまむらである。周知のように, ファーストリテイリングはユニクロを展開する企業である。現在では, ターゲット層を若年層で特に女性に絞り込んだ業態として「GU」(ジーユー) も展開している。ファーストリテイリングの売上規模は, 表 11-3-1 に示すように, ファストファッションが浸透してきた 2010 年には, 8,000 億円を超える規模になっている。そして, 2013 年には売上高は 1 兆円を超えている。また, ファストファッションとして主に地方展開で大規模化してきたしまむらも 2010 年の売上高は 4,000 億円を超えており, 大規模な低価格志向の衣料品専門店である。日経 MJ が行った「第 48 回日本の小売業調査」(2015 年 6 月 24 日) では, 専門店の部でユニクロが 3 位でしまむらは 7 位になっている。そして, 衣料品専門店が 10 位以内にランクされているのは, ユニクロとしまむらだけである。

　しかし, ユニクロとしまむらとは商品調達の面で大きな違いがある。しまむらは, これまでの衣料品専門店にみられるように, 取扱商品は全てメーカーから仕入れると方法をとっている。つまり, しまむらは, 大量仕入れと店頭での頻繁な商品の入れ替えによってファッション性と低価格を維持してきた。そして, 主力業

態である「ファッションセンターしまむら」は主に地価の安い地方で店舗展開されていたが、ファストファッションが浸透し始めた2000年代後半には都心に進出する勢いを持っていた。しかし、既述したように、小売業には需要創造を前提にしたファッション性の提案をすることに一定の限界がある。表11-3-1からもある程度推測はできるが、しまむらの伸びはファーストリテイリングと比較してやや鈍化しているように思われる。2014年8月期の中間決算では、営業利益が著しく低下し、売上も予想を下回ったと言われている（『日本経済新聞』2014年9月9日）。こうした、しまむらの勢いに陰りが出始めたのは、ファストファッション業界に外国の大規模企業が進出してきたことで競争が激化したこともあるが、小売商業としての需要創造の限界に大きな原因があると言えよう。

それに対して、ファーストリテイリングは、自ら商品の企画製造をするSPA形態をとっていることから、世界的なファストファッションの企業と肩を並べるに至っており、成長の勢いは止まらない。つまり、ファーストリテイリングがしまむらと比較して競争上優位に立っているのは、自らが商品の企画生産することで消費者の需要に敏感に反応して、ニーズの対応できているためと言える。ファストファッションだけでなく、製造販売に力を入れている良品計画やニトリも消費が冷え込んでいた2004年でも、独自で開発した商品の売上を伸ばし、営業利益すら大幅に伸ばしている。

また、ニトリの場合は、それまで低価格商品を開発してきたが、高価格帯の開発でシニア層などの新たな市場開拓をしたとも言われている。また、無印良品も冷蔵庫や電子レンジなどの白物家電の高級化で売上を伸ばしている。消費が低迷しているなかで、あ

えて高級品を投入してくるのは,消費者に直接接している製造小売業ならではのことである。つまり,消費者のニーズを正確に把握して,迅速に製造に反映させたことで,消費者ニーズに対応できている。

(2) 世界のファストファッションとSPA

　世界の大規模なアパレルメーカーもSPA形態をとって,ファストファッションを展開している。表11-3-2は世界の衣料品専門店5強として,日本経済新聞が報じたものである。売上高1位のH&Mは,ファストファッションを世界で展開する会社で,日本にでも51店舗(2014年11月時点)を展開し,2015年に入って世界中で3,700店舗を展開している。2014年から2015年の1年間で中国出店が290店舗を超えるほど,グローバル展開をする企業である。また,ランキング2位のインデックスは,2015年には全世界に6,600店舗を展開する大規模な衣料品小売業である。店舗ブランドを数種類持っているが,その中心となっているのがザラ(Zara)であり,2015年には日本にも83カ所出店している。また,3位のギャップは,ファストファッションを展開する外国の企業として日本に進出してきたのがもっとも早く,一般消費者には広く馴染まれている。現在では,日本国内に100店舗以上あるが,特に首都圏(1都3県)に50店舗以上が集中している。そうした,国際的大企業の中で,日本のユニクロを展開するファーストリテイリングが5位に食い込んでいる。他の企業と同様に,衣料品専門店の国際的大規模企業は,すべてが消費者のニーズに迅速に対応できるSPA方式で展開している共通点がある。

第11章　新たな小売形態

表 11-3-2　世界の衣料品専門店ランキング（2009 年）

(単位：百万ドル)

順位	企業名	国名	売上高	店舗数
1	H＆M	スウェーデン	16,585	1,988
2	インディテックス	スペイン	15,884	4,607
3	ギャップ	アメリカ	14,526	3,095
4	リミテッド・ブランズ	アメリカ	8,632	2,971
5	ファーストリテイリング	日本	7,354	2,258

注) 決算期はH＆Mが11月期，ファストリが8月期，それ以外が1月期。
　　為替，店舗数はそれぞれの年末。
資料)『日本経済新聞』2010年03月18日参照。

　近年，日本の衣料品の小売業の売上が鈍化する中で，ファーストリテイリングの伸びが著しい原因にさらに立ち入って考察するために，同社の事業展開の推移をみる。表11-3-3 は，ファストファッションと SPA が評価されるようになった時期のファーストリテイリングの業績をセグメント別にみたものである。この表から，ユニクロ事業は国内ではすでに飽和状態にあり，厳しい競争の結果僅かに売上高は伸ばしているが，利益率を犠牲にしながらの販売努力と推測できる。店舗展開においても，2011 年まで若干伸びているがその後はほぼ停滞している。したがって，衣料品市場では，もはや低価格とファッション性で需要創造することも困難なほど市場は成熟化していると考えられる。

　それに対して，ユニクロの海外事業の展開は，この僅か4年間で著しく拡大している。2010 年8月期では727 億円だった売上高が，2014 年8月期には 4,136 億円と5倍以上になっている。そして，海外売上高は，2010 年ではファーストリテイリング全体の 8.9％であったのが，2014 年には 29.9％と3分の1近くになろうとしている。また，海外店舗数においても5倍近くになっているように，海外に市場を求めて成功しているということが分

かる。

　また，グローバルブランド事業と称して，ジーユーやセオリーなど100％出資の子会社を設立して，別ブランドを展開している。これらの売上高も4年間で2倍以上になり，営業利益も2倍以上になっている。しかし，2014年は営業利益が減少しており，その原因は同社の決算報告書では，ジーユーが若年層向けのファッションに偏りすぎたことによる売上低迷と言われている。それは，換言すると，ジーユーもユニクロ同様，国内の市場の消費低迷の影響を受けた結果と言える。したがって，ファーストリテイリングは，ジーユーがアジア市場で，セオリーがアメリカ市場で販売を強化する戦略を立てていると言う。もはや，国内の衣料品市場は，ファストファッションにおいても飽和状態になっていると言えよう。

表11-3-3　ファーストリテイリングのセグメント別業績

(単位：億円，％)

		2010年8月期	構成比	2011年8月期	構成比	2012年8月期	構成比	2013年8月期	構成比	2014年8月期	構成比
国内ユニクロ事業	売上高	6,151	75.5	6,001	73.2	6,200	66.8	6,833	59.8	7,156	51.7
	営業利益	1,277	-	1,062	-	1,023	-	968	-	1,106	
	期末店舗数	808	-	843	-	845	-	853	-	852	
海外ユニクロ事業	売上高	727	8.9	937	11.4	1,531	16.5	2,511	22.2	4,136	29.9
	営業利益	63	-	89	-	109	-	183	-	347	
	期末店舗数	136	-	181	-	292	-	446	-	633	
グローバルブランド事業	売上高	1,252	15.4	1,240	15.1	1,530	16.5	2,062	18.0	2,512	18.2
	営業利益	78	-	87	-	145	-	174	-	163	
	期末店舗数	1,169	-	1,064	-	1,085	-	1,150	-	1,268	

資料）同社の『有価証券報告書』より。

(3) SPA形態の拡大

　SPAが自らの製造と理解されているが，世界のファストファッションは製造コストを抑えるために，アジアなど労働力の安価な

第11章　新たな小売形態

新興国で生産を委託しているのが一般的である。周知のように，ユニクロもかつて労働力が安かった中国で生産し，低価格設定を可能にしてきた。つまり，SPA と言われる形態をとっている企業は，厳密には製造小売業ではない。かつて，スーパーが競争激化に対応して企画してきた PB（プライベート・ブランド）の開発と変わるところはない。スーパーが展開してきた PB の開発は，NB（ナショナル・ブランド）に対抗した安価な仕入価格を実現するという価格面に重点が置かれていたが，SPA は消費者ニーズにより緻密に，且つ迅速に対応するという面に重点が置かれていた点で違いはあるが，低価格も重要な要件になっている。したがって，SPA と PB との違いを明確にするのが困難である。

　しかし，今日では直営の工場を持って完全な SPA 形態を展開する企業も出てきている。たとえば，婦人服チェーンを展開するハニーズは，2012 年にミャンマーのヤンゴン郊外に従業員約1,000 人規模の直営工場を設立し，年間に約 200 万枚の婦人向けパンツを生産する体制ができている。こうしたハニーズの直営工場への乗り出しは，ミャンマーの賃金が中国の 4 分の 1 程度と低いことから，生産拠点の確保の意味があるという。その時点でミャンマーには，委託生産できるだけの生産環境は整ってないため，自ら工場の設立が必要であったことから，直接生産に乗り出したわけである。また，中国の人件費が高騰していることで，世界の SPA を展開する衣料品企業が，新たな生産拠点としてアジアの新興国で探し始めていることもひとつの理由である。つまり，いち早く，生産拠点を確保するための直営工場ということもできる。

　また，靴を中心にした小売チェーンを展開するエービーシー・マートのように国内に直営工場を設立して，完全な SPA 形態を

とる企業も出ている。エービーシー・マートは2013年の春に靴の製造工場を取得して，自らが開発した製品を製造する体制を作っている。こうした国内での直接生産は，高い品質を維持するのが目的であると言われているが，他に海外での生産が円安によってコスト高になることも回避した理由があるとも言われている。こうして，SPAをめぐっても様々な対応がある。

その他に，小売業がゆえに把握しえる消費者の細かいニーズに対応して成功した代表的な例が，メガネや自転車でみられる。メガネでは，自ら製品企画や製造することでデザインの面はもちろんであるが，価格も相当低価格にしたことで消費者から受け入れ，全国に約200店舗を展開する眼鏡専門店ジェイアイエヌがある。同社が開発したと言われるパソコンやスマホなどから発せられるブルーライトから眼を守るためのパソコン用メガネは，消費者に受け入れられ，あらたな需要創造になっている。

消費の低迷に伴う衣料品業界の競争の激化は，百貨店経営を困難に陥れていた。そして，百貨店は合併や経営統合などの資本強化で臨んできたが，2009年ごろから低価格商品の取扱も行う百貨店も出てきた。かつてバブル崩壊で急速に集客力を失った横浜三越が，ユニクロをテナントに導入したことがあるが，それ以来の危機が百貨店に訪れていると思われる。たとえば，2009年に開業した大丸心斎橋店（大阪市）では，若い女性を対象に1万円未満の衣料品や雑貨などを集積した例がある。その他にも，外国資本のファストファッションの店舗を導入し，百貨店としてはなりふり構わない集客力アップの戦略をとっている。

他方で，百貨店としての業態を維持するために，品質を維持した高価格品を割安感のある価格に設定することで消費者ニーズを開拓しようという方法をとっている百貨店もある。2009年には

三越や伊勢丹がとった方法が自ら製造に乗り出し，品質は維持しながら，調達コストを抑えることで小売価格を下げることを可能にしている。また，高島屋も2010年末には，カシミヤのセーターを商品企画や素材調達から生産・販売までを行うようになった。たとえば，原材料のカシミヤは，高島屋がモンゴルで原毛を買い付けて，中国の協力工場に生産加工を委託するという方法である。こうした高島屋のSPA形態は，さらに商品幅を増やし，地方百貨店などに卸売もする計画だったとも言われている。

　このように製造小売り（SPA）の形態は，必ずしも低価格路線だけではなく，消費者ニーズへの細かい対応や需要創造としての機能をもって，多くの分野へ拡大される可能性が高い。しかし，消費者の物珍しさを助長して，いたずらに低品質な商品の買い替え需要を拡大させることには，資源上の問題があるのではないかという疑問もある。

【研究課題】

1. コンビニエンスストアが成長し続けてきた理由を800字程度にまとめてみよう。
2. コンビニエンスストアが今後も期待される小売業である理由を考えてみよう。
3. インターネット通販が伸びている実態と理由について考えてみよう。
4. 国内産業や企業がSPA形態をとっている実態とその理由を800字程度にまとめてみよう。
5. ファストファッションとSPA形態との関係について考えてみよう。

第12補章

流通業者と倫理

†

昨今，様々な分野の企業でデーター改ざんなどの悪質な行為が目に付く。残念ながら流通過程にも多くのモラル欠如の行為が多く発生している。

流通過程ではどういう局面にモラル違反が生じやすいのかを考えてみよう。

(1) 流通企業とモラル

　企業も社会を構成する一員であり，社会的責任を持っていることは言うまでもない。しかも，組織である企業は，自然人の個人とは比較にならないほど社会に大きなかかわりを持っている。そのかかわりにモラルが欠如すると，多くの被害者が出ることになる。その要求されるモラルは，法の順守はもちろんであるが，法的整備がされていないことであっても，社会や社会を構成する一員に被害を及ぼすこと全てに対してである。今日，社会や個人に対する加害は，個人レベルでも非常に多くなっており，その内容は悪質で陰湿なものが多くなっていることは周知のとおりである。そうした個人で組織される企業では，組織の陰に隠れてのモラル欠如が一層増加になっている。そして，それが法に抵触したり，社会で批判の対象にされるなど社会的に表面化すると，責任と称してほんの数人が役職を辞任したり，一部の責任者が解雇されたり，いわゆるトカゲの尻尾切りで問題を解決してしまう。そして，場合によっては何千，何万人の被害者を出しながらも，時間の経過で重大な事件が風化してしまうケースが多い。

　とりわけ，資本の大規模化の過程では，企業間取引で不公正な取引が行われてきたことは言うまでもない。しかし，それらも弱肉強食の企業間競争として理解され，見過ごされてきた。もちろん，不健全で不公正な取引を禁止するため，1947年に独占禁止法が制定され，主に大規模企業の取引行為は監視されてきた。しかし，経済や産業の発達で，大規模企業と中小企業の二極化が進み，不健全で不公平な取引は多様化し，量的にも拡大したことで2013年末に独禁法の改正が成立している。

　流通企業は，他の産業に比べて取引関係が非常に多く，モラルが要求される局面が非常に多い。とりわけ，商品知識や取引知識

などほとんど無い消費者との取引においては，より一層モラルが要求されるべき局面である。そうした消費者との取引が主体である小売業にも大規模資本が多数出現したことで，商業に対するモラルの要求は一層強くなっている。つまり，流通業者にモラルが問われる局面は非常に広範囲にわたり複雑になっている。しかし，われわれは当面，取引上の専門知識の少ない消費者に対して流通業者がどのように対応すべきかを考える必要がある。

(2) 商業施設と安全管理によるモラル

歴史に残る日本初のビル火災で多くの犠牲者を出したのが百貨店の白木屋であった。江戸三大呉服屋と言われた老舗であったが，火災後の経営は決して良好でなく，東急百貨店に買収されその屋号は消えてしまっている。百貨店のように大規模化した施設内で火災や地震などが起こると，人命にかかわる甚大な被害が発生することは明白である。百貨店や大規模商業施設などでしばしば火災が発生しているが，初期消火などの対応がよく大事に至ってないものも多くある。

被害が大規模であり，火災史上に残っているのが1972年に発生した大阪の「千日デパート火災」である。そして翌年の73年には熊本の百貨店「大洋デパート」でも大規模な火災が発生している。この二つの火災は死者100名を超す大規模な火災であったことから，大きな社会問題になり消防に関連する法令等の変更に大きな影響を与えている。それまで，既に大規模な商業施設などでは，火災対策のためにスプリンクラーが導入され始めていたが，その二つの商業施設にはスプリンクラーは設置されていなかったと言われている。大洋デパートの裁判では，再三にわたってスプリンクラーが設置されていなかった理由について議論され

たが,設置していなかったもっともらしい理由を繰り返すだけだったと言われている。そして,裁判は何年にもわたり,最高裁の判決では全員が無罪になり,結果的に刑事責任は一人も負うことはなかった。もちろん,大規模組織の社長や専務に刑事責任を問えるかどうかの判断は難しいところであるが,それほどの被害者を出した火災の責任をとるものがいないというのも解せないものである。

こうした大規模火災を教訓に,大規模施設の防火対策として国は,床面積が6,000m^{2}以上ある百貨店やホテルなどにスプリンクラーの設置を義務付けるなど,新しい防火基準を設けて義務付けることになった。しかし,設備の設置や運用に多額の費用がかかることや設置期間中の休業の問題を理由に,遅々として進まなかったと言われている。大洋デパートの火災から10年経過した1982年にホテルニュージャパンで悲惨な火災が起きた。宿泊費の安いうらぶれた片田舎のホテルとは違って,東京のど真ん中に立地した高級ホテルで高額な宿泊費をとっていれば,安全性も重要なサービスであろう。しかし,火災原因を調べていくうちに,スプリンクラーの設置がなく,しかも消防署から再三の警告を受けていたことが判明したと言われている(『日本経済新聞』2015年2月1日)。これこそ重大なモラル欠如であって,その責任の大きさは計り知れないものであろう。

最近では,建築技術も高度化したことによって,商業規模の大規模化だけではなく,大規模な建物が多く建設されている。建物自体の手抜き工事やデーター改ざんなどをする悪質な業者も多いが,大規模な商業施設を運営する企業はもちろん,大規模商業自体も顧客の安全性には十分な配慮をする必要がある。

(3) 商品表示上のモラル

　消費者庁は，景品表示法によって，小売商業が一般消費者を不当な販売条件などで誘引することを禁止している。図12補-1は消費者庁のホームページで景品表示法の目的を図式化したものである。これによると，景品表示法は，商品やサービスの品質，内容，価格等を偽って表示することを規制し，過大な景品類の提供を制限することで，消費者利益を守ろうというものである。こうした強い規制があるにもかかわらず，小売業者だけではなく卸売業者による過大表示や虚偽表示が後を絶たない。とりわけ，農産物など表面的には分かりづらい商品においては，頻繁に虚偽表示が行われてきた。関東で事業展開する有名なスーパーでは，ステーキ用の牛肉を高級ブランド肉と偽り，実際より5倍以上の価格で販売していることが判明したことがある。発覚は購買者からの通報で，検査の結果虚偽表示が判明したが，虚偽の理由は売り場の責任者の判断で行ったもので，決して企業ぐるみの行為ではないと弁明していた。また，他のスーパーでは，「まぐろ100％のネギトロ」と表示しながらも，植物性オイルを混ぜていたことが発覚したことがある。この件は，ネギトロに植物性オイルを混ぜたことが問題ではなく，「まぐろ100％」と表示したことに問題がある。しかし，多くの消費者がネギトロに植物性オイルが混ぜられているということを知らないであろう。現在でも，スーパーにおける表示義務は，加工品になると非常に甘くなっている。もちろん，いたずらに表示義務を厳しくしても消費者に混乱をもたらすことにもなるであろう。したがって，店頭表示の方法には一定のゆとりを持たせているのであろうが，それが結果として虚偽表示のグレーゾーンを拡大させることになっている。

図12補-1 景品表示法とは

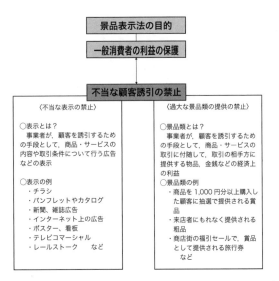

出所)消費者庁ホームページ,http://www.caa.go.jp/representation/

　また,スーパーの安価な農産物供給によって,消費者が不安や不満を持つのと並行して,生産者や生産者組合が厳しい品質管理をし,ブランドを構築するものも出てきた。しかし,その有名になったブランドの信用を失墜させ,崩壊させるのもモラルの欠如した流通担当者であることが多い。それらの有名ブランドになっている商品は,他の商品と比較すると価格は高い。その商品は,生産されたものが厳しく選別され,企画以外のものは出荷されず廃棄されることが多い。こうした廃棄分を考えると,必然的に高い価格設定になる。しかし,流通担当者はそうした厳しい選別を経ていない安価で仕入れた商品をブランド商品として偽ることで,高い利益率を獲得しようとする。いわゆる産地偽装と言われ

第12補章　流通業者と倫理

る悪質な行為は，店頭だけではなく，流通過程全般にわたって行われたことがある。産地偽装は，一部の生産者に損害を与えるだけではなく，消費者にも多くの経済的損失を与えることは言うまでもない。とりわけ農産物などの産地偽装を消費者から発覚するのは，一般的には困難で，内部告発で発覚するのが一般的である。したがって，産地偽装の発覚は氷山の一角であるとも言えよう。かつて，某県が県産のコメの出荷量と市場で流通している量を調査したとき，市場で流通する県産米が出荷量の4倍から5倍に達していたことが判明したことがあった。しかし，その件に関しては，結局誰が何処で産地偽装しているかは不明のままであった。

さらに，農産物や海産物で外国から安価な商品が多く輸入されるようになった頃には，輸入品を国産と称した偽装が多く発生した。こうした偽装が発覚した業者は，主に卸売業者であった。1998年からJAS法によって生鮮食料品などは産地表示が義務付けられることになったが，その後もしばしば産地偽装が発覚している。こうした安価な輸入品の産地偽装は，消費者に対しては経済的損失を与えるだけではなく，時には生命にかかわる被害を与えることもある。一時中国から輸入した野菜には，高濃度の残留農薬が問題になったことがある。こうした問題は，いかなる消費者にも健康被害をもたらす可能性はあるが，とりわけアレルギー体質などで食品を選択している消費者にとっては，生命にかかわる重大な問題でもある。

また，虚偽表示においては，消費期限等の改ざんなども時折発覚している。加工食品においては，消費者の安全性を考慮して消費期限や賞味期限を示し，期限内の消費を推奨している。メーカーや問屋など常識的な企業は，消費期限が近づいても販売できない場合，著しい低価格でスーパーなどの目玉商品として販売するこ

とを勧めて処分することが多い。もちろん,それらの商品にはメーカーによって消費期限や賞味期限が印刷され,あるいは刻印されているのが一般的である。したがって,破格に安価な仕入をしたスーパーなどは,目玉商品として著しく低い価格で販売されていることがある。しかし,かつて中国地方のスーパーで,賞味期限の刻印の上に虚偽の賞味期限をテープで張って販売していたことがあった。その商品を買った消費者が,貼られたテープを剥がしてみると既に切れていた賞味期限が出てきて発覚したというものである。こうした幼稚な手段で消費者を騙し,なお且つ「まだ食べても問題ないものを捨てるのが勿体なかった」と答えた売り場責任のモラルの欠如には呆れたものがある。

こうした消費者に対する商品販売の責任とモラルの欠如している業者が多く存在するのも,残念ながら流通過程でもあると言えよう。監督官庁は,監視体制の強化だけではモラル欠如の行為が減少しないことから,告発を増やすことで対応しようとしている。しかし,日本の商慣習の中では,内部告発は容易には効果を上げることができない。かつて,関西で内部告発をした冷蔵庫会社が,倒産の危機に追い込まれたことがある。正義を持った内部告発であったが,荷主が次から次へと離れていった結果であると言われている。つまり,非合法に近い悪質な行為であっても,慣習として維持され,それに反する正義がはじき出されるという面が多く,モラルの重要性を社会に浸透させることが重要であろう。

(4) 価格をめぐるモラル違反の事例

小売業は消費者の需要を喚起することを目的に,価格表示をふたつ以上表示する場合がある。たとえば,「1000円→890円」というような表示をする場合や,元の価格にメーカー希望価格な

第12補章　流通業者と倫理

どと説明まで入れている場合がある。消費者は同一商品をより安く買えるわけであるから，購買意欲を喚起されるのはいうまでもない。もちろん，こうした価格表示が根拠を持った表示であり，経営努力による真実の値引きであればモラルを持った価格表示と言うことができる。しかし，何の経営努力もしないモラルが欠如した二重価格表示も存在する。現在では，多くの商品で二重価格表示が利用されているので，商業者の値付けの際のモラルに頼るしかないのが現状である。

　こうした二重価格表示は，景品表示法によって規制されているが，すべての二重価格表示が禁止されているわけではない。むしろ，モラルある二重価格表示は公正な競争を促すもので，肯定されるのが一般的である。つまり，モラルある公正な二重価格表示は，消費者により安価に供給するための小売商業間の競争と理解される。しかし，その二重価格表示にモラルがあったかどうかを第三者が判断するのは難しい。したがって，二重価格表示違反が取り上げられることは非常に少ないと思われる。もちろん，氾濫する二重価格の多くが経営努力によるモラルある表示であることを疑うものではない。

　しかし，かつて大規模なインターネットモールを運営する会社の社員が，出店者に二重価格表示の際に元の価格を高く書くことを勧め，それが発覚したことがあった。この事案でモラルが欠如しているのは，モールの管理者なのか，それとも出店者なのか，さらには両者なのかという判断が非常に難しい。この事案では，最終責任者がモールの管理者になったが，出店者にも消費者から不当な利益を収奪したのは事実である。出店者が管理者との力関係で管理者の指導に従わざるを得なかったとしたら，発覚した事案だけが違法な二重価格表示をしていたのかという疑問が生じ

る。換言すると，違法な二重価格表示は，判別が困難であることから一部の発覚で多くの疑いが発生することになる。

　また，小売業者にとってもモラルある二重価格の表示方法には，難しい問題がある。販売効果の面からすると，元の価格の表示は高い方が良いが，どの価格を利用すればいいかという判断に迷う。かつて，全国規模で店舗展開している大規模総合スーパーの東京にある店舗が，二重価格の表示違反をしたことがある。その内容は，元の価格を高く設定していたことにあったが，その基準が過去にその店舗で販売したことのない高い価格というものであった。値付けの責任者は，あっさりその事実を認めていたが，そういう基準を明確に認識できていたのかとか，過去の販売価格を完全に認識できていたのかという疑問が残る。つまり，実売価格の設定には利益面から詳細な対応をするが，訂正前の価格については詳細な検討もなしに安易に付けられる可能性は非常に高い。とりわけ，厖大な種類を取扱う総合スーパーの値付けの責任者にとっては，利益率の問題や顧客吸引の問題など様々な点を考慮にいれた複雑で膨大な量に対応しなくてはならない。したがって，二重価格の設定には，低価格販売で顧客を誘引し，厖大なアイテム数を保有する総合スーパーなどにおいては，極めて危険性の高い価格の表示方法である。

　こうしたことから，消費者庁は「不当な価格表示についての景品表示法上の考え方」（価格表示ガイドライン）を作成し，ホームページからPDFファイルでダウンロードできるようにし，二重価格表示違反の防止に努めている。同ガイドラインによると，「(1) 同一ではない商品の価格を比較対照価格に用いて表示を行う場合」や「(2) 比較対照価格に用いる価格について実際と異なる表示やあいまいな表示を行う場合」は，「販売価格の安さを強

調するために用いられた比較対照価格の内容について適正な表示が行われていない場合には、一般消費者に販売価格が安いとの誤認を与え、不当表示に該当するおそれがある。」として注意を喚起している。

しかし、二重価格を含めて、消費者に誤認させない公正で適切な価格表示は、流通業者が十分配慮しなければならないことである。したがって、特に大規模小売者においては、少なくとも値付け責任者を定期的に教育する学習機会も持つ必要があろう。そして、一時的な収益性とモラルが時には相反することがあるが、モラルが優先できる体制を確立しておく必要が流通業者としての責任であろう。

(5) 商品取扱い上のモラル

現在、流通過程でデリケートな取扱いを要する商品が多く出回っている。それらの商品の取扱いで、取扱い基準に従わないことで生じる商品の損傷や劣化が明白なものには、責任の所在も明白であり、消費者に著しく損失を与えることが少ない。とりわけ、大規模企業が製造する比較的高価な製品には、販売政策の一環で製品保証が付けられており、それが消費者の損害を軽減させている。さらに、家電製品など比較的高価な商品を取扱う大規模小売業においては、初期不良などではメーカーの修理保証ではなく、製品交換補償などで消費者の損害を最小限に食い止めることも行われている。

しかし、店頭では品質が劣化しているかどうか判断できない取扱いにデリケートな商品も存在する。とりわけ、冷蔵・冷凍技術の向上と、コールドチェーンの整備によって、要冷蔵品や冷凍品が多くなっている。こうした商品は、基準に従った取扱いをしな

いと著しい品質劣化をもたらし，場合によっては健康被害をもたらすこともある。かつて，有名菓子メーカーが，生クリームを使った洋菓子を夏場に野外で箱詰めをしていたということで，営業停止処分を受けたことがある。また，生菓子の製造販売をしている近畿の有名企業でも，昨日の売れ残りの原料を公然と使用していて問題になったことがある。この場合は，ほとんどが直営店で販売しているものであることから，製造業者だけの問題であった。しかし，前者の場合は，直営店でも販売されていたが，フランチャイズ店でも販売されていた。もちろん，フランチャイズ店には直接的な責任やモラルは問えないが，消費者に対しては販売責任をとらなければならないというモラルが要求されよう。

　また，流通業者の取扱い不注意による悪質な例には，解凍してしまった冷凍品を再度冷凍して販売したということがあった。冷凍品は，その製品の種類によって，その製造過程で特別な設備を必要とする急速冷凍で高品質を維持させている。そうした製品は，解凍時に相当な注意を払わなければ，本来の品質は維持できないと言われている。したがって，それらの製品の製造業者は，細かい解凍方法をパッケージに記入するなどして，より正しい解凍を勧めている。しかし，どのような高度な解凍技術であっても，一旦解凍してしまったものを再び冷凍すると品質は著しく低下することは言うまでもない。消費者にはそうした商品を判別する知識がないことから，購入によって経済的被害，場合によっては健康被害する受けることがあるだろう。

　さらに，こうした冷蔵品に対する不適切な取扱いが発覚した事案として，宅配業者の例がある。現在，宅配業者による配送業務は著しく高水準になり，そのシステムが海外に輸出され，あるいは宅配業者自体が海外に進出し，とりわけ東南アジア諸国で高く

第 12 補章　流通業者と倫理

評価されている。しかし，わずか数人のモラル欠如のせいであろうが，冷蔵扱いの品物を炎天下で仕分けしていたのが発覚したことがある。冷蔵・冷凍扱い品は，鮮度が必要なものがほとんどであり，高温にさらしたことで，鮮度が低下して品質が低下するだけではなく，細菌などの発生の可能性もある。もちろん，宅配業者の取扱品目の中には，商品の流通過程ではなく，個人間の物資の移動にも多く用いられている。しかし，個人所有の品物を粗雑に扱っていいわけではないが，物的流通で商品経済を支えている運送会社にモラルが欠如していることは，大きな問題である。したがって，運送する荷物の特質などを理解したうえで，商品取扱いのモラル向上を目的とした教育をするのも事業者の責任であり，モラルとも言えよう。

【研究課題】

1. 流通業者にモラルが要求される理由について 800 字程度でまとめてみよう。
2. 商業施設内での事故や災害による被害を最小限にする方法について考えてみよう。
3. 不当な表示方法から消費者を保護する方法を考えてみよう。
4. 二重価格表示の問題点を 800 字程度でまとめてみよう。

推薦文献等

●参考にしてもらいたい著書
1. 森下二次也『現代商業経済論』有斐閣，1960年11月。
2. 橋本勲『商業資本と流通問題』ミネルヴァ書房，1970年11月。
3. 森下二次也監修『マーケティング経済論（上）』ミネルヴァ書房，1972年5月。
4. 森下二次也監修『マーケティング経済論（下）』ミネルヴァ書房，1973年5月。
5. 橋本勲『マーケティング論の成立』ミネルヴァ書房，1975年3月。
6. 保田芳昭『マーケティング論研究序説』ミネルヴァ書房，1976年12月。
7. 有冨重尋編著『商業の発展－政策をめぐる諸問題－』法律文化社，1978年4月。
8. 阿部信也『現代流通経済論』有斐閣，1984年10月。
9. 加藤義忠『現代流通経済の基礎理論』同文舘，1986年6月。
10. 保田芳昭・加藤義忠編『現代流通論入門［新版］』有斐閣ブックス，1988年4月。
11. 山中豊国『総合商社－その発展と理論－』文眞堂，1989年3月。
12. 西村多嘉子『現代日本の消費者と流通』法律文化社，1990年10月。
13. 島田克己『商社商圏論』東洋経済新報社，1990年12月。
14. 鈴木武『現代の流通問題』東洋経済新報社，1991年6月。
15. 下川浩一『マーケティング：歴史と国際比較』文眞堂，1991年12月。
16. 柏尾昌哉，小野一郎，河合信雄監修『国際流通とマーケティング』同文舘，1992年4月。
17. 江上哲『流通経済の基礎分析』海鳥社，1992年9月。
18. 曽我信孝『総合商社とマーケティング－'80年代後半の戦略転換－』白桃書房，1992年11月。
19. 保田芳昭編『マーケティング論』大月書店，1992年12月。
20. 保田芳昭『国際化時代の流通政策』ミネルヴァ書房，1993年6月。
21. 鈴木健『日本の企業集団－戦後日本の企業と銀行－』大月書店，1993年12月。
22. 小原博『日本マーケティング史－現代流通の史的構図－』中央経済

社,1994年3月。
23. 曽我信孝編著『マツダ マーケティング戦略－技術力と環境変化への挑戦－』白桃書房,1995年1月。
24. 山中豊国編『現代流通論5 日本の商社』大月書店,1996年1月。
25. 矢作敏行『現代流通－理論とケースで学ぶ－』有斐閣アルマ,1996年4月。
26. 三浦信・菅原正博・来住元朗編著『流通企業の新展開』大学教育出版,1996年4月。
27. 加藤義忠・佐々木保幸・真部和義『小売商業政策の展開』同文舘,1996年4月。
28. 阿部信也・宇野史郎編『現代日本の流通と都市』有斐閣,1996年6月。
29. 江上哲『現代流通のマクロ分析』ミネルヴァ書房,1996年7月。
30. 小谷正守/出家健治編著『商業理論と流通政策』ミネルヴァ書房,1997年3月。
31. 岩下弘『流通国際化と海外の小売業』白桃書房,1997年5月。
32. 弘中弘満・熊田喜三男・曽我信孝・折笠和文『現代マーケティングの基線』同文舘,1997年7月。
33. 鈴木健『メガバンクと企業集団』ミネルヴァ書房,1998年5月。
34. 西村多嘉子『現代流通と消費経済－グローバリゼーションと消費者主権－』法律文化社,1998年6月。
35. 青木俊昭,齊藤雅通,青山悦子『日本のビック・インダストリー5 流通』大月書店,2000年11月。
36. マーケティング史研究会『日本流通産業史－日本的マーケティングの展開―』同文舘,2001年3月。
37. 坂本秀夫『現代流通の解読』同文舘,2001年4月。
38. 原田英生,向山雅夫,渡辺達『ベーシック流通と商業－現実から学ぶ理論と仕組』有斐閣,2002年2月。
39. 中田 信哉,橋本 雅隆,湯浅 和夫,長峰 太郎『現代物流システム論』有斐閣アルマ,2003年2月。
40. 鈴木武・岩永忠保編著『市場環境と流通問題』五絃舎,2004年3月。
41. 近藤文雄『日本企業の国際マーケティング』有斐閣,2004年6月。
42. 伊藤元重『日本の産業システム⑥新流通産業』NTT出版,2005年8月。
43. 小原博『日本流通マーケティング史－現代流通の史的諸相』中央経済社,2005年11月。
44. マーケティング史研究会『現代アメリカのビックストア』同文舘,

2006 年 8 月.
45. 富塚良三『経済原論（簡約版）資本主義経済の構造と動態』有斐閣, 2007 年 3 月.
46. 加藤義忠・齋藤雅通・佐々木保幸編『現代流通入門』有斐閣ブックス, 2007 年 5 月.
47. 住谷宏『流通論の基礎』中央経済社, 2008 年 3 月.
48. 木立真直, 辰馬信夫編著『流通の理論・歴史・現状分析』中央大学出版部, 2008 年 8 月.
49. 石原武政, 竹村正明編著『1 からの流通論』中央経済社, 2008 年 10 月.
50. 嶋口光輝監修, 川又啓子, 余田拓郎, 黒岩健一郎編著『マーケティング科学の方法論』白桃書房, 2009 年 4 月.
51. 阿部信也, 宮崎哲也『クラウド＆ソーシャルネット時代の流通革命』秀和システム, 2012 年 4 月.
52. 江上哲『ブランド戦略から学ぶマーケティング』ミネルヴァ書房, 2013 年 3 月.

●**参考にしてもらいたい政府機関，協会，団体の統計等**
【政府機関】
総務省統計局，各府省及び独立行政法人等へのリンク
　http://www.stat.go.jp/info/link/1.htm
総務省統計局，統計一覧
　http://www.stat.go.jp/data/index.htm
総務省統計局，家計調査年報
　http://www.stat.go.jp/data/kakei/index3.htm
総務省，情報通信統計データベース
　http://www.soumu.go.jp/johotsusintokei/field/index.html
経済産業省，商業統計
　http://www.meti.go.jp/statistics/tyo/syougyo/index.html
経済産業省，商業動態調査
　http://www.meti.go.jp/statistics/tyo/syoudou/index.html
国土交通省，貨物輸送・物流関係統計
　http://www.mlit.go.jp/statistics/details/kamotsu_list.html
中小企業庁
　http://www.chusho.meti.go.jp/

消費者庁
  http://www.caa.go.jp/
消費者庁リコールサイト
  http://www.recall.go.jp/index.php
消費者庁，食品表示関連
  http://www.caa.go.jp/foods/index.html
農林水産省
  http://www.maff.go.jp/j/press/index.html

【協会団体】
日本百貨店協会
  http://www.depart.or.jp/
日本チェーンストア協会
  https://www.jcsa.gr.jp/
一般社団法人　新日本スーパーマーケット協会
  http://www.super.or.jp/
一般社団法人　日本ボランタリーチェーン協会
  http://www.vca.or.jp/
一般社団法人　日本ショッピングセンター協会
  https://www.jcsc.or.jp/
一般社団法人　配置薬協会
  http://www.zenhaikyo.com/
日本チェーンドラッグストア協会（通称・JACDS）
  http://www.jacds.gr.jp/
日本自動販売機工業会
  http://www.jvma.or.jp/

索　　引

（あ）

アーケード	129
IC カード	197
あいまいな表示	288
アウトレット店	240
アウトレットモール	131,240
悪質サイト	263
悪質商法	228

（い）

EU 市場	16
意思決定機関	102
委託仕入れ	144
委託生産	275
移動販売店	125
イベント	244
医薬品	88
医療機器関連	88
医療生協	185
インターチェンジ	199
インターネット	11,106,232
インターネットサービス	265
インターネットショッピングモール	261
インターネット販売	125,264
インテグレート機能	115
インフラ	198

（う）

売上高ランキング	166
売り惜しみ	169,171
売り場面積	239
売れ筋商品	200
運送業	29
運送費	174
運転資金の確保	216

（え）

営業時間	202
衛星放送	236
駅舎	250
駅前商店街	138
エクササイズマシン	236
NSC	238
NB	96
FC 契約	225
円高	92

（お）

オイルショック	79
大型スーパー	164
大型総合スーパー	126,219
大型百貨店	126
オーガナイザー機能	111
ODA	111
大手百貨店	149
オープンモール形式	131
卸売業	24

（か）

海外出店数	70
海外のデザイナー	197
外貨割当制度	107
外航海運業	31
外国間取引	109
外国貿易	106
外資系総合スーパー	208
買い占め	169
買占め及び売り惜しみ防止法	171
会社更生法	217
外商	143
買取契約	177
買取仕入れ	144
管理価格	165
価格競争	45
学習機会	289
核店	237
過去の販売価格	288
過大表示	283
型落ち品	216,240
カタログ通販	229
カタログ販売の市場	234

活魚輸送	199			
学校生協	185	**(く)**		
割賦販売会社	157	空費	46	
家電量販店	52,122,210,224	クーリングオフ	258	
株式公開買い付け	152	グローバル化	67	
貨幣流通	6	グローバルブランド事業	274	
川上化	49	黒船の来襲	206	
川下化	48			
為替ディーリング	115	**(け)**		
為替レート	16	軽衣料	159	
官営企業	88	経営努力	287	
環境対策	188	健康関連商品	235	
観光客	242	継続的な取引	43	
完全子会社	218	景品表示法	283	
監督官庁	286	系列化	51	
		牽引トラック	30	
(き)		健康食品	223	
基幹産業	77,194	健康被害	285,290	
企業集団	101	現地生産化政策	16	
危険品倉庫	34	現地生産体制	68	
規制緩和	237	現地部品調達率	93	
季節用品	216	原発事故	231	
帰宅困難	257	原油価格	79	
機能性食品	223	原料調達	77	
機能的分化	82			
規模の優位性	91	**(こ)**		
急速冷凍	290	郊外	239	
業界再編	151	郊外店舗	162	
共済生協	185	交換手段	2	
業者間取引	76	高級ブランド志向	146	
業者評価	263	高級ブランド商品	142	
業種	124	公共施設内	250	
業種別細分化	138	公正取引委員会	175	
行商	135	公正な取引	173	
業態	125	公設市場	158	
業態開発	220	口銭	103	
業態転換	217	購買意思決定	92	
業態の差別化	238	購買意欲	194,287	
業態分割	217	購買行動	203	
業態分類	124	合弁会社	210	
協調関係	212	小売業	24,118	
共同購入	185	小売競争の激化	119	
共同催事	237	高炉メーカー	88	
虚偽表示	283	コーポレイトチェーン	127	
銀行独占	101	コールドチェーン	18,289	
銀行論	19	子会社化	210	
銀座百貨店戦争	143	顧客吸引力	225	
近代的な商業集積	237	顧客集客力	138	

索　引

国際競争力	67	時間的移動	33
国際出店戦略	73	事業間取引	87
国際情報力	106	事業所数	57
国際通信網	107	事業連合	189
国際的大企業	272	資源開発	110
国際テロ事件	107	自己破産	197
国際戦略	71	資材販売会社	236
国内総生産	56	自社倉庫	216
国内直営店	225	市場開放	205
コンテナ船	32	市場の細分化	195
コンテナ輸送	109	実演販売	145
コンテンツ学	21	指定問屋	88
コンビニ	249	自動車	196
コンビニエンスストア	72,95,122,126	自動販売機	125,228,230
		シニア層	271

(さ)

		老舗百貨店	142
サービス	2	自販機の高機能化	231
サービスエリア	249	資本間競争	221
サービス業	56	資本参加	52
最高裁	282	資本信用	115
在庫管理	199	地元商店街	180
在庫処分	216	社会的費用	46
財閥解体	100	社会的評価	188
財閥系商社	101	社会問題	168
細分化政策	195	シャッター商店街	27,244
債務保証	115	社内倒産制	105
詐欺	258	車内販売	250
詐欺的取引	43	住関連スーパー	220
サブプライム問題	197	従業者規模別の状況	65
サプライチェーンマネジメント	37	従業者数	58,63
サプライチェーン	37	収集卸売業	25,82
産業再生機構	151	収奪	50,173
産業資本	44,46	収奪形態	165
産業独占	101	集団の意識	268
産業の空洞化	92	受注業務	216
三国間取引	16,109	出資比率	69
三種の神器	156,194	出店規制	205,238
産地偽装	284	出店状況	70
産地表示	285	出店調整	203
		出店手続き	207

(し)

		需要喚起	214
GM	196	需要傾向	251
GMS	219	需要創造	50,271
CD	213	消化仕入れ	144
GDP	56	小規模小売店	126
GPS	20	小規模店事業	254
JFA	129	商業機能論	48
支援物資	256	商業資本	46

299

商業集積	26
商業集積形態	131
商業政策	15
商業組織論	14
商業動態統計	146
商業独占	101
商業の分化	48
商業排除	51
商社	76
商品知識	280
商調協	183
商的流通	3
商店街	129
商店街活性化	245
消費期限	285
消費者金融	197
消費者ニーズ	275
消費者被害	228
消費者利益	283
消費状況	118
消費生活協同組合	184
消費提案	145
商品開発	251
商品供給事業	186
商品計画	251
食品自販機	231
商品情報	229
商品調達網	213
商品の人的移動	3
商品の調達方法	215
商品のロット	211
商品売買益	103
商品評価	263
商品ファンド提供	115
商品流通	2
情報消費	10
情報処理論	21
情報戦	8
情報流通	10
賞味期限	253,285
食品卸売業	90
食品の売上比率	179
植物性オイル	283
食料品スーパー	122
女性従業者	60
女性の社会進出	186,229,252
ショッピングセンター	26,131,164,237
ショッピングモール	131
新興国	275
新三種の神器	156
親睦会	102
信用貨幣	7
信用供与	113
信用制度	214
信用取引	113
信用連鎖	113
心理的要素	269

(す)

水産資源開発	110
水槽トラック	30
垂直的分化	3
水平的分化	4,83
水面倉庫	36
スーパー	126
数量割引	91
スクラップアンドビルド	238
スケールメリット	128,215
SPA	267
スマートフォン	20,259,267
スマートフォン世代	260

(せ)

生活水準	118
生活提案	145
生協	184
生協売上高	190
生協規制	187
生業権	181,203
生協商品	189
生産価格	5
生産と消費の時間的乖離	5
製造業	56
製造小売業	272
製造コスト	274
製品価格	214
製品企画	276
製品交換補償	289
製品の標準化	49
製品保証	289
政府開発援助	111
石油製品	89
セグメント売上高	265
設置場所	233
節電ムード	231
節約傾向	251

セルフサービス	25,127,143
セルフサービス制割引百貨店	26,219
セルフデパート	219
前期的商業	40
前期的商業資本	40
専属小売店	52
専売契約	212
専売品	170
船舶輸送（力）	32,106
専門商社	49,76,87
専門スーパー	126,219
専門店	221
専門分化	83

（そ）

創業者	235
総合サイト	262
総合商社	67,87
総合スーパー	26,122,219
総合物流企業	30
倉庫業	33
倉庫店	210
倉庫費用	174
相対販売	25,127,142
総務省	266
測位システム	20
粗鋼生産	89
素材産業	92

（た）

ターゲット層	270
対EU戦略	67
第一次オイルショック	169
第一次卸	83
大学生協	185
大規模小売店	126
大規模スーパー	165
耐久消費財	157
代金決済	258
大航海時代	41
大店法	183
第二次卸	83
対面販売	25,127,142
大量仕入れ	173
大量陳列	172
多重債務者	197
縦割り	104
多店舗化	159
多店舗展開	224
多品種少量	140
多頻度小口配送	206
タブレット端末	259

（ち）

地域価格差	40
地域生協	184
地位の乱用	177
チェーン展開	159,224
地価高騰	131
力関係	212
蓄蔵貨幣	6
地方百貨店	149
チャーター	109
チャネル	28
中核企業	88
中型総合スーパー	126,219
中堅卸売業	94
中堅スーパー	183
中小商業者	245
鋳造貨幣	18
中東戦争	79
超過利潤	45
長時間駐車	253
直営工場	275
直接仕入れ	206
貯蔵槽倉庫	34

（つ）

通信販売	125,228
通信販売ランキング	264
通販・カタログ販売	263
通販会社	236
通販サイト	261

（て）

低価格志向	270
低価格商品	269
低価格低品質	218
定価販売	141
ディスカウント	196
ディスカウントストア	126,215
デジタル化	213,234
テナント	226,237
デパート	126
デベロッパー会社	238
デリバリー事業	30

テレックス網	106
テレビショッピング	230
テレビ放送	19
電気料金	233
電子マネー	197
電鉄系百貨店	148
店舗間競争	189
店舗経営者	249
店舗の選択権	203
店舗販売業	126
店舗ブランド	217,254,272

(と)

トイザらス	205
トイレットペーパー	169
東京オリンピック	156
独自商品	94
特殊指定	175
独占禁止法	280
独占の収奪利潤	51
独占の超過利潤	50
特約店	52,90
特約店制度	212
独禁法	151
ドミナント方式	167,253
ドラッグストア	222,226
トラック輸送	30
取引慣習	91
取引数量最小化の原理	47
取引知識	280
取引の継続性	212
取引の対価	177

(な)

内部告発	285
内陸水運業	31
中継卸売業	25,82
ナショナルブランド商品	169

(に)

二次問屋	48
二重価格	287
二重価格表示	142
日米構造協議	184,205,237
日用品雑貨自販機	231
日本銀行論	19
日本自動販売機工業会	231
日本チェーンドラッグストア協会	224

日本の商習慣	208
日本フランチャイズチェーン協会	129
任意連鎖店	128,227

(ね)

ネイバーフッド型ショッピングセンター	238
値付けの責任者	288
ネット販売	257,262,265
ネット販売額	264
値引き競争	211
年間休日	207
年間販売額	62
燃料基地	257

(の)

農業所得者	195
ノックダウン	93
野積倉庫	34

(は)

バーゲン販売	241
バーター取引	108
バイイング・パワー	144,178
配給組織	28
配送回数	253
配送管理	199
配送時間	262
配送センター	95,198
配送問題	206
配置販売業	136
ハイパーマーケット	238
バイヤー	216
薄利多売	173
パソコン	258
発注管理	199
発注業務	216
バブル経済	182
反対運動	180
販売金融会社	196
販売効果	288
販売指導	251
販売責任	290
販売促進	171
販売チャンス	200
販売店	263
販売努力	212

（ひ）

BOO	111
BTO	111
PB	96
PB商品	222, 251, 266
非価格競争	50
比較対照価格	288
非関税障壁	209
ビジネスチャンス	232
ビタミン剤	223
ヒット商品	254
百貨店	92, 122, 139
ビル火災	281
品質保証	215
品質劣化	290

（ふ）

ファーストフード	254
ファストファッション	269
ファッション性	166, 218, 222, 268
ブーメラン効果	112
複合商業施設	132
複数業態	209
不公正な取引	96, 280
不採算店	238
普通倉庫	34
物質的価値	269
物的流通	5, 17
物品貨幣	18
物流拠点	256
物流コスト	95
物流センター	205
物流費	95, 200
不等価交換	40
部品調達	93
富裕層	143
プライベートブランド	251
プライベートブランドストア	266
フランチャイザー	128, 249
フランチャイジー	128, 249
フランチャイズチェーン	128
ブランド	165
ブランドイメージ	241
プロジェクトファイナンス	115
プロバイダー	258
不渡手形	112
分割払い	195, 214
分散卸売業	25, 82
分野別科目分類	12

（へ）

平均的利潤	45
閉鎖性	206
返品制度	144

（ほ）

貿易	15
貿易会社	100
貿易業務	100
貿易商社	100
貿易不均衡	205
貿易摩擦	92
法外な値引き	175
法の順守	280
豊富な資金力	215
訪問販売	125, 228, 263
飽和状態	273
ホームセンター	122
保管機能	200
POS	95
POSシステム	200, 248
ボランタリーチェーン	128, 227
本位貨幣	7

（ま）

マーケティング	14, 15, 165
マーケティング政策	28, 195
マーチャンダイジング	251
前貸し資本的性格	47

（み）

民事再生法	218
民生転換	194

（む）

無店舗小売業	125
無店舗販売	119, 228
無料のサービス	252

（め）

メーカー希望価格	141
メーカー系列店	196
メーカー主導	214
目玉商品	169, 216
メディア	10, 266

（も）

モータリゼーション	129,162
持ち株会社	179,235
持ち株会社制度	105
モデルチェンジ	217
元の価格	287
モラル	280

(や)

役員派遣	52

(ゆ)

遊休資本	221
融資	115
有店舗小売業	125
有名ブランド	269
有名ブランド商品	240
輸出規制	16
輸送	6
輸送基地	198
輸送機能	200

(よ)

洋服の専門店	222
万屋	137

(ら)

ライセンス契約	145
ライセンス生産	145
ライフサイクルの短縮化	241
ライフスタイル	269,203

(り)

リーマンショック	146
利益率	273
利潤率の極大化	174
立地場所	141,239
略奪的取引	40
略奪利潤	43
流通貨幣	6
流通期間	6
流通近代化	161
流通経路	28,213
流通政策	15
流通組織	27
流通担当者	284

(る)

類似品	215

(れ)

冷蔵倉庫	36
冷凍トラック	30
レギュラーチェーン	127
レジャー施設	145,242
連鎖倒産	113

(ろ)

ロードサイド店	131,226
ローン	197
ロジスティクス	17
露店商	134

(わ)

ワンストップ・ショッピング	26,161

〔著者紹介〕
曾我信孝（そが　のぶたか）
　駒澤大学経済学部教授
　　　担当科目：マーケティング，流通論基礎，流通史，演習
　駒澤大学大学院商学研究科教授
　　　修士課程　　　担当科目：マーケティング特論，演習
　　　博士後期課程　担当科目：マーケティング特殊研究

流通の基礎講座

2015年12月5日　第1刷発行

著　者：曾我信孝
発行者：長谷雅春
発行所：株式会社五絃舎
　　　　〒173-0025　東京都板橋区熊野町46-7-402
　　　　Tel & Fax：03-3957-5587
組　版：Office Five Strings
印　刷：モリモト印刷
ISBN978-4-86434-055-7
Printed In Japan　検印省略　ⓒ　2015